陪伴与支持

D·N·A亲子共长课程的建构与实践

顾　问：左志宏

主　编：肖曼芸

副主编：陈斌斌　王晓洁　王旋旋

编　委：周慧静　贾令厨　江亦舒　潘苗苗　林彬彬

ZHEJIANG UNIVERSITY PRESS
浙江大学出版社
·杭州·

图书在版编目（CIP）数据

陪伴与支持：D·N·A亲子共长课程的建构与实践 / 肖曼芸主编. — 杭州：浙江大学出版社，2023.7
ISBN 978-7-308-24025-3

Ⅰ. ①陪… Ⅱ. ①肖… Ⅲ. ①幼儿教育－家庭教育 Ⅳ. ①G781

中国国家版本馆CIP数据核字（2023）第128044号

陪伴与支持——D·N·A亲子共长课程的建构与实践
肖曼芸　主编

责任编辑	肖　冰
责任校对	于　淼
封面设计	十木米
出版发行	浙江大学出版社
	（杭州市天目山路148号　邮政编码310007）
	（网址：http://www.zjupress.com）
排　　版	杭州晨特广告有限公司
印　　刷	杭州宏雅印刷有限公司
开　　本	787mm×1092mm　1/16
印　　张	16.75
字　　数	355千
版 印 次	2023年7月第1版　2023年7月第1次印刷
书　　号	ISBN 978-7-308-24025-3
定　　价	68.00元

　　近年来,随着国家对托育服务行业发展的大力支持,托育机构如雨后春笋般迅速涌现。同时,随着育儿观念的进步,家长对托育服务的需求已经不仅仅是对孩子的简单照料,而是希望通过更加科学的保育和教育,促进孩子更好地成长。现代社会的发展也需要富有主体精神与相应能力的人——具有自我发展能力、进取精神、自律精神和竞争能力的自主人;热情执着、充满活力的健康人。因此,婴幼儿托育服务的高质量发展不仅是民生保障的基本需求,更是国家实施人口均衡战略、提升人口素质的重要举措。

　　高质量的托育课程是切实提升托育服务质量的关键一环。浙江省温州市瓯海区早期教育指导服务中心应时而动,对如何开展亲子教育活动进行了独特且有深度的思考,开发了以互动、支持为核心要义的D·N·A亲子共长课程。Dear,Nature,Active解释了该课程的基本内涵,即"亲爱孩子、顺应天性、提供积极的养育支持",可以说,该课程建立在对个体生命的理解与尊重的基础上,是以人为本的教育价值观的集中体现。DNA是一种传承,孩子从父母那里通过DNA完成遗传物质的传递与继承。但这还只是生物学的过程,孩子拥有了生命,却还不是一个成熟的社会人。只有在教育的不断支持下,孩子才能够不断成长。高质量的早期教育课程可以更好地助力家长把社会的DNA传递给孩子,最终使孩子能够适应社会,茁壮成长,实现自身价值。

　　总体来看,D·N·A亲子共长课程具有如下三个特点:

　　首先,该课程强调亲子之间的互动,在互动体验中实现亲子共长课程的实施,符合0—3岁婴幼儿的发展特点。任何早教机构都无法替代家长在0—3岁婴幼儿教育过程中发挥的作用。在孩子成长的前三年,家庭承担最主要的养育责任。因为0—3岁是依恋关系形成和发展的关键时期,此时婴幼儿与家长的互动是建立和谐的亲子关系的基础;0—3岁也是个体大脑发展最快的时期,此时亲子互动能给婴幼儿的大脑带来丰富的刺激,从生理上促进他们的健康发展。可以说0—3岁的早期亲子互动是孩子终身发展的奠基行动。养育孩子,一定会有期望,父母想要孩子成为什么样的人,必定会在日常引导其行为,并设立规则约束其行为。亲子之间的互动不断传递着家庭的教育观念与文化价值,使父母与孩子像DNA双螺旋结构的两条多聚脱氧核苷酸链一样,紧密相连,不可分割。在被尊重、接纳和支持的环境下,在与父母的亲密互动中,孩子才能够进行自主探索,按照"内在规律"自由生长,成为自主、自信、自立的快乐儿童。

其次,课程更强调"支持"。亲子园体验课程通过组织者、学习者和教育情境的相互作用,落实有意义的交流和学习。即以婴幼儿、家长为学习的主体,通过创设适宜的互动情境,在开放自主的体验中,让婴幼儿经历认知结构变化,自主建构知识,为培养婴幼儿自我发展的能力奠基;同时让家长在共育的环境氛围里,通过沉浸式体验、回应、支持孩子的方式方法,转变育儿观念,以成长型思维看待养育孩子过程中产生的困惑与挫折。研究团队始终抱持"提供积极的养育支持"的执着信念,回归婴幼儿居家生活、游戏的需要,设计并组织开展丰富多彩的亲子体验活动,开发建设立体多元的"家庭养育智库",赋能家长养育能力的提升,助力彼此,成就亲子共长。

最后,该课程通过完善的质量评价体系,验证了行动的实践成效,在成就孩子的同时也促成了教师与家长的成长。监测、评估课程的实施情况是确保托育质量的有力杠杆,其根本目的在于切实促进婴幼儿学习与发展,提高家庭养育质量,为托育课程的修改和完善提供依据。该课程立足儿童本位,以满足孩子、回应家长、支持教师为出发点,以科学性、适宜性、本土化为基本原则,架构具有区域特色的3岁以下亲子养育支持课程方案;以适宜的课程内容和轻松的育儿模式影响带动更多的教师与家长,给孩子自主的童年和自信的未来。该课程的实施,使教师摆脱了迷茫的专业困境,学会从儿童视角发现和理解孩子,敢于站在孩子身后,给予孩子自主成长的机会,真正实现自身专业素养的提升。

瓯海区早教指导中心富有成效地开发并实施D·N·A亲子共长课程,离不开对早教事业发展趋势的把握,更离不开对早教课程构建进行的深入思考。在此,衷心祝愿瓯海区早教指导中心可以一直秉持对早期教育的责任与热忱,继续坚定不移地走下去。我也真心地希望通过阅读本书,家长朋友能享受育儿过程中的乐趣,成为一名尊重、悦纳、支持孩子的积极养育者;教育界同仁能更新教育观念,不断缩小理想的早教课程与现实实践之间的落差,最终让早教课程赋能孩子的成长!

左志宏

华东师范大学学前教育学系主任

中国教育学会学前教育专业委员会秘书长

托幼工作事关"最柔软的群体",事关千家万户,事关城市未来,既重要又紧迫。0—3岁是婴幼儿发展的关键期,也是重要的"窗口期"。随着时代的变迁与教育发展的需求,我们意识到,推动3岁以下的婴幼儿照护服务正从"多元参与"向"体系构建"转变,而进一步完善"政府引导、家庭为主、多方参与"的托育服务体系已迫在眉睫。作为温州市唯一入选浙江省首批婴幼儿托育工作试点区、浙江省共同富裕试点区的"一老一小"试点项目,我们强化共享发展意识,以人的全面发展为出发点和落脚点推进共享发展,创新开启3岁以下婴幼儿照护研究新路径。

一是优化顶层设计,高位推动,实现资源共享。近几年,瓯海区幼教事业蓬勃发展,按照"一镇街一服务圈"的标准,将学前教育纳入城市"大建大美"框架,打造"家门口的幼儿园",加速布局"5分钟幼教服务圈"。公办幼儿园如雨后春笋般出现,生动阐述了"瓯海速度、瓯海激情"的建园故事。全区现有公办幼儿园60所,公办园在园幼儿占比达到56.67%,老百姓的获得感、幸福感大幅提升。

"人"是推动一切发展的源泉,也是核心要素。2019年9月,为了落实"优办教育,学在瓯海"的战略部署,积极推进美好教育,瓯海区颁布"瓯海区教育人才引进培育实施办法",我们就在思考,何不借这样的契机引入"早教专业人才",让托幼一体化建设"后顾无忧"。于是,第一时间组建成立"早教指导中心",聘请肖曼芸老师,担任区早教指导中心主任。紧接着,由区政府牵头、区教育局等多部门联合印发了"3岁婴幼儿照护服务发展试点实施方案",创新推出6种普惠性可复制模式;托育试点项目也随之启动,瓯海区第一幼儿园等9所公办园在全省率先开展双休日早教服务和2—3岁幼儿托育服务试点,通过几年的实施推广实现托育服务街道全覆盖。瓯海区优化顶层设计,高位推动托幼一体化建设,真正为老百姓提供了公益性、普惠性的幼儿托育、亲子早教服务。

二是优化实施路径,高效推进,实现成果共享。课程是高效推进托幼一体化建设的核心和战略部署。作为区域早期教育服务部门,肖老师带领团队从专业服务的视角出发,在调研分析、梳理提炼、思考对症的基础上,建构了D·N·A亲子共长课程。该课程立足于儿童发展本位,坚持以游戏为基本活动载体,遵循0—3岁婴幼儿发展轨迹,以满足孩子、回应家长、支持教师为出发点,加强成长型、生活化核心课程建设,凝练了以普适、支持为理想的课程关键要素,凸显婴幼儿早教亲子课程的科学性、普适性、本土化的区域特点。

"成长家长,成就孩子"是该课程的目标愿景,父母是课程的主体。这一理念与做法是让我感到惊喜与佩服的。早教中心的所有课程研发者坚持以问题、需求、成果为导向,大胆摒弃按部就班的做法,遵循"从尊重、呵护小生命出发,在亲子之间、家园之间爱心交融、牵手共育、快乐成长"的教育理念,以让家长成为课程的主体、改变家长的理念、引领家长的行为作为课程实施的切入口,以实现亲子共长为课程价值的重要体现,这让我感到惊喜。我们知道,亲子共长课程的建设是在观察和了解现实的每一个儿童的基础上的活动共构、进程共商、经验共享及心灵共润,是一个研究、探索和反思的过程,它是儿童与教师、家长共同成长的过程。"儿童本身就是目的""相信儿童是有能力的沟通者与学习者",我佩服他们对儿童的深度认识,我更佩服他们那份持之以恒、坚持不懈的探索精神。这个课程在基本的课程理念、课程实践方法论和课程的建构上都有很多创新之处,是0—3岁托育课程系统构建的一个典范。

三是优化行动保障,高质落实,实现美美共享。 做好婴幼儿照护服务工作不是教育部门一家之事,而是需要多部门协调乃至全社会的支持。为了切实保障区域推进婴幼儿照护服务工作,瓯海区建立了多部门联动机制,融合"医养教"理念,开展婴幼儿"慧养家庭"评选活动,促进了区域婴幼儿家长照护服务能力的提升和婴幼儿家庭科学育儿知识普及率的提高。为了有效推进"亲子园"服务模式,早教中心集结教师、家长、社会资源,从家庭教育视角出发,以特色项目为载体,高质量落实"双向螺旋共长"的服务目标。瓯海区建立了"教师育儿成长营""线上、线下相融合的养育智库""专家零距离研修场"等项目,让教师、家长与婴幼儿的角色地位发生了质的转变,教师从"教授者"转向"主持者",家长从"陪衬"转向"主体",婴幼儿从"被动"转向"自主"。欣慰的是,在共享发展理念的指引下,婴幼儿照护服务体系汇集了行政人员、行业专家、教师、家长、幼儿等各方力量,大家秉持共同的教育理念、践行共同的教育行为、致力共同的问题研究,为共同推进早期养育的融合局面而踔厉奋进,从"共同体"向"共生体"迈进,实属不易。

D·N·A亲子共长课程是教师们长期研究的结果,也是教师们智慧的结晶,它给人一种生活化、生命化、生态化的感受。相信这个课程必将对0—3岁托育体系的课程改革与建设起到促进作用。

金朝辉

温州市瓯海区政协副主席

温州市瓯海区教育局原局长

执着是一种力量

这本书的到来，犹如春天的一缕惠风，让人心情欢愉，其中有书本身的充实感所带来的快乐，但更多的是对肖曼芸老师团队深耕易耨取得成就的敬佩之情。

肖老师与0—3岁早期教育有着深厚的情愫，早在2001年，她就开始探索社区早教工作，率先建构了"园中园"早教模式，带动了40多所幼儿园共同探究早期教育。之后她作为高校兼职教师赴上海访学，访学归来，她为温州的早教注入了一股清泉，极大地促进了早教质量的提升。早教质量的关键在于课程，课程直接决定着婴幼儿培养质量。2019年起，肖老师带领团队将实践整理提炼，形成了《陪伴与支持——D·N·A亲子共长课程的建构与实践》一书。该书以"成长家长、成就孩子"为目标，以"看见孩子，发现生长的力量"为理念，遵循"亲爱孩子、顺应天性、提供积极的养育支持"的课程内涵，为孩子提供全面、系统、有效的养育支持。

肖老师对0—3岁早期教育的挚爱，是一种追求、一种精神，更是一种责任，她始终如一的专注和不懈怠，积极认真的研究与实践态度，成就了这份硕果。我相信，这本书所凝聚的爱不会在季节轮换中褪色和减弱，反而会在家长和教师的实践应用中不断的历久弥新。我推荐这本充满爱的《陪伴与支持——D·N·A亲子共长课程的建构与实践》，我更尊敬这样的作者。

如果你是父母或教育工作者，这本书将是您的得力助手。如果您正在寻找一本能够帮助您更好地与孩子互动和建立更紧密的关系的书，那么这本书将是您的首选。无论是为孩子，还是为其他家庭成员，这本书都是一本必读之作。

陈苗

温州市教育局基教处副处长

温州市学前教育指导中心主任

协同家园、系统支持、助力成长

3岁以下婴幼儿照护服务
是生命全周期服务管理的重要内容
事关婴幼儿健康成长
事关千家万户

——题记

　　3岁以下是生命最初、最为重要的1000天,也是婴幼儿生理、心理发展最迅速的黄金期。如何助力婴幼儿的健康成长,如何帮助养育者的专业提升,如何打造家园一致的教养共同体,是亟须解决的难题。

　　2019年10月,瓯海区率先出台"3岁以下婴幼儿照护服务发展试点实施方案",并专门成立早期教育指导服务中心,全方位支持社会力量开展普惠性婴幼儿照护服务,致力为全市乃至全省提供早期养育指导的"瓯海样本"。4年来,课程研究与教育教学实践历经了调研现状、需求的规划起步阶段,确定理念、原则的设计架构阶段,论证、实施的实践研究阶段;推广、完善的深化提升阶段,终成本书。

　　《陪伴与支持——D·N·A亲子共长课程的建构与实践》涵盖婴幼儿课程建设的时代背景及研究基础、课程理念、课程架构、课程内容等,涉及亲子园体验课程的角色定位和课程实施、家庭养育支持课程的创新、评价与保障等。本书体系完善、逻辑严谨、内容丰富、课例翔实,既有适切的婴幼儿发展理论支持,又兼有适宜课程实践的行动支持,不仅是一本可以指导家长、托育园进行托育课程的行动指南,也是一本可以为婴幼儿托育研究提供思考的实践蓝本。本书的出版将为瓯海区、温州市乃至全省、全国的婴幼儿家长、托育园开展科学照护提供参考,为该领域的研究提供"瓯海经验"。

宋占美
温州大学国际教育学院院长
温州大学学前教育研究中心主任

成长家长　　成就孩子

0—3岁是儿童生长关键期,这一时期大脑和身体快速发育。父母是婴幼儿养育照护和健康管理的第一责任人,学习掌握儿童生长发育知识和技能,不断提高科学育儿能力非常重要。但是,如何指导家长遵循儿童的生长发育规律和特点,给予儿童恰当积极的回应,支持儿童健康快乐成长,从而实现高质量的陪伴成为早期教育工作的一大关键问题。

D·N·A亲子共长课程基于当下婴幼儿家庭养育的需求,开启家庭养育支持课程的创新与实践。课程利用幼儿园的资源优势,为家庭创设开放、适宜亲子共长的游戏与学习环境,共创婴幼儿、家长、教师三方互动的成长实践基地,积累了13—36个月婴幼儿亲子游戏、自主活动等实践素材;课程回应家长对婴幼儿养育照护的各方面需要,线上、线下双线并进,研发了包括儿保专栏、日常照料、喂养共享、亲子伴读、游戏同乐等在线课程资源……本书理论与实践结合,梳理总结了D·N·A亲子共长课程的研究价值与意义、实施路径与评价体系。有意思的是,书中以"Dear""Nature""Active"为大家重新定义"DNA"的生命意义,那是基于生命遗传之上的一种新的生命养育启示,即"亲爱孩子、顺应天性、提供积极的养育支持"。它冲破传统观念中基因不可改变的事实,提示我们应该如何更好地支持婴幼儿的成长,最终实现"成长家长,成就孩子"双螺旋生命共长的美好愿景。

本书值得推荐给每一位致力于研究和实践0—3岁亲子养育课程的学者、教师及相关从业人员,相信书中的许多观点、做法能为早期教育工作者带来新鲜的启发与借鉴!

陈素平

温州市教育教学研究院首席研究员

温州市家庭教育学会常务理事　副秘书长

目 录

Contents

第一章
时代发展呼唤婴幼儿照护服务

　　儿童是祖国的未来，民族的希望。近年来，在习近平总书记关于关心少年儿童健康成长的系列重要指示精神引领下，党和政府高度关心和重视儿童的成长，关心和重视儿童工作和儿童事业，"儿童友好"全面打响。与此同时，在"全面二孩、三孩"的政策背景下，婴幼儿照护服务的政策法规体系和标准规范体系初步建立，教育、卫生、社区管理部门、妇联和托幼机构等相关部门共同参与的多形式、多类型、灵活多样的普惠性托儿服务，为生育和妇女发展创造更好的支持环境。

　　在这样的时代背景下，我们立足婴幼儿家庭养育的实际需求，在区域政府、教育行政部门的宏观决策与大力支持下，基于以区域的实际背景开展本土化的实践研究，构建适宜的婴幼儿养育课程，为婴幼儿家庭带去更多支持与服务。

第一节　婴幼儿课程建设的时代背景及研究基础

　　3岁以下婴幼儿（以下简称婴幼儿）照护服务是生命全周期服务管理的重要内容，事关婴幼儿健康成长，事关千家万户。发展婴幼儿照护服务的重点是为家庭提供科学养育指导。

一、婴幼儿照护服务的国家政策启示

（一）因势而谋：课程思考规划起步

　　2019年，托育新元年的帷幕正式拉开。4月17日，国务院办公厅正式颁布《关于促进3岁以下婴幼儿照护服务发展的指导意见》，首次提出"婴幼儿照护服务"概念，提出3岁以下婴幼儿照护服务是生命全周期服务管理的重要内容，事关婴幼儿健康成长，事关千家万户，要多种形式开展婴幼儿照护服务，逐步满足人民群众对婴幼儿照护服务的需求。发展婴幼儿照护服务的重点是为家庭提供科学养育指导，尤其是要加强对家庭的婴幼儿早期发展指导，通过入户指导、亲子活动、家长课堂等方式，利用互联网等信息化手段，为家长及婴幼儿照护者提供婴幼儿早期发展指导服务，增强家庭的科学育儿能力。10月9日，国家发展改革委员会、国家卫生健康委员会关于印发《支持社会力量发展普惠托育服务专项行动实施方案（试行）》（发改社会〔2019〕1606号）的通知，再次要求"普惠性托位数量大幅增加，服务内容不断丰富，服务质量明显提升，对专业人才队伍建设支撑更加有力，对家庭科学养育指导能力持续增强，更多更好惠及婴幼儿家庭"。在此背景之下，我们的课程思考因势而谋，进入规划起步阶段。

（二）应势而动：课程架构整体布局

　　2021年4月30日，《国家卫生健康委国家发展改革委关于开展全国婴幼儿照护服务示范城市创建活动的通知》（国卫人口发〔2021〕17号）指出，"充分利用互联网、大数据、物联网、人工智能等技术，研发应用婴幼儿照护服务信息管理系统，推进'互联网+托育服务'，支持优质托育机构平台化发展。开发科学育儿公益课程、父母课堂等，提供互联网直播互动式家庭育

儿服务"。"通过入户指导、亲子活动、家长课堂等方式,为婴幼儿家庭提供经常性的、普惠可及的育儿指导,提高家庭科学育儿能力。将婴幼儿照护纳入城乡社区服务范围,加强社区婴幼儿照护服务设施与社区卫生等设施的功能衔接,鼓励开展家庭互助式服务"。此文件的发布给予课程整体设计和架构新的思路,指明探索课程的研究和发展方向。

(三)顺势而为:课程优化支持家庭

2022年1月1日,《中华人民共和国家庭教育促进法》正式实施,标志着家庭教育从"家事"升级为"国事",依法养娃时代来临。明确父母是实施家庭教育的责任主体,应当树立家庭是第一个课堂、家长是第一任老师的责任意识。我们以此为家庭养育支持课程背书,优化课程的内容和实施路径,唤醒家长意识,启发家长以主动的学习者、课程的建设者身份参与其中,共同助力婴幼儿的健康成长。

政府宏观布局,规划统筹引领、政策组合发力、试点示范推进,以强政策扶持推动婴幼儿照护服务机构建设,探索发展家庭育儿共享平台等服务的新模式、新业态,从国家层面明确了战略高度,为婴幼儿早期养育与发展确定了基调。

二、婴幼儿照护服务的区域发展现状

2019年浙江省颁布了《关于加快推进3岁以下婴幼儿照护服务发展的实施意见》。2019年10月,瓯海区率全省之先出台《3岁以下婴幼儿照护服务发展试点实施方案》,全方位支持社会力量开展普惠性婴幼儿照护服务,区教育局专门成立早期教育指导服务中心,快速扩大托育供给,深度推进婴幼儿家庭教养指导服务。四年来,区教育局利用幼儿园的资源集聚优势,以22所公办亲子园为载体,最大限度地发挥优质园的辐射效益;积极调研婴幼儿家庭的养育需求及困惑,研发普惠性、本土化的亲子共长课程。系列利好政策的发布以及专业指导中心的成立,都为本课程的实践研究打下了良好的基础。

(一)先行一步的区域发展优势

2019年9月,在全社会期待"幼有所育"服务发展,积极回应社会关切,向"幼有善育"迈进时,瓯海区政府高度重视,婴幼儿照护较其他地市"先行一步",创新推出"六位一体"托育新模式,主动承接浙江省首批婴幼儿托育工作试点区、浙江省共同富裕试点区"一老一小"的试点项目;与此同时,区教育局在婴幼儿照护服务发展探索中,强化服务意识、统筹规划各类资源,柔性引进早教专业人才,筹建区早教指导中心,启动公办亲子园试点项目,开启了婴幼儿照护服务研究新路径。2021年9月,温州在浙江省率先推出"安心托幼"五项服务,全方位赋能"幼有所育",瓯海区以早教、托育两项服务作为重点、亮点打造相关项目,进一步跟进实施。

（二）借势统筹的课程资源

近几年,瓯海区幼教蓬勃发展。自2017年以来,瓯海区投入大量资金,以省一级幼儿园建设标准建成投用公办幼儿园60多所,扩容拓面,形成5分钟幼教服务圈。早教亲子园以"园中园"模式在公办幼儿园中运行,利用双休日为周边社区1—3岁的婴幼儿及家长开展亲子早教活动。每所公办园配备宽敞明亮的集体活动室、多功能室、幼儿书吧、生活操作坊、美工室、玩沙玩水区,宽阔的户外操场及丰富的体能运动器械,如此优质的环境资源与功能设施设备,为早教亲子园的活动组织提供较为完备的环境和物质基础,为早教亲子课程全面性、丰富性和多元化的实施提供保障。与此同时,早教师资均来自公办园原有的教师队伍,师资优势为课程建设提供专业支撑。

（三）科学开展亲子教养活动的深度思考

0—3岁是婴幼儿大脑和身体发育最关键的时期,也是婴幼儿与父母建立良好亲子关系的启蒙阶段。随着社会的发展和观念的更新,越来越多的家长关注到优质"早期教育"对儿童学习与发展的重大价值。父母作为婴幼儿的主要照料者,他们的教育观念、能力、期望等对婴幼儿的发展起着极其重要的作用。作为区域早期养育指导服务部门,我们从专业服务的视角出发,在调研、分析区域内婴幼儿早期养育现状的基础上,认识到开发具有本土化、适宜性的早教资源与支持课程是十分必要的。让课程惠及千家万户,将是一项很有意义且迫在眉睫的研究项目。

此外,我们认识到儿童为本、体验为主的早期养育活动,才是更适合婴幼儿及其父母参加的活动。减少活动的高控程度、降低家长们的达标焦虑、支持婴幼儿主动且充满体验式的学习、注重家长与婴幼儿在课堂中共同成长,是早期教育未来的发展方向。

从这个意义上说,当下已有越来越多的专业人士在思考如何构建婴幼儿早期养育工作。但是我国3岁以下早期养育研究起步较晚,在整个教育链中属短板,对早期养育主要是迁移3—6岁幼儿的教养经验,3岁以下的研究多是借鉴国外已有研究成果,属于本土化的理论研究和探索较少,特别是针对机构数量不足、师资不够、课程未完善等多元问题的综合研究更是少有。因此本课程在充分调研我区早期养育发展现状的基础上,以"助力行政管理和统整内涵建设"为旨,剖析当前早期养育存在的问题,并以行动研究法探讨解决问题的对策,以求获得发展早期养育的最佳策略。

第二节 以"看见"为本位的课程理念先导

儿童从一出生就是"有能力、有自信的学习者和沟通者",作为一个独立的生命个体,其具有积极的、蓬勃的生命力。我们唯有真正认识到生命体与生俱来的、自我成长的强大力量,才会以坚定的信念去看见他、相信他、支持他!

理念是行动的先导。对婴幼儿世界的尊重和理解是我们一直追寻的方向,我们学习先辈的经验与研究,接受儿童观的洗礼,并在对婴幼儿的不断研究和实践中与时俱进。

一、以尊重、信任为先导的"看见"课程哲学

课程立足儿童本位,从科学育养、呵护与尊重小生命出发,以皮克勒(Pikler)①的教育理念为指导思想,杜威(Dewey)②的"教育即生长"理论为依据,提出"看见孩子,发现生长的力量"的课程理念,探索"从照料到养成"的积极养育策略。引导家长满足孩子被尊重、被看见的需要,顺应发现孩子内在的力量,激发孩子的自信心和生活力;回应家长对家庭早期教养的需要与支持,在双向高效的亲子互动中收获轻松育儿的能力和幸福感。

(一)"看见"是源于爱与关注——伙伴关系的建立基础

皮克勒教育理念是以"尊重—回应"为中心的婴幼儿(0—3岁)教育理念,是一种基于观察和尊重婴幼儿内在能力的育儿方法。提倡要尊重婴幼儿,把他们当成是独一无二的个体,他们是主动自发的学习者,而教师只是一个引导者和环境的预备者。本课程倡导以爱为出发点,满足婴幼儿被尊重的需要,倡导建立亲子间信任和亲密的伙伴关系。皮克勒教育理念是本课程架构的基本思想和文化内涵。

---

① 艾米·皮克勒(Emmi Pikler,1902—1984):匈牙利著名儿科医生、婴幼儿研究者、教育理论家,她总结的一套独特的育儿法—"Pikler Approach"成为高质量婴幼儿护理和教育领域的一盏国际性明灯。

② 约翰·杜威(John Dewey,1859—1952),美国著名哲学家、教育家、心理学家、实用主义的集大成者,也是机能主义心理学和现代教育学的创始人之一。"教育即生长"是其关于教育本质的观点之一。

（二）"看见"儿童自我生长的力量——对生命体尊重的觉知

美国哲学家、教育学家杜威认为"教育的本质和作用就是促进儿童本能的生长过程"。他提出的"教育即生长"的教育理念，解读了"自然、自主、自由"的生长定律，即孩子是自己成长的主体，生长是自然的，教育要顺其自然；生长是自主的，家长接受和尊重孩子的独立性和差异性，给孩子自主学习、自主游戏、自主运动、自主生活的权利；生长是自由的，生长存在无限的可能性，教育所成就的人生是开放自由的，自由生长才能丰富并丰满孩子的一生。"教育即生长"的教育理念为本课程的内容选择和实施方式指明了方向。

（三）从"看见"到"发现"——成长的评价支持体系

新西兰早期教育课程理论框架提出"儿童从出生开始就是有能力、有自信的学习者和沟通者"，作为一个独立的生命个体，其具有积极的、蓬勃的生命力。这一理论引导我们在对孩子进行观察、记录和评价的时候，从"找不足、找差距"转变为"发现优点、发现能做的和发现感兴趣的"，即"哇"时刻的即时评价体系[1]。"哇"时刻评价体系是本课程实施"看见孩子，发现生长的力量"的重要手段及评价方式。

二、以普适、支持为理想的课程关键要素

立足儿童本位，以满足孩子、回应家长、支持教师三方需要为出发点，积极探索课程改革的着力点，以科学性、适宜性、本土化为基本原则，架构具有区域特色的3岁以下亲子养育支持课程方案；以轻松的育儿模式和适宜的课程内容去影响、带动更多的家长，给孩子自主的童年和自信的未来。

（一）科学性

科学性是指能够按照婴幼儿心理、行为发展的客观规律，促进其智力潜能的充分开发和社会适应性发展的教育。随着社会的发展和观念的更新，越来越多的家长关注到优质"早期教育"对儿童的重大价值。从现实状况来看，虽然部分家长受教育水平较高，但其对于婴幼儿的发展特点并不了解，缺乏科学的婴幼儿早期教养方法。随着"不要输在起跑线上"的教育内卷现象逐渐形成，家长的过度焦虑不断升级……如何帮助家长走进婴幼儿的世界，重新去看见和赏识孩子的世界，了解并尊重生命个体独特的生长节奏是本课程科学性认知的一个重大突破。

---

①玛格丽特·卡尔，温迪·李.学习故事与早期教育：建构学习者的形象[M].周菁，译.北京：教育科学出版社，2018.

（二）适宜性

适恰才是好的。本课程以顺应婴幼儿的发展需求、年龄特点为出发点，搭建以适合家长认知水平为基本原则的架构，开发适宜的课程内容和活动方式。本课程在很多地方都会提到"亲子园里的老师是环境的创设者和材料的投放者"，我们会投放多种材料、提供多种选择，给予孩子更多自由玩耍探索的时间和空间，引领家长去发现孩子生长的节律，给予支持。一方面我们坚信材料投放的开放多元对于婴幼儿是适宜的，另一方面我们相信婴幼儿能在众多选择中摸索找到最为匹配自己当下力所能及的事物，并进一步去探索和发展，在游戏玩耍中不断固化和加强自己的能力，待某一能力动作成熟后，自然会转移到下一个自发的任务中去。给予适宜的环境、适宜的材料，以适宜的方式去支持孩子，孩子便能得到最适宜的发展。

（三）本土化

基于前期调研及问卷的结果，我们发现：家长不喜欢说教式的指导方式，因为现在关于婴幼儿发展与教养常识的文本随处可见，但却不能及时获取自己所需要的信息。一方面，对于那些教育理论，往往听起来很有道理，但落实到自己孩子身上却行不通；另一方面，家长喜欢互动式的指导交流，针对自己孩子个体发展，希望有讲述和提问的机会，呈现当下的困惑、需要及收获。对于早期教养，他们需要专业的向导与支持，而课程对接的本土专家，基于本土的问题化解能够给予家长及时和有针对性的反馈和指导。

此外，由于0—3岁早期教育具有较强的社会性，与家庭、社区的联系十分紧密，早期教育不应只局限于亲子园，而应充分利用各种本土的社会资源，以幼儿园为依托，密切联系社区与家庭，走教育共同发展的道路。本土化思想引领我们在做课程建设的时候更多地考虑基于当下的现实需求、基于本土的文化因素，去优化融合课程资源。

第三节 D·N·A亲子共长课程的整体架构和目标谋略

课程的主体是家长，其次才是孩子。孩子是父母基因的传承，同时又是一个新的生命体态。DNA是父母亲密关系的联结，也是生命体向上生长的主要分子。本课程在尊重生命体遗传的客观规律的基础上，借以这样的亲密联结尝试从另一种角度来阐释DNA，以双向螺旋生长的生命树来比拟"成长家长，成就孩子"的美好愿景。

一、D·N·A亲子共长课程的架构思路

(一)DNA科学释义

DNA：脱氧核糖核酸（英文 Deoxyribo nucleic acid，缩写为DNA）是生物细胞内含有的4种生物大分子之一——核酸的一种。DNA携带合成RNA和蛋白质所必需的遗传信息，是生物体发育和正常运作必不可少的生物大分子。

(二)基于课程理念赋予DNA新的内涵

D：Dear亲爱的——孩子是父母最珍贵的礼物，以爱为起点拥抱孩子、亲爱孩子，也是课程的初衷和原点。

N：Nature天性/Natural自然的——孩子与生俱来的生长的力量，也是最为自然的天性。成人应如何站在孩童的视角，以最纯真的心灵去看见和发现孩子，顺应生命成长的规律、顺应天性助力生长是教育者永恒的课题。

A：Active积极的——积极教育是顺应天性的教育。以欣喜的眼光看见婴幼儿的每一次自我挑战和探索、试错和坚持，给予积极正面的力量去助力、支持婴幼儿的成长，使其在自主成长的氛围里汲取自信，获得成就感，积极迎接未来的无限可能。而作为家长，我们理应成为顺应天性的积极养育者。

综上，D·N·A亲子共长课程的基本内涵便是：亲爱孩子、顺应天性、提供积极的养育支持。

（三）基于亲密关系建立的亲子共长课程架构

关系就是一切。基于亲子纯然天然的DNA链接，父母陪伴孩子成长的过程如同DNA双螺旋结构的两条螺旋链，相依相伴无限生长。本课程总体架构包含亲子园体验课程和家庭养育支持课程两个部分（见图1-3-1）。其中亲子园为婴幼儿及家长提供体验陪伴、互动交流的实践基地，引领家长在其中沉浸式地参与互动体验，将科学的、适宜的养育策略延伸到家庭日常养育中；家庭养育支持课程打破时空界限，通过科学技术手段，发挥多媒体作用，整合家、园、社的资源，从多元视角提供多方位支持，赋能家长在养育过程中的自我成长，进而读懂孩子并给予适宜的支持，实现双螺旋共同成长。

图1-3-1　D·N·A亲子共长课程架构模型

二、陪伴互动双向成长的课程目标定位

父母作为婴幼儿的主要照料者，其教育观念、教养能力、期望等对婴幼儿的发展起着重要的作用。我们遵循"从尊重、呵护小生命出发，在亲子之间、家园之间爱心交融、牵手共育、快乐成长"的教育理想，以"满足孩子、回应家长"的需要为出发点，构建具有区域特色的科学性、适宜性、本土化的婴幼儿早教亲子课程，以实现"成长家长，成就孩子"的双螺旋共同成长的目标愿景。

（一）指向父母的成长目标——成长父母

了解并尊重婴幼儿的身心发展规律与自我意识，在充分体验与互动中学习回应、支持孩子的方式与方法；理解和接纳孩子的个性与情绪，以成长性思维看待养育孩子过程中产生的困难与挫折，与孩子共同成长；享受育儿过程中的乐趣，能为孩子创造支持性的成长环境，成为一名尊重、悦纳、支持孩子的积极养育者。

尊重：尊重自己和孩子的感受，观察和倾听孩子，视孩子为一个独立的、有内在自我成长力量的个体，允许孩子做选择、鼓励其独立，做孩子的伙伴和盟友。

悦纳：认识到每个孩子都是独一无二的存在，读懂孩子的行为，理解其背后的原因，用积极正向的心态赏识孩子，允许其情绪的表达、允许其犯错，悦纳自己和孩子的不完美。

支持：以身作则给孩子做榜样，放手信任，给予孩子自主成长的空间，因势利导，给予适宜的回应和支持，建立积极温暖的亲子关系。

（二）指向婴幼儿的成长目标——成就孩子

在被尊重、被接纳、被支持的环境中，孩子能够进行自主选择、自主探索、自由表达，发展内在的学习力；在互相信任的亲子关系中，孩子能发展自立能力，乐意与人交往，成为自主、自信、自立的快乐儿童。

自主：在安全自主的环境中，进行自主选择、自主探索、自由表达，做自己的主人。

自信：在理解、接纳、信任的亲子关系中，在环境中充分发挥好奇心和探索能力，在不断试错中发展各项身心机能，成为自信、有能力的孩子。

自立：发展自我意识，有意愿尝试自我服务或独立解决问题，在生活中做力所能及的事情。

第四节　D·N·A亲子共长课程的内容选择和安排设置

一、课程内容来源

　　课程整体上分为亲子园体验课程和家庭养育支持课程两部分。亲子园体验课程根据婴幼儿身心发展的特点和需要,以婴幼儿的生活情景、生活经验为线索,围绕婴幼儿的核心经验,从生活、自然、社会三个维度出发,设置与之熟悉的活动主题及活动内容,支持婴幼儿在感知探索、动作发展、听说表达、艺术体验、社会情感、生活能力方面的综合发展。活动组织呈现体验式、互动性、游戏化的特点。家庭养育支持课程则基于婴幼儿日常养育的需要,从生活照料、陪伴互动、环境优化三个维度出发,设置适宜的、易操作、可迁移的家庭养育课程内容,为婴幼儿日常养育提供支持。家庭养育支持课程内容随婴幼儿月龄特点、季节变化、家庭需要等因素合理设置、动态调整。

二、课程内容板块关系

　　课程内容围绕体验、互动、支持展开,亲子园体验课程为婴幼儿及家长提供亲子游戏互动的场地、范式,现场引导及面对面支持;家庭养育支持课程则以空中学堂的模式,为婴幼儿家长提供随时可提取的养育智库及其他线下活动。两者双线并进为婴幼儿家庭提供体验式、互动性、游戏化的科学养育支持指导服务,助力家长看见孩子、发现孩子、理解孩子、读懂孩子,从而陪伴婴幼儿共同成长。

三、课程内容设置

（一）亲子园体验课程

　　课程遵循婴幼儿生长发育的特点,从感知探索、健康发展、听说表达、艺术体验、社会情感及生活能力的需要着手,围绕婴幼儿的核心经验设计活动方案,凸显支持婴幼儿自主成长和助力家长养育的核心价值(见图1-3-2)。

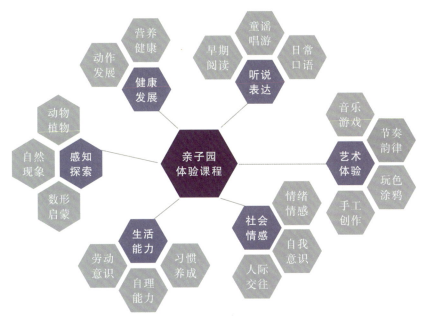

图 1-4-2　亲子园体验课程架构模型

1.感知探索

包含引导婴幼儿探究动物植物、自然现象,感知数形启蒙等方面的游戏活动。旨在激发婴幼儿对身边熟悉的物和事的探索兴趣;充分利用生活中的自然物、生活用品等,鼓励其用五感探索,不断试错,培养爱探索、敢试错的品质。

家长了解婴幼儿好奇心强、爱探索的年龄特点,了解婴幼儿的认知发展特点,观察其探索需求,在有安全保障的情况下鼓励其探索和试错,给予适宜、适时的帮助和支持,引导婴幼儿理解因果关系,增加发展性关键经验。

2.健康发展

包含动作发展、营养健康两个方面。动作发展涉及粗大动作、精细动作两方面,借助各种生活化、开放性的材料和器材,提供自主可选择的环境和材料,促进婴幼儿身体发育和机能的协调发展,增强体质,并发展婴幼儿安全自护意识。在营养餐点环节帮助婴幼儿感受自己的饥饱,理解食物对身体的帮助,学习自主进餐。

家长了解婴幼儿动作发展的特点和在重复中学习的特点,理解生活化、开放性材料和自主的环境对婴幼儿发展的重要性,学习放手、不控制,培养婴幼儿自我安全防护意识。家长在营养餐点活动中,了解婴幼儿饮食营养的需要,掌握喂养的时机和方法。

3.听说表达

包含早期阅读、童谣唱游、日常口语交流等活动。旨在借助图片、书籍、玩偶等材料,在看、听、说等亲子游戏互动交流中引导婴幼儿学会倾听和乐于表达。

家长意识到语言发展的个体差异和创设良好语言环境的重要性。在日常生活中,创设亲子阅读的环境和鼓励语言表达的氛围,用恰当、适宜的语言和婴幼儿交流互动,根据婴幼儿的兴趣引导和支持婴幼儿语言的交流和发展。

4.艺术体验

包含音乐游戏、节奏韵律、玩色涂鸦、手工创作等游戏活动。旨在激发婴幼儿参与艺术活动的兴趣,引导其在活动中感受和体验美,鼓励其尝试用自己的方式表达对美的感受和体验,发展婴幼儿的感知觉、想象力、情绪情感。

家长了解艺术体验对婴幼儿发展的意义和价值,理解音乐、涂鸦、手工是婴幼儿自我表达的一种需求。学习给婴幼儿创设适宜的艺术体验环境,投放低结构、生活化、开放性的材料,观察婴幼儿的艺术表达,给予顺应和切实的支持,促进其对艺术的感知和体验。

5.社会情感

包含情绪情感、自我意识和人际交往三个方面。旨在让婴幼儿通过生活和游戏活动,创设良好的社交环境和交往实践机会,促进其对身体的认知、自我意识的觉醒、情绪的感知,以及发展和家人、朋友、师生之间的情感连接,帮助其建立良好的社会依恋关系,积累交往的经验,感受社交的愉悦。

家长了解婴幼儿社会情感的发展规律和特点,重视婴幼儿自我意识的发展,满足婴幼儿的情感需求,允许其不同情绪的表达。强调以亲为先,以情为主,多倾听、多观察,以身作则,给予婴幼儿榜样和示范。

6.生活能力

包含习惯养成、自理能力和劳动意识三个方面。在生活和游戏中,帮助婴幼儿了解初步的卫生常识,激发其自我服务意识和劳动意识,助其体验自我服务和参与劳动的胜任感。

家长了解生活能力培养的意义和价值,用赏识和成长的心态看待婴幼儿当下的能力和水平。家长能够在适宜的生活场景中,帮助婴幼儿养成良好的习惯,培养其自我服务意识、卫生意识、劳动意识,让婴幼儿做自己力所能及的事情,激发其参与劳动的兴趣。

(二)家庭养育支持课程

本部分课程从生活照料、陪伴互动、环境优化三个维度出发,给予适宜的建议和积极的策略,助力家长在生活照料上的便利、陪伴互动上的舒适,促进亲子关系的和谐发展。生活照料包含饮食喂养、保健护理、生活习惯板块;陪伴互动以亲子游戏、亲子劳动、亲子阅读三种方式进行举例迁移;环境优化则从空间布局、材料投放角度出发为父母的日常养育和婴幼儿的游戏探索助力(如图1-3-3)。

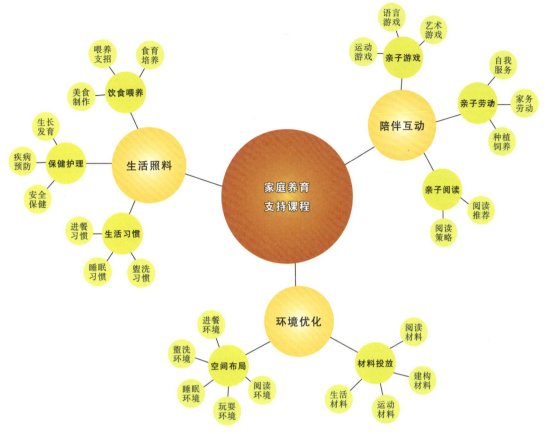

图 1-4-3　家庭养育支持课程模块架构

1.生活照料

包含饮食喂养、保健护理、生活习惯三大板块,覆盖婴幼儿的一日生活基本照料内容,通过提供优质的养育知识、专家讲解以及提供父母们交流的平台,促进父母对婴幼儿日常照料过程的理解与优化,减轻父母们照料婴幼儿的压力和焦虑,为婴幼儿各方面的探索与发展打下基础。

2.陪伴互动

游戏、劳动与阅读,是亲子互动与交流的重要方式和途径。通过定期向家长提供适宜不同月龄段的亲子游戏,让家长获得轻松陪伴婴幼儿的方式和灵感;通过强调亲子劳动的重要性以及提供适当的亲子劳动策略,激发婴幼儿的自信心和主动性,同时让家长看到婴幼儿的能力与潜力;提供声、图、文并茂的亲子共读书目,让亲子关系在伴读时光中更加融洽。

3.环境优化

引导家长根据不同月龄段婴幼儿对环境的需求,按照婴幼儿生活需求合理优化布局空间,根据婴幼儿的活动方式提供适宜的材料,支持婴幼儿在家中获得身体、语言、认知、艺术等各方面的发展,打造安全、健康、舒适的居家活动环境。

第二章
亲子园体验课程的组织与实践

　　亲子园是孩子游戏体验的乐园，更是孩子父母学习成长的学堂。我们在创造"儿童友好"的时代背景下，将幼儿园的资源利益最大化，为婴幼儿和家长打造亲密体验、积极互动的课堂，通过组织丰富多元的活动，营造亲子互动的氛围，促进婴幼儿与家长亲密关系的进一步提升，顺势和谐共长，最终实现"成长家长，成就孩子"的美好愿景。

第一节 体验、互动、支持:课程实施三板斧

D·N·A亲子共长课程的基本内涵是:亲爱孩子、顺应天性、提供积极的养育支持。亲子园为婴幼儿及父母提供游戏体验、亲子互动的场地和场景,为父母亲爱孩子提供范式,为亲子亲密友好关系的建立提供养料;游戏环境和游戏材料符合婴幼儿年龄特质,凸显亲子互动的价值;亲子园早教教师作为第三方养育支持者,引领父母观察孩子、了解孩子、看见孩子,并协同助力父母以更加适宜的方式参与亲子互动、顺应孩子的天性支持其探索,提供积极的养育支持。

亲子园体验课程主要依托幼儿园资源,充分整合幼儿园的环境、设备、师资资源,发挥优势,组织开展亲子体验活动。课程内容的实施融合在半日亲子活动中,在每周末上午开展,由家长带领婴幼儿共同参与,按月龄分期进行阶段性亲子活动,通过户外自助运动、亲子游戏体验、区域自主活动、生活自理活动等多种形式组织与开展。课程与全日制幼儿园课程相比来说,有其特殊性,它同时包含了面向家长的科学育儿指导,是一个婴幼儿教养与亲职教育并举的课程。

本课程弱化婴幼儿生长发育的"里程碑",尊重个体生命成长的节律,在实施过程中,去"主观""高控""教授",重"体验""互动""支持",体现课程体验式、互动性、游戏化的特点,启发家长更多地看见与发现,理解孩子的行为,支持孩子的游戏与探索,体验享伴婴幼儿成长的乐趣。

一、重体验——享伴成长,在体验中共享游戏快乐

体验具有直接性、过程性,婴幼儿具有体验的本能,他们在游戏、运动、生活中,在亲历中感知、体验、发展。亲子园体验课程在实施中不仅关注婴幼儿的活动体验,同时注重家长的体验,教师通过创设游戏化情境,引导家长和孩子在亲子互动中,体验其乐融融的氛围,也让家长深度体验轻松育儿的乐趣。

二、重互动——亲爱孩子,在互动中实现共同成长

亲子园体验课程以亲子关系为依托,创设支持婴幼儿自主探索与亲子游戏互动的场景与机会,引导家长潜心观察了解自己孩子的个性与潜质,促进亲子间的互动,启发家长"看见孩子,发现生长的力量",尊重孩子自身发展的节律,捕捉"哇"时刻,发现孩子的兴趣与能力。

三、重支持——给力支持,给予最有力量的帮助

亲子园体验课程在实施中注重对家长和婴幼儿的支持,基于婴幼儿学习与发展的特点,引导家长在语言和行为上支持孩子的探索,建立孩子为主、家长为辅的操作原则,及时回应孩子当下的需求,满足孩子的探索欲望,关注过程而非结果的呈现。并通过家长对孩子"哇"时刻的分享,让家长与孩子领受更多来自伙伴群体的肯定与鼓励,让彼此顺应,生发互动成长。

第二节 婴幼儿、家长、教师的课程角色定位

亲子园体验课程是亲子园与家庭的合作共育,以亲缘关系为基础,由教师组织家长和婴幼儿共同参与的亲子体验活动。课程立足婴幼儿本位,以满足孩子、回应家长、支持教师为出发点,以轻松的育儿模式和适宜的课程内容去影响、带动更多的家长。

 ### 一、活动中的婴幼儿:从"被动"转向"自主"

课程的最终目标是指向婴幼儿的发展。在D·N·A课程体系中我们始终认为婴幼儿所具有的天性(nature)具备最原始的自我成长力量,婴幼儿总是以他们的眼睛看世界,他们有他们的观察方式、思维方式、表达方式。教师和家长不能以自己惯有的思维,从自己的观念出发,以自己的兴趣代替他们的兴趣,把自己的需求当作他们的需求,而是应站在婴幼儿的立场上,关照他们、陪伴他们、引领他们,支持顺应他们的发展。本课程以婴幼儿为中心,遵循其月龄特点与身心发展规律,关注婴幼儿的发展需求,尊重婴幼儿在活动中的自主选择、自主探索,相信婴幼儿的潜能,在成人创设的适宜的环境中让婴幼儿在家长的陪伴下自由自主地开展体验活动,获得主动发展。

 ### 二、活动中的家长:从"陪衬"转向"主体"

课程的最终目标是婴幼儿的发展,但课程实施的对象主体却是家长。课程同时面向家长和婴幼儿,家长是活动的主要参与者,是婴幼儿游戏的合作者、陪伴者,同时也是学习者、观察者、分享者,是育儿知识经验学习的主体、分享的主体,是自我成长的主体。家长需要明确活动的目的,了解孩子的需要,有效与其进行亲密互动,做孩子游戏时的玩伴;以第一视角观察了解孩子探索的行为、理解过程背后的意图与需求,支持满足其探索欲望,尊重并及时回应;在"哇"时刻的分享过程中,以分享主体的角色在家长间自主互动交流,促进自我成长。

三、活动中的教师：从"教授"转向"主持"

　　亲子体验活动在组织要求上有别于其他的日常教育教学活动，教师在课程实施过程中承担着特定的角色，只有教师科学定位自身所承担的角色，才能够真正达到开展亲子活动的良好效果。在亲子体验活动中，教师的角色是多重的，不仅是活动的设计者、实施者，环境的创设者、材料提供者，更是活动中的观察者、支持者、引导者。在活动的组织过程中，教师的重点不在于教授婴幼儿知识，更多的是一个主持者的角色，应依据婴幼儿的月龄特点、需求以及家长的实际情况，结合自身已有的教育实践经验设计开展不同形式的活动。其中，教师的角色从主导向主持转变，不再把控全场、教授知识，而是提供亲子游戏范式，关注亲子之间的沟通与互动，基于家长的经验与需求给予适宜的建议和策略，助力家长对婴幼儿养育的支持。

　　亲子体验活动中的教师、家长、婴幼儿三者间是平等、和谐的互动伙伴关系。教师尊重家长参与活动的权利，重视家长参与的价值，为家长参与亲子活动创造条件，在活动前、活动中、活动后积极与家长开展互动，了解家长的想法和需求，根据家长的意见不断优化下一步活动方案，为家长参与活动提供条件和选择的机会；教师视每一个婴幼儿是一个独立、平等的个体，尊重每一个婴幼儿，在活动中平等地与婴幼儿开展交流，重视婴幼儿的感受，呵护婴幼儿的成长；家长理解、接纳孩子与同龄婴幼儿发展的差异，尊重孩子的自主选择和自由探索，做孩子游戏的玩伴，顺应孩子，共同成长。

第三节 亲子园半日活动的组织与实施

亲子园体验课程主要依托幼儿园资源储备，充分整合、利用幼儿园的环境、设备、师资，组织开展亲子互动体验活动。秉承"活动即课程"的理念，亲子早教课程内容融合于半日生活、游戏与运动中，通过户外运动、亲子游戏、亲子韵律、区域自主、营养餐点等环节落实课程内容，各环节根据各园所不同特点，因地制宜或因季节变化统筹安排，环节组织灵活富有弹性。

 一、亲子园活动板块与编班

亲子园活动编班以婴幼儿的月龄划分，设置了4个月龄段的主题课程内容，分别是13—18个月、19—24个月、25—30个月、31—36个月。各环节板块可以根据季节变化、天气情况、场地安排、课程内容等实际情况灵活调度活动顺序和时间安排（见表2-3-1）。

表2-3-1 亲子园体验课程活动板块

板块一	自助式户外亲子运动
板块二	沉浸式亲子游戏活动
板块三	互动式亲子韵律活动
板块四	开放式区域自主活动
板块五	渗透式营养餐点活动

 二、五大活动板块的组织与实施

板块一：自助式户外亲子运动——运动之于婴幼儿是建构身体的基本能力

大运动发展是婴幼儿运动发展的开始，就像盖房子的砖块，大运动是建构身体的基本能力。同时，大运动发展是婴幼儿大脑成熟的一项重要指标，是婴幼儿机体生长发育的主要标志，是婴幼儿大脑成熟的"催化剂"。动作发展促进了认知发展，并对婴幼儿自信心的培养和独立性的形成具有积极作用。婴幼儿天生喜爱运动，让他们在户外活动、在亲近自然中自主运动，有利于他们的生长和发育。

心理学家维果斯基说，3岁之前的婴幼儿是按照自己的大纲发展，3岁前的婴幼儿教养，不宜采用"训练"的方法。根据心理学家的理论，在不断的摸索和实践中我们开展了自助式户外亲子运动。顾名思义"自助"即在运动过程中，亲子园提供丰富多元的器械与材料，以开放自助的形式供家长陪伴婴幼儿进行自由自在的玩耍与锻炼，使婴幼儿好动乐玩的天性得以满足，促进其身心愉悦、健康成长。自助式开放的另一层要义则在于每一个婴幼儿都有自己生长发育的节律，其出生月龄、个体差异、个性兴趣不同，家庭生活情况、作息、运动习惯也不尽相同，自助的环境有助于婴幼儿尽可能自主、愉悦地使用器械和材料探索自己的潜能，促进肢体动作的发展；而在亲子运动中与孩子互动，家长也能促进婴幼儿的成长，促进良好亲子关系的进一步建立。

（一）自助式户外亲子运动场地材料的选择

自助式户外亲子运动充分利用幼儿园原有的场地和材料，在实施中运用"加减法"原则，善作取舍、物尽其用，结合实际场地条件以"自助式"摆放各类器械、材料，让婴幼儿自由选择、自主运动。

1.场地选择，支持开放自由

场地的选择，根据安全要素和婴幼儿活动的适宜性，以"减法"隔断户外活动场内不适宜婴幼儿活动的区域或搬走不适宜婴幼儿活动的器械（如过高的滑梯、攀爬架等大型、重型器械），让婴幼儿在安全适宜的场地里自由运动。同时制订雨天方案，利用幼儿园的多功能厅、宽敞的大厅、宽大的走廊、合适的场馆等，让婴幼儿在雨天也能得到相应的运动锻炼。

2.材料丰富，轻便且易组合

亲子运动的材料以开放性、轻便性为宜，可搬运、可连接、可套叠、可组合、可储物、可助推情境的材料更易激发婴幼儿参与活动的兴趣。此外，日常生活中随处可见的，且为婴幼儿所熟悉的材料也更容易吸引他们的注意，因此在材料的选择上我们可做"加法"，在筛选幼儿园原有器械材料的基础上，辅助添加轻便的、婴幼儿熟悉的材料（见表2-3-2）。

表2-3-2　自助式户外亲子运动材料参考清单

类　型		材　料
主要材料	攀爬类	低矮攀爬架、低矮三脚架、小滑梯组合等
	平衡类	平衡木、平衡步道、平衡触觉板、大陀螺、摇马等
	蹦跳类	蹦床、轮胎蹦跳、小羊角球、呼啦圈等
	钻爬类	钻圈、钻筒、彩虹隧道等
	车　类	小三轮车、平衡车、小独轮车、小滑车等
	投掷类	飞盘、球、沙包等
	球　类	大龙球、触觉球、海洋球、乒乓球、篮球、足球、皮球、弹力球等
	跨越类	跨栏、绳子、PVC管跨架等
	……	……

类 型		材 料
辅助材料	储物工具	箱子、筐子、篮子、可折叠软储物盆等
	拖拉类	系上绳子的拖拉玩具、呼啦圈、筐子、玩具车等
	绳子类	跑绳、长绳、跳绳、松紧带等
	棍子类	软棍、纸棍等
	布类	不同质感的丝巾、长条布、方布等
	管子类	PVC管、保鲜膜内壳、纸巾筒等
	桌凳椅	各种桌、椅、凳
	厨房用品类	汤勺、漏勺、小锅、碗、盘等
	地垫	体操垫、野餐垫、彩虹伞等
	充气类	不倒翁、充气锤、充气球等
	玩偶类	动物玩偶、布娃娃等
	蔬果类	各种蔬菜水果等
	……	……

(二)自助式户外亲子运动实施要点

1.保障安全,组织有度

活动前做好场地的安全排查,挑选适宜的材料并进行消杀,规划活动场地的布局和材料的摆放方式。过程中观察婴幼儿与材料的互动情况,了解婴幼儿的月龄特点与运动需求,动态跟进,调整运动材料的投放;观察婴幼儿和家长的互动,引导家长做好安全保障,启发家长进行高质量的陪伴,活动结束引导家长和婴幼儿一起参与整理,将所有物品归类,建立整理常规。活动后,教师复盘梳理材料及活动情况,以便教研活动共享、共研。

2.观察记录,调整优化

亲子运动活动中,教师着重开展观察与记录,可以用视频、表格(如表2-3-3)等简单记录,观察要点落在婴幼儿与材料的互动、婴幼儿与家长的互动、婴幼儿在整个活动当中的情绪体验,并随时根据婴幼儿的活动情况对材料的提供或摆放方式等进行调整优化。

表2-3-3 户外亲子运动布局、材料投放观察记录表

亲子园	时间	记录人	参与人数
备注:现场布局及材料投放情况(可手绘),布局或材料受欢迎程度用打☆来记录,最多打三颗☆。			

调整及情况说明:

3.分工合作,支持陪伴

在户外亲子运动中,教师着重观察记录,负责对婴幼儿及家长进行适当的引导和安全提示,鼓励家长与婴幼儿进行积极互动,并根据婴幼儿的活动兴趣和运动量情况,动态调整器械与材料。家长做好婴幼儿的安全保护,鼓励、支持、陪伴孩子开展运动,并随时关注孩子的出汗情况,及时穿脱衣物。教师和家长各有侧重,共同支持婴幼儿的运动。

户外亲子运动组织实施流程见图2-3-1。

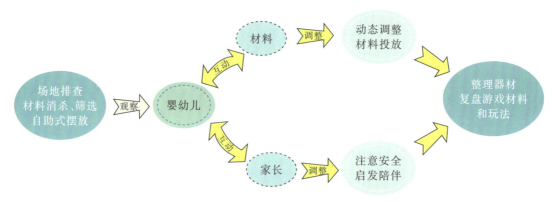

图 2-3-1　户外亲子运动组织实施流程

跳一跳　　　　　　　　　　　　　走一走

跑一跑　　　　　　　　　　　　　扔一扔

（三）自助式户外亲子运动实践案例

 案例1　自助式户外亲子运动"三问"教研实录

在亲子园的半日课程中，户外亲子运动是很重要的一环，我园老师们在实施过程中碰到了各种不同的问题和困惑，为此，我们针对老师们的困惑开展了探讨，让问题推进思考，让亲子运动落地。

一问：精心设计了走、爬、钻、跳等运动路线，可宝宝不喜欢，总是玩了一下就跑了，该怎么布局才能激发婴幼儿的运动兴趣？

※问题追因

主持人：要了解婴幼儿喜欢的运动环境如何创设，首先要了解园里的婴幼儿为什么不喜欢老师创设的运动环境。

①请老师复原当时的运动环境场地布置图。

②全体观察分析：该场地布置有什么特点？

③大家讨论后小结：该场地设置的路径虽然包含走、爬、钻、跳等各种动作在内，但统一化，闭环式，单一、没有变化。

※梳理运动环境布局思路

①观看日常亲子运动活动视频，其中有不同的创设方式：闭环路径、分段路径、点状布局、自助式布局。

②全体分析讨论各种布局方式的优缺点，归纳如表2-3-4。

表2-3-4　不同运动环境布局优缺点

优缺点	方式路径			
	闭环路径	分段路径	点状布局	自助式布局
优点	各种运动技都能得到锻炼	有一点点选择自由；各种运动技能得到锻炼；无效等待时间减少	有选择自由；各种运动技能得到锻炼；没有无效等待时间	婴幼儿能根据自己的兴趣，选择喜欢的运动方式进行运动；可以自由搬运、组合等，能玩出更多的创意玩法
缺点	玩法固定，没有选择自由和运动自由；会出现长时间的无效等待，不符合婴幼儿的注意力集中时间短的特点	有可选择路径，但依然没有真正的运动自由；路径中摆好的物品会给家长和婴幼儿隐形的暗示，不利于婴幼儿的运动创意和兴趣	运动玩法相对固定	单次活动可能无法全面锻炼到各种运动技能

③反思小结。

婴幼儿以自我的成长节奏为行动大纲，婴幼儿的运动经验非常个人化，并且动作的完成非常依赖个人的技巧和能力。如果环境中能够建立并维系这种积极的运动探索氛围,婴幼儿会更乐意去进行探索和运动。所以我们应以激发婴幼儿参与运动的兴趣、体验运动的乐趣、发展身体机能为目标,创设亲子园运动的环境。如果婴幼儿按老师规定的路径进行统一化运动,婴幼儿就不能以自我的成长节奏进行个人化运动,容易失去对运动的兴趣。

根据以上的婴幼儿的运动特点,结合早教亲子园的运动目标,户外亲子运动环境的创设应以自助式摆放为主,将各种材料进行靠边的摆放,让婴幼儿自取材料,在空场地进行自助运动,同时可以适当整合分段式路径,使婴幼儿既感受到自主和自助的快乐,体验到以个人化经验进行运动的成就感,又能获得各种运动技能的锻炼。

二问:亲子园户外运动器械、材料很多,布置起来很累,应如何选择为好?

※问题追因

主持人展示户外运动环境和材料投放图片,请老师们观察图片,分析为什么布置场地和投放材料会累,讨论什么样的材料既适合婴幼儿运动又能让教师布置起来不会太累。

反思小结:材料又大又重不适宜;没有亲子园运动材料登记表,临时寻找费时间费精力。

※建立运动材料资源库

①理论回顾。

亲子运动材料要求以开放性、轻便性为宜,可组合、可变通、可助推情境的材料更易激发婴幼儿参与活动的兴趣。

②挑选户外亲子运动器械材料,形成材料资源清单。

老师们分成3组,从适宜婴幼儿的运动出发,根据要点对幼儿园的中小型运动器械、材料进行讨论、辨析、挑选,最后整理形成亲子园户外运动材料资源库初选清单。

③集思广益,补充完善资源库。

在原有材料的基础上进行筛选,思考还可以添加什么样的材料,既简便、简约、随手可得,又适宜运动,为婴幼儿所喜欢,并将其补充在清单上,以便活动时选择使用。

三问:活动中婴幼儿对一些材料不会玩怎么办? 要不要教给他们运动方法?

※问题追因

主持人:不会玩指的是什么?

老师:与之前预想的运动方式不一样。

思考:某种材料的运动方法是特定的吗?

※借助案例思考讨论

①观看视频片段1。

老师们将呼啦圈一个一个整齐地摆放在地上,供跳着玩。等孩子们跳过一次后,就有孩子要把呼啦圈从地上拿起来玩,家长马上进行了制止,说:"这是放在地上跳的,不能拿起来。"孩子继续用呼啦圈进行运动的兴趣被浇灭了,转头就走了。

②观看视频片段2。

老师们将呼啦圈放在了篮筐里,孩子们有的将呼啦圈拿到手上晃;有的用呼啦圈箍住球进行拖拉;有的拿着呼啦圈跑到蹦蹦床边,将呼啦圈和同色的蹦蹦床进行颜色匹配;有的拿着呼啦圈套到自己身上,或是走到妈妈身边,让妈妈蹲下,将呼啦圈举高套到妈妈的身上;有的会自己将呼啦圈摆放在地上,进行跳跃。

③讨论分析。

两个视频中,同样是呼啦圈,为什么孩子们表现出的兴趣不一样?

小结:材料没有特定的玩法,成人认为孩子不会玩材料,但其实只是孩子的玩法与成人预设的不同。活动中成人太多的所谓指导反而干扰和束缚了孩子的活动兴趣和创意。

※反思小结:

家长参与大运动活动的价值是激发婴幼儿运动的兴趣,要顺应和支持婴幼儿的运动,活动中不要刻意教他们运动技能,应以玩伴身份参与互动。婴幼儿不会玩,成人可以在互动中加以适当引导。教师应积极观察婴幼儿与材料和与家长的互动情况,及时动态跟进材料的投放,让婴幼儿的运动兴趣持续时间更久,在活动后教师可在《晨间运动材料投放记录表》上记录下材料的调整情况,以便后期活动的开展和跟进。

自助式的户外亲子运动我园还在摸索探索中,相信在不断思考、质疑和老师们的实践中,我们的自助式亲子运动环境会让婴幼儿和家长有所收获、有所成长。

温州市瓯海区新桥丰翔嘉园幼儿园 黄霜玲

案例2 从"预设"到"自助",小材料玩出大精彩
——亲子园自助式户外亲子运动模式创生与开展的反思

0—3岁是婴幼儿生长发育的关键期,运动能促进大脑的发育,增强身体各器官系统的发育生长。通过运动,婴幼儿会得到新的学习机会,认识他们的身体与空间中其他物体的关系,并借由运动与身边环境建立联系,提高社交、情绪、认知和身体能力,其运动技能也会随着时间和合适的环境而发展。与此同时,0—3岁也是婴幼儿与父母建立良好亲子关系的基础时期。无条件的爱和接纳,看见孩子真正的需求,尊重理解并用心陪伴,是建立一段健康的亲子关系的前提。

我们意识到运动与陪伴对于婴幼儿的重要性,那么婴幼儿户外自主运动应该如何组织与实施呢?怎样的运动模式是婴幼儿喜欢的呢?作为亲子园半日活动的第一个环节,借助幼儿园的硬件和材料资源,我们更乐于看见亲子同乐,一起运动的身影。

※"预设"中游离的宝宝们

今天是周末早教开放日,为了迎接宝宝们的到来,老师们搬出了幼儿园的各类器械:将独木桥和轮胎组合,搭成一座座桥,用大大小小的石子铺成了一条路,还有排列整齐的拱门山洞、弯弯曲曲的呼啦圈"跳格子"……老师们费心而又热情地创设了许多好玩的游戏运动场景,供宝宝们自主选择、参与运动,设想着宝宝们在家长的带领下欢乐运动和游戏的场景。

家长们带着宝宝来了。宝宝们看到新奇的小路,在爸爸妈妈手把手地引领下,走过小桥、穿过山洞……可是,让老师们困惑的是,10分钟后,预设场地内的宝宝稀稀落落,家长跟着宝宝在幼儿园偌大的操场上不知所措……老师们反映40分钟的户外运动真的太难组织了!

为此,早教团队的老师们认真研究、查找资料,了解婴幼儿的年龄特质、心理需求。婴幼儿以"自我"为行动大纲,他们喜欢自主选择,喜欢不受约束地自由玩耍。在游戏过程中,婴幼儿的注意力容易转移,对预设好的项目玩过几次以后,就失去了兴趣;地上铺设的小路自然形成一种环境暗示,宝宝们想要去调整(拿起)的时候,家长们总会提醒宝宝们不能拿,要按规则来游戏和运动;架起的独木桥、障碍物超出宝宝们的能力范围宝宝们不得不牵着爸爸妈妈的手才能完成挑战。预设的自主并不能真正让宝宝们自主,并获得运动的快乐及挑战成功的喜悦!

我们重新思索,回归瓯海亲子教育支持课程的理念,从科学育养、呵护与尊重小生命出发,"看见孩子,发现生长的力量",积极寻找户外运动改革的生长点。我们想到真正的自主和自由,是尊重每个个体生命成长的节律,基于婴幼儿的兴趣与需要,为他们提供丰富、适宜的材料,供家长陪伴宝宝进行自由自在的玩耍与锻炼,使其好动乐玩的天性得以满足,身心愉悦、健康成长。于是,我们的运动故事翻开了新的篇章。

※"自助"中欢乐的宝宝们

在下一次户外运动时,早教老师们精心筛选适宜、轻便、方便组合、容易互动的材料,因地制宜地以"自助餐"的模式将一筐筐的器械和辅助材料摆放在场地周围。

户外运动时间里,宝宝们将泡沫建构材料放进手推车里当起了运货员;将拖拉车一辆辆串起,变成了一列小火车;从筐里拿出软棒和爸爸一起打闹;将呼啦圈一个一个往自己的身上套,然后再取出来;还有位妈妈和宝宝玩起了滚呼啦圈的游戏……当环境暗示被解除,孩子们有了更多的选择和无穷的玩法,宝宝们"嗨"了,爸爸妈妈们陪玩也乐了,早教亲子园里流动着欢乐运动的身影。

老师们在做什么呢?作为材料提供者、观察者和引导者,老师们在认真地观察婴幼儿与材料的互动,了解婴幼儿的月龄特点与运动需求,动态跟进调整运动材料的投放;同时,观察婴幼儿和家长的互动,提醒家长注意安全,启发家长进行高质量的陪伴。老师们感叹,自助式户外运动模式的改变让家长与宝宝感受到小材料也能玩出大精彩。

※课程实践再反思

每个宝宝都是独立的个体,他们有自己的特点和需要,有独立性和自主性,开放和创新的户外自助运动形式能充分发挥他们的"自主性",让宝宝和家长充分感受到自主、自由运动的快乐,促进良好亲子伙伴关系的形成。

成长家长:理念蜕变,赋能提升

①家长角色转换:从引导者到支持者

在自助式户外运动中,亲子园的家长不是带着宝宝来游园,而是在环境、材料的支持保障下,更自主地参与亲子运动,锻炼身心;在陪伴过程中,在确保宝宝安全的前提下,支持宝宝自主探索与运动游戏。

②家长的理念转换:从陪伴者到伙伴关系的建立

在自助式户外运动中,家长们不再是单纯的跟随者,而是在陪伴自主运动的过程中,通过易于互动的器械,以宝宝乐于参与的方式积极与其互动,从中看见宝宝自主成长的力量,促进信任和亲密关系的建立,让彼此顺应成长。

成就孩子:激活想象,助推生长

宝宝在自主选择材料、不受场地约束的情况下,宝宝能够展现出较好的好奇心和创造力,通过自主选择、自由玩耍,提高宝宝的主观能动性。这种自助方式,助推了宝宝们的身体发育、个性发展以及想象力的创造,也能让我们真正看见孩子们生长的力量。

温州市瓯海区第三幼儿园　胡腾芳

板块二:沉浸式亲子游戏活动——游戏之于婴幼儿是认识世界的基本方式

游戏是婴幼儿生活的一部分,也是婴幼儿认识世界的基本方式。婴幼儿在游戏的情境中摆弄、操作、扮演、互动,获得愉悦的情绪和体验,以及对外部世界的认知。与此同时,亲子游戏是亲子陪伴的重要形式,父母是孩子最好的玩伴,在父母高质量的陪伴下,孩子能得到无穷的快乐和发展。

沉浸式亲子游戏活动重在为婴幼儿和家长创设温馨的亲子游戏体验环境,通过教师的讲解演示,示范、带动家长和婴幼儿开展沉浸式游戏、体验活动。在参与中推介亲子游戏内容与互动的形式,在温馨、有趣的沉浸式体验互动游戏中,亲子间的愉悦情绪相互传递,增进亲子感情。

鼓励、支持婴幼儿参与游戏活动,观察和理解婴幼儿探索的过程、行为背后的意图与需求,更好地探索、理解婴幼儿的行为,可以为建立更融洽的亲子关系打下基础。

(一)沉浸式亲子游戏的内容安排

亲子园体验课程内容从"宝宝与生活""宝宝与自然""宝宝与社会"三个维度,相互融合与渗透,从不同的角度顺应支持婴幼儿在感知探索、健康发展、听说表达、艺术体验、社会情感、生活能力方面的综合发展(见图2-3-2)。

图 2-3-2　亲子园体验课程亲子游戏内容架构

1.宝宝与生活

婴幼儿最初的生活场所就是家庭,家庭生活中接触到的事物是婴幼儿最熟悉的。以家庭生活中常见的物品、事情为出发点,设置了"我家用品""能干的我""美味食物""玩具乐园"等生活系列主题,合理地安排课程内容,让婴幼儿通过五感的感知、亲身体验、互动交流获得经验。课程中选用的生活物品有纸巾盒、毛巾、夹子、牙刷、扫帚等,还有美食、球、车等这些与婴幼儿的生活息息相关的实物,凸显了生活经验的教育意义和价值。课程还特别注重培养婴幼儿的生活能力,晾毛巾、用毛巾擦嘴、夹夹子、用小扫帚和簸箕配合扫地、刷牙、洗手、如厕、双手配合吃饭等,以促进初步生活能力的发展。

2.宝宝与自然

自然环境与人类的生存息息相关,从小引导婴幼儿亲近大自然,感受大自然的美好,为其种下热爱自然的种子,引导其通过游戏获得感知动物、品尝蔬菜瓜果、欣赏花草、观察自然现象等接触自然的经验。课程中设置了"可爱动物""蔬果宝宝""花花草草""好玩沙水""奇妙现象"等自然系列主题。内容涉及婴幼儿所熟悉的猫、马、小鸡、小鸭、蝴蝶、蜜蜂等动物,还有常见的萝卜、青菜、豆子、苹果、葡萄等熟悉的蔬果,还有下雨、星空等自然现象。通过观察、体验、比较等方式,探索自然的奥秘,使婴幼儿获得感知觉和思维的发展,激发其对大自然的探索兴趣和喜爱。

3.宝宝与社会

人从出生起就是一个社会实体,婴幼儿时期是社会性发展的关键阶段。在这个时期,婴幼儿开始认识到自我,感受自己和他人的情绪,开始学习正确表达自己的情绪和想法,开始尝试与他人合作、共享……所有这些都是儿童社会性发展的表现。本课程由近及远,根据婴幼儿的月龄特点逐步提升梯度,设置了"我的身体""我的家人""我的朋友""情绪宝宝"等社会认知交往主题。从五官认知到手、脚,再到身体各部位,让婴幼儿逐步认知自我;从快乐到悲伤、愤怒的几种基本情绪,开始逐步感知情绪,学习表达情绪;从和家长的亲子互动游戏到与教师、同伴的互动、合作游戏;从"爱妈妈""爱爸爸"到"我的家人""我的朋友",在各种人际交往和社会活动中学习与发展。

课程内容围绕"宝宝与生活""宝宝与自然""宝宝与社会"三个维度,根据各月龄段婴幼儿的身心发展特点,分别设置13—18个月(见表2-3-5)、19—24个月(见表2-3-6)、25—30个月(见表2-3-7)、31—36个月(见表2-3-8)四个月龄段12个大主题内容,难度呈梯度逐步递进。教师在实施过程中,基于本班幼儿的实际情况与需要,对课程主题活动方案进行取舍和调整。部分活动参考方案见附录。

表2-3-5　各月龄段亲子游戏主题内容安排(13—18个月)

大主题内容	子主题名称	活动名称	重点关注					
			感知探索	健康发展	听说表达	艺术体验	社会情感	生活能力
我家用品	摇摇拉拉	摇摆小闹钟		✓	✓		✓	
		抽拉游戏	✓	✓				
	好玩的毯	毯儿荡秋千		✓	✓			
		好玩的毯儿	✓	✓				
	有趣盒子	叠叠乐		✓				
		盒子的秘密	✓	✓				✓
能干的我	能干的手	小手拍一拍		✓		✓		
		能干的手	✓	✓				✓
美味食物	美味的饼	烙饼				✓	✓	
		叠煎饼	✓	✓				
	香蕉弯弯	香蕉弯弯	✓		✓			
		剥剥吃吃		✓				✓
玩具乐园	好玩的球	小皮球找朋友						
		好玩大龙球						
可爱动物	毛毛虫爬爬	毛毛虫		✓	✓		✓	
		毛毛虫和软硬	✓		✓			
	小鸟喳喳	小鸟飞飞飞		✓	✓			
		鸟儿喳喳叫	✓		✓			
	母鸡下蛋	母鸡下蛋			✓	✓		
		捞鸡蛋	✓	✓				

续表

大主题内容	子主题名称	活动名称	重点关注					
			感知探索	健康发展	听说表达	艺术体验	社会情感	生活能力
蔬果宝宝	青菜萝卜	一起拔萝卜			✓	✓	✓	
		青菜印画	✓	✓		✓		
	大大的苹果	苹果长在大树上		✓	✓			
		虫吃苹果	✓	✓				
花花草草	好看的花	你好，小花			✓		✓	
		花儿涂鸦		✓		✓		
好玩的沙水	好玩的水	魔法变色水	✓	✓		✓		
		神奇水画	✓			✓		
奇妙现象	美丽的颜色	红红的世界	✓			✓		
		红红的朋友	✓		✓			
	有趣的声音	有趣的声音	✓		✓			
		声音演奏	✓	✓				
我的身体	我的身体	认五官			✓	✓	✓	
		小手画画	✓	✓				
	认识自己	飞高飞低真快乐			✓			
		我和镜子	✓			✓		
我爱家人	我爱妈妈	抱抱				✓	✓	
		爱妈妈			✓		✓	
情绪宝宝	开心宝宝	开心果				✓	✓	
		咯吱咯吱笑	✓				✓	

表2-3-6　亲子游戏各月龄段主题内容安排（19—24个月）

大主题内容	子主题名称	活动名称	重点关注					
			感知探索	健康发展	听说表达	艺术体验	社会情感	生活能力
我家用品	毛巾和夹子	小毛巾	✓	✓		✓		
		好玩的夹子	✓	✓				✓
	好玩的丝巾	丝巾舞		✓		✓		
		好玩的丝巾	✓				✓	
能干的我	能干的手	握握手			✓	✓	✓	
		串项链	✓					
	小手捉迷藏	小手捉迷藏		✓	✓		✓	
		戳戳看	✓	✓				

续表

大主题内容	子主题名称	活动名称	重点关注					
			感知探索	健康发展	听说表达	艺术体验	社会情感	生活能力
美味食物	剥开尝尝	"啊呜"一口	√		√			
		剥开尝尝	√	√				√
	美味饼干	饼干歌		√	√			
		饼干和糖果		√		√		
玩具乐园	好玩的车	开火车		√		√		
		车轮滚滚滚	√	√		√		
	马儿跑跑	马儿跑跑跑		√		√	√	
		马儿饿了	√	√			√	
可爱动物	青蛙"呱呱"	小青蛙		√		√	√	
		青蛙喝水	√	√			√	
	可爱猫咪	猫捉老鼠		√		√		
		小猫的花毛毯	√	√		√		
蔬果宝宝	圆圆的菜	圆圆的菜	√		√			
		手撕卷心菜		√				√
	小橘子	小橘子	√	√				
		剥橘子		√				√
花花草草	美丽花草	绿绿的是什么	√		√			
		撕贴花		√		√		
好玩的沙水	滴滴漏漏	浇水	√		√			√
		漏下来了		√	√			
奇妙现象	有趣比较	谁大谁小	√	√	√			
		玩套筒	√	√				
	绚烂的烟花	放烟花		√	√			
		绚烂烟花	√	√		√		
我的身体	灵巧的手	小手合拢放开		√	√			
		拼拼搭搭		√	√			
	我的身体	小手小脸洗一洗		√	√			√
		摸一摸	√					
我爱家人	我爱爸爸	我爸爸和我			√		√	
		和爸爸一起游戏		√			√	
情绪宝宝	生气宝宝	生气了			√		√	
		抱抱亲亲真开心		√		√	√	

表2-3-7　亲子游戏各月龄段主题内容安排(25—30个月)

大主题内容	子主题名称	活动名称	重点关注					
			感知探索	健康发展	听说表达	艺术体验	社会情感	生活能力
我家用品	有趣的袜子	袜子游戏	√	√				√
		袜子小鱼		√		√		
	瓶瓶罐罐	瓶瓶罐罐		√	√			
		魔法瓶罐		√		√		√
能干的我	擦擦扫扫真开心	喝汤喽,擦一擦		√	√			√
		扫一扫		√				√
	自己吃饭	宝宝自己吃饭		√	√			√
		我来喂你		√			√	√
美味食物	美味的菜	炒菜		√	√		√	
		红烧鱼	√			√		
玩具乐园	好玩的玩具	小吊车				√	√	
		不倒翁		√		√	√	
可爱动物	小狗汪汪	哈巴狗				√		
		狗和肉骨头	√	√				
	小猪呼噜噜	小猪呼噜噜			√	√	√	
		小猪吃果果	√	√				
	可爱的虫	虫虫歌		√	√		√	
		可爱的虫	√	√				√
蔬果宝宝	蔬菜宝宝	长得不一样的菜	√		√			
		拣菜	√	√				√
	水果宝宝	咔嚓咔嚓	√			√		
		水果切切乐	√	√				
花花草草	美丽的树	大风和树叶				√	√	
		美丽的树	√	√	√			
好玩的沙水	好玩的水	大雨小雨		√		√		
		美丽的喷画	√	√		√		
	流动的沙	流动的沙	√		√			
		好玩的沙画		√		√		
奇妙现象	有趣的点	点点点		√	√			
		点点贴画	√			√		
	美丽夜空	闪闪的星星	√	√	√			
		美丽夜空	√	√		√		

大主题内容	子主题名称	活动名称	重点关注					
			感知探索	健康发展	听说表达	艺术体验	社会情感	生活能力
我的身体	身体动一动	身体动一动		√		√	√	
		有趣的小脚丫	√		√		√	
	我的身体	一个拇指动一动		√		√	√	
		我的身体都会响	√	√			√	
我的家人	一家人	一家人	√		√		√	
		我们一家	√			√	√	
情绪宝宝	情绪宝宝	脸脸,各种各样的脸				√	√	
		有趣的脸	√			√	√	

表2-3-8 亲子游戏各月龄段主题内容安排(31—36个月)

大主题内容	子主题名称	活动名称	重点关注					
			感知探索	健康发展	听说表达	艺术体验	社会情感	生活能力
我家用品	毛巾用处大	毛巾擦一擦		√	√			√
		好玩的毛巾	√	√			√	
	我会拉粑粑	我要拉粑粑			√			√
		擦一擦		√				√
能干的我	我会刷刷刷	我会刷牙		√		√		√
		洗刷刷	√		√			√
	自己洗手喝水	洗手歌		√	√			
		水杯喝水		√	√			√
美味食物	多样美食	有趣的淀粉	√	√		√		
		多样美食		√		√		
	长长的面条	长长的面条	√		√			
		做面条	√	√		√		
玩具乐园	有趣的球	彩球举高高		√		√	√	
		百变蓬蓬球	√	√		√		
	可爱的毛毛虫	好饿的毛毛虫	√			√		
		彩色毛毛虫	√	√			√	
可爱动物	小鸡和小鸭	母鸭带小鸭		√		√	√	
		鸡蛋的秘密	√	√				√
	兔子蹦蹦跳	小白兔		√	√			
		兔子蹦蹦跳		√		√		

续表

大主题内容	子主题名称	活动名称	重点关注					
			感知探索	健康发展	听说表达	艺术体验	社会情感	生活能力
蔬果宝宝	蔬果宝宝	蔬菜宝宝	√		√			
		好吃的水果沙拉	√	√				√
	水果聚会	水果水果在哪里	√		√			
		美味葡萄		√			√	√
花花草草	花花草草	彩虹色的花				√		
		美丽的花园		√		√		
好玩沙水	好玩的沙	挖宝藏	√	√	√			
		沙水创意玩	√			√		
奇妙现象	形形色色	身边的形状	√		√			
		美丽的颜色	√	√		√		
我的身体	身体碰一碰	身体碰一碰		√		√	√	
		印印画画		√	√	√		
	我的身体	头发肩膀膝盖脚		√		√	√	
		宝宝不怕冷			√			
我的朋友	找朋友	找朋友对对碰	√					
		朋友一起玩			√	√	√	
	好朋友	好朋友			√	√		
		让我来帮你			√	√		
情绪宝宝	情绪小怪兽	我的情绪小怪兽			√		√	
		五彩情绪	√			√	√	

(二)沉浸式亲子游戏活动的实施要点

1.解析课程资源,优化活动方案

亲子游戏活动由早教指导中心提供课程资源包,各亲子园因地制宜,根据月龄班级,选取适宜的课程内容,通过开展教研备课试讲、小组研讨等方式解析课程资源,优化活动方案,熟悉环节流程,实验操作材料的适宜性等,为亲子游戏活动的组织和顺利开展奠定基础。

2.家园合作回应,默契配合支持

亲子游戏活动需要家长的主动参与、默契合作。活动前,教师通过线上方式向家长预告活动主题及相关事项,让家长对活动价值和内容有所了解。过程中,教师通过示范带导,引导家长和婴幼儿沉浸于亲子游戏互动中,既关注整体秩序又关注个性化的需要,及时给予一对一回应和引导。家长积极参与活动,在观察、鼓励、陪伴、支持婴幼儿自由探索、自主游戏的同时,发现婴幼儿成长中的"哇"时刻。活动后,家园之间通过线上或线下进行反馈交流沟通,使活动方案不断优化,家园合作回应共进。

3.注重亲子游戏范式的家庭迁移

亲子游戏有利于婴幼儿身心的健康发展,有益于家长和婴幼儿之间的情感交流,使亲子关系密切。1—3岁的婴幼儿有更多的居家时间,为此,我们在开展沉浸式亲子游戏活动时还应注重推介亲子游戏内容与互动的形式,启发家长将亲子互动模式、游戏范式向家庭迁移,为家庭养育提供支持。亲子游戏活动实施流程见图2-3-3。

图2-3-3　亲子游戏活动实施流程

沉浸式亲子游戏活动

(三)沉浸式亲子游戏活动实践案例

 案例1 沉浸式亲子游戏活动实施三要素解读教研实录

【教研背景】

瓯海区亲子园针对"亲子游戏实施三要素"开展了一系列的片区教研活动,有理论培训、实地观摩、分组研讨等。在研讨的过程中,我们发现教师对亲子游戏活动实施的三要素仍存在一些困惑。经调查发现,72%的教师提出对"给予家长更有效的支持策略"表示有困难;56%的教师提出对"三方互动的时机和互动方式"有疑惑;18%的教师对于"沉浸式的体验实施策略和方法"不熟悉。基于教师的问题,我们生成了本次教研活动的主题"亲子游戏活动的三要素的组织与实施"。

【教研对象】瓯海区潘桥汇宁幼儿园和瓯海区瞿溪延川幼儿园的亲子园教师

【教研目标】

(1)解决教师在实施亲子游戏活动中对体验、互动、支持的困惑。

(2)在团队互动分析下,了解在亲子游戏中实施"重体验""重互动""重支持"的路径,有效开展亲子游戏活动。

(3)让教师进一步明确亲子游戏实施三要素的策略与方法,与家长一起有效地支持亲子游戏活动。

【教研准备】

(1)知识经验准备:教师已进行理论培训、跟岗学习,并已在课程中运用"重互动""重体验""重支持"策略的经验。

(2)资源材料准备:研前预习表(亲子游戏实施中三个要素"重体验""重互动""重支持"的已有经验和当下的困惑)、豌豆、熟毛豆、青菜、饺子、煎蛋、不同颜色的纸杯。

【教研过程】

环节一:案例分析,引出话题

(1)案例呈现,抛出问题。

播放案例视频,郑老师讲述班级案例,并抛出问题。

感知探索活动"魔法变色"中准备的材料有皱纸、瓶子、水。瓶子、矿泉水小瓶若干,装三分之二的水,深色皱纸若干(如红色、蓝色、绿色、金黄色)等。

郑老师:"视频中可以看出宝宝们对瓶子是熟悉的,但是皱纸对于宝宝们来说是不常见的。活动前我也讲述了撕、塞的动作示范;活动中有些宝宝把皱纸全部揉成团用力去塞,塞不进去,家长就会马上上手帮忙。有些宝宝能独立完成,操作完成后家长会和宝宝进行瓶子的游戏,视频里有一个宝宝因为无聊躺在垫子上,还有一个宝宝抱着瓶子,对活动失去了兴趣。我的困惑是教师示范带导时如何给家长更有效的指导? 在宝宝失去兴趣的时候如何引导家长激发宝宝进行探索的兴趣?"

（2）自由讨论,畅所欲言。

针对郑老师的问题,主持人组织大家畅所欲言,发表自己的看法。

主持人归纳总结:家长支持婴幼儿活动的策略和方法不够,家长对如何与婴幼儿进行有效互动的经验不足,教师和家长未创设情境化、趣味性的体验环境。

环节二:反馈前期调研,梳理亲子游戏实施中三要素"重体验""重互动""重支持"的已有经验和当下困惑

（1）教师们交流在亲子游戏实施中体验、互动、支持的经验和困惑。

主持人:关于亲子游戏实施中的体验、互动、支持,其他老师还有哪些想法呢?让我们一起来看看前期的调研情况。

（2）主持人梳理教师已有的经验和当下的困惑（见表2-3-9）。

表2-3-9 三要素中教师的已有经验和困惑

	重体验	重互动	重支持
已有经验	教师擅长创设游戏化情境,让婴幼儿用五感进行感知,也能引导家长和婴幼儿互动	教师擅长用丰富的表情、生动的语言、夸张的肢体动作和婴幼儿互动	教师擅长给婴幼儿支持,会示范、引导、鼓励、肯定等
当下困惑	如何让家长在深度体验中获得轻松育儿的乐趣及能力	教师不擅长和家长互动,对互动的时机、方式、方法不了解;如何让家长能大胆自主地分享自己的育儿经验供大家相互地学习,让彼此顺应成长	教师不擅长给家长策略支持,经验和储备还不够。家长急切的心情,忽略了婴幼儿自主探索性

（3）重温亲子集体游戏中"重体验""重互动""重支持"的理论内容。

①重体验:教师创设游戏化情境,引导家长和婴幼儿在互动中,体验亲子游戏其乐融融的氛围与快乐,也让家长在深度体验中获得轻松育儿的乐趣及能力。

②重互动:创设支持婴幼儿自主探索与亲子游戏互动的场景与机会,引导家长与婴幼儿积极互动,促进信任、亲密关系的建立;潜心观察了解自己孩子的个性与潜质,通过正向分享,让家长与孩子感受更多来自伙伴群体的肯定与鼓励,让彼此顺应成长。

③重支持:基于婴幼儿学习与发展的特点,引导家长在语言和行为上支持孩子的探索,建立以婴幼儿为主、家长为辅的操作原则,及时回应孩子当下的需要,满足孩子的探索欲望,关注过程而非结果的呈现;基于家长的经验与需求,给予适宜的建议和策略。

环节三:分组分析课例三个要素的组织与实施

（1）分组设计三要素思维导图。

提问:思维导图设计的重点分别落在哪里?

重体验:这个课例体验对象是谁? 体验什么? 适宜用什么方式体验?

重互动:这个课例的互动对象是谁? 互动的时机是什么? 互动的方法是什么?

重支持:这个课例中要给谁支持? 支持什么? 支持的策略是什么?

教师分两组,每组选择一个课例,围绕三要素分析设计思维导图。

(2)分享导图,集体研讨。

①两组教师派代表分享围绕亲子游戏实施三要素设计的思维导图(如图2-3-4、图2-3-5)。

课例一:

活动参考方案(见表2-3-10)

表2-3-10 "炒菜"活动参考方案

主题活动:美味的菜　　　　　　　　　　**25-30个月集体活动参考方案**

炒菜

重点关注	感知探索	健康发展	听说表达	艺术体验	社会情感	生活能力
		√	√		√	

活动价值	1.带养人①回忆和宝宝的生活经验,结合儿歌做互动动作,用激发兴趣的方式引起宝宝参与游戏的兴趣。 2.宝宝在观看视频和动作模仿中感受和理解语言,跟随语言内容做动作,体验亲子游戏的快乐。
活动准备	准备切青菜、包饺子、煎鸡蛋视频,准备儿歌图谱(用PPT出示)。

活动内容	策略和支持
一、导语 1.向带养人了解宝宝是否看过大人在厨房做事。 2.介绍此活动的价值。	这个月龄段的宝宝喜欢模仿大人做事。根据宝宝爱模仿的特点,为宝宝创设各种机会,让宝宝在生活中自然地模仿。
二、亲子体验 1.观看视频,重温经验 　宝宝和带养人观看切青菜、煎饺子、煎鸡蛋的视频。 2.创设情境,玩炒菜游戏 　主教和助教分别模拟带养人和宝宝,边念儿歌边做动作玩炒菜游戏。 3.亲子自由玩炒菜游戏 　带养人与宝宝一起边念儿歌边玩炒菜游戏。念到"嗞嗞嗞"和"全吃光"时,用各种激发兴趣的方式调动宝宝的情绪和参与的兴趣。	宝宝可能会出现不愿意做动作的情况。带养人用语言鼓励宝宝,比如可以对宝宝说:"你炒的菜太香了,好想尝一尝呀。"也可以对宝宝说:"哇! 宝宝包的饺子小猪佩奇一定喜欢吃! 我都闻到鸡蛋香香的味道啦。"带动宝宝游戏的情绪。
三、交流分享和家庭迁移 1.交流分享 　带养人交流如何善用宝宝的模仿行为。 2.家庭迁移 　生活中,带养人可以结合宝宝认识的蔬菜替换儿歌里面的内容,在餐前或餐后和宝宝互动。让宝宝练习一些简单的儿歌动作,感受儿歌的美妙旋律。结合日常生活,鼓励宝宝适当参与厨房劳动,比如,洗菜、择菜等。	带养人以一种投入、夸张的动作和情绪感染宝宝,吸引其参与游戏互动,用各种激发兴趣的方式,如挠腋下、挠肚子等,调动宝宝参与的积极性。

教材附件

切青菜,切青菜,切切切;包饺子,包饺子,捏捏捏;煎鸡蛋,煎鸡蛋,哧哧哧;小嘴巴,小嘴巴,啊啊啊。啊呜啊呜全吃光。

――――――――――――――――――

①本书的活动参考方案中的"带养人"包括父母及其他养育照护者。

思维导图

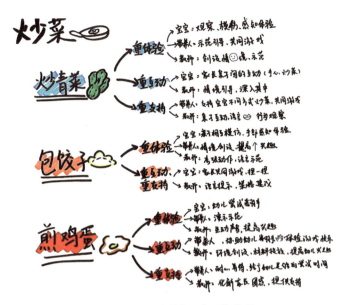

图2-3-4 "炒菜"活动思维导图

课例二:

活动参考方案(见表2-3-11)

表2-3-11 "豆荚妈妈生宝宝"活动参考方案

主题活动:蔬菜宝宝			25-30个月集体活动参考方案		
豆荚妈妈生宝宝					
重点关注	感知探索	健康发展	听说表达	艺术体验	社会情感	生活能力
	√	√	√			√
活动价值	1.带养人利用生活中的材料,提升宝宝的数数能力和比较能力,激发其探索兴趣。 2.通过剥豆,让宝宝感知豆荚的大小、豆荚中豆粒的多少,体验剥豆的乐趣。					
活动准备	准备蚕豆、豌豆、熟毛豆(如果没有毛豆也可以用其他豆子替代),篮子、小筐。					
活动内容			**策略和支持**			

活动内容	策略和支持
一、导语 1.向带养人了解宝宝和豆子接触的经验。 2.介绍此活动价值。	这个阶段的宝宝开始感知大与小、长与短等相对的概念,发展出比较、分析、判断的能力。
二、基本环节 1.感知豆荚 　教师出示豆荚,让宝宝通过五感感知豆荚。 2.比一比、剥一剥、数一数 　教师创设豆荚妈妈生豆宝宝的情境,让宝宝进行比大小、剥豆荚、数豆子游戏。 　提示:比大小时,选两种差异大的豆子进行比较。 3.送豆豆 　引导宝宝将豆荚和豆子分类整理。	用充满趣味的语言引发宝宝发现豆荚里面藏豆豆的小秘密,并进一步引导宝宝观察、比较豆荚或豆子的大小、多少等。宝宝数豆子时,引导其伸出食指——点数。 先让宝宝尝试剥豆子,观察宝宝剥的情况,如果有困难,带养人可以先剥开一点,然后让宝宝再次尝试。大多数宝宝剥豆子的方式是扭着剥。带养人耐心观察和鼓励宝宝的剥豆探索,不打断宝宝对剥豆方式的探索,注重探索的过程。

续表

活动内容	策略和支持
三、交流分享和家庭迁移 1.交流分享 　带养人分享支持宝宝探索的策略。 2.家庭迁移 　带养人可以利用生活化的材料,结合生活情境(如在餐前摆碗筷),引导宝宝数数、比较碗盘大小等。	带养人关注宝宝分类的过程,出错时给予提醒和思考的时间,让其重新分类。

思维导图

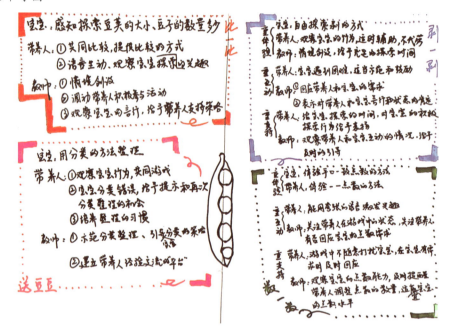

图2-3-5　"豆荚妈妈生宝宝"活动思维导图

　　②研讨归纳。

　　了解生活经验,增加情境互动。两节活动中教师的导语都是通过婴幼儿的生活经验引导家长去回顾,通过婴幼儿生活经验引发本次活动,教师加入生动的情境互动让婴幼儿愿意跟着教师加入活动中。

　　给予家长支持,体验亲子乐趣。在活动中教师和家长、婴幼儿所给予的支持语言不同,通过示范让家长和婴幼儿直观了解活动内容,为接下来的自由亲子互动打下基础。

　　教师的巡回引导,激发家长和婴幼儿的主动性,提高亲子互动的有效性,使婴幼儿在活动中能自由探索。

　　关注婴幼儿兴趣,激发其游戏热情。家长关注婴幼儿的兴趣点,从兴趣点激发婴幼儿的探索欲,让婴幼儿沉浸式体验游戏的快乐。家长给予婴幼儿充足的时间,满足婴幼儿的好奇心和求知欲。

③集体梳理总结重体验、重互动、重支持三要素实施的要点(见表2-3-12)。

表2-3-12 亲子游戏活动实施三要素要点

一、重体验要素		
体验对象	婴幼儿和家长。	
体验内容	家长和婴幼儿体验亲子游戏的方法; 家长体验婴幼儿的年龄特点; 家长和婴幼儿体验亲子互动中的愉悦情绪。	
体验方式	情境体验	教师和家长创设游戏情境,在情境中体验。
	范式体验	教师提供范式、家长观察婴幼儿的能力;提供适宜的示范,婴幼儿在观察、模仿中感知体验。
	五感体验	婴幼儿在五感和互动中体验,家长根据婴幼儿的兴趣和需求给予充裕的体验时间。
	情感体验	在亲子游戏互动中体验愉悦情绪。
二、重互动要素		
互动对象	教师和婴幼儿的互动、教师和家长的互动、家长和婴幼儿的互动。	
互动时机	教师与婴幼儿互动时机	游戏前的示范、提问;游戏中的观察和回应;游戏中和游戏后的鼓励和表扬。
	教师与家长互动时机	游戏前和游戏中向家长介绍婴幼儿的年龄特点;激发家长参与的兴趣、调动家长的情绪;游戏后经验分享、家庭迁移。
	家长与婴幼儿互动时机	在婴幼儿遇到困难、反复尝试失败时,婴幼儿没兴趣参与时,给予激趣;在游戏过程中和婴幼儿进行眼神、语言、动作上的互动。
互动方法	教师与婴幼儿互动方法	情绪感染、激发兴趣(丰富的表情、夸张的动作、生动的语言、趣味教具、眼神交流)适宜的互动频率、倾听和回应、表现出对婴幼儿的兴趣和关注,观察和发现婴幼儿身上的亮点。
	教师与家长互动方法	演示示范、正向互动、语言行为提示、策略建议、经验共享。
	家长与婴幼儿互动方法	榜样示范、激发兴趣(情境创设、丰富的表情、夸张的动作、生动的语言、眼神交流),观察婴幼儿的兴趣和需求、发现婴幼儿的亮点,在保证安全的情况下不随便干涉探索,和婴幼儿正向互动。
三、重支持要素		
支持对象	教师对家长的支持、教师对婴幼儿的支持、家长对婴幼儿的支持。	
支持内容	教师对家长支持	提供婴幼儿年龄特点、语言和行为观察引导策略、建立家长们经验交流共享的平台。
	教师对婴幼儿支持	适宜的环境创设和材料投放;观察婴幼儿的语言和行为,给予回应和支持。
	家长对婴幼儿支持	支持婴幼儿的探索;给予安全的、不被打扰的环境;在婴幼儿需要时给予回应和支持。

续表

三、重支持要素		
支持策略	教师对家长 支持策略	情绪、情感支持,化解家长的育娃焦虑和内卷;给予婴幼儿年龄特点的相关资料和支持策略的方法。
	教师对婴幼儿 支持策略	观察和支持婴幼儿的语言和行为,给予及时的回应;根据婴幼儿的活动情况进行动态调整。
	家长对婴幼儿 支持策略	耐心等待,给予婴幼儿探索试错的时间;推动深化,在婴幼儿经验水平的基础上增添婴幼儿感兴趣又有挑战的内容;情感支持,给予婴幼儿情感和态度上的支持和肯定。

④小结。

结合这次梳理的亲子游戏活动三要实施素要点,实践后进行及时的反馈和复盘,不断调整优化三要素的具体内容。

温州市瓯海区早教指导中心　王旋旋
温州市瓯海区潘桥汇宁幼儿园　金丽丽

案例2　让音乐浸染每一位孩子童年的底色
　　　　——亲子艺术体验活动"彩球举高高"的活动分析

【活动设计背景】

《浙江省托育机构3岁以下婴幼儿照护指南(试行)》中指出:"注重观察婴幼儿的生活方式和兴趣爱好,并对其操作、表达和互动进行适当的指导。随着婴幼儿月龄增长,逐步增加婴幼儿集体活动,让婴幼儿逐渐适应集体活动,并从中感受到乐趣,为婴幼儿进入幼儿园做好准备。"基于此,作为亲子园教师本着对婴幼儿年龄特点的了解,认为婴幼儿对音乐有着天生的感受力。如何结合婴幼儿身心发展的需求,更好地帮助他们感受音乐,产生情绪共鸣,在音乐陪伴下做各种肢体活动,逐步通过音乐形式来实现自我表达?结合实践我们将从初步感知、情感表达、集体互动、交流分享几个方面向大家介绍亲子艺术体验活动"彩球举高高"对于家长与婴幼儿的双重价值。

【音乐素材分析】

首先来谈谈为什么选择《哟呵》这首音乐作为亲子活动的素材。对于0—3岁的婴幼儿而言,要想充分开发和挖掘婴幼儿对音乐的兴趣,就要在音乐氛围创造上体现宽松与自由;在素材的选择上要避免节奏夸张和乐曲过长,选择节奏清晰、时长较短的乐曲。音乐《哟呵》节奏反复性强,时长为1分53秒,乐曲中以"鼓声""口哨声""哟呵声"和"儿童欢笑声"贯穿整首曲子,整体基调欢快,声音元素贴近婴幼儿生活,既能让宝宝反复感受,又能调动多重感官与音乐互动,极易引起宝宝兴趣。

【活动价值呈现】

从活动给家长及婴幼儿带来的发展角度来解析。

首先，家长能用眼神和动作配合乐曲中的特定声音，让婴幼儿感受乐曲的变化特点；能根据婴幼儿的情绪和游戏兴趣来支持婴幼儿的自由表达。

其次，婴幼儿听辨乐曲中的特定声音，跟随特定声音做相应动作，在感受音乐节奏的同时获得愉悦的情绪体验。

围绕以上目标，我们的环节设计又该如何提高参与性，使婴幼儿主动进入音乐活动呢？

【活动环节预设】

第一环节——感知音乐，充分交流

传统的活动惯式是教师示范在先，亲子模仿在后；经常把教师的想法、玩法直接灌输给婴幼儿，这样，无形中限制了亲子自主探索与想象的机会。亲子园教师在活动开始时会先让家长和婴幼儿以倾听的方式感知音乐风格、节奏、元素等，再用口哨声引导婴幼儿认知"口哨就是提醒我们做好准备，一起玩游戏"，提高婴幼儿的兴趣度，并引导家长和婴幼儿找出口哨声之后的口号声——"哟呵"并创编快乐的游戏动作。根据婴幼儿熟悉的动作设计他们感兴趣的、并能调动他们情绪的动作，如举高、拍手、挠痒等。

在这一环节，我们会看到家长与婴幼儿亲切互动，他们对于音乐中的口哨声与"哟呵"声有了充分的感知，婴幼儿通过重复的音乐初步了解到音乐的节奏，并对"哟呵"声出现时能做出一定的反应。这样既达到了较好的亲子互动效果，又发展了孩子对音乐的感受能力，最大限度地让婴幼儿进行自主选择、自主探索、自由表达，做自己的主人。

活动时我们会看到亲子间充分地享受了这一感受音乐、创编动作的过程，亲子间交流的氛围逐渐增强。

我们发现婴幼儿会对口哨声响起做出反应并在成人的提示下做好准备，当"哟呵"声响起时他们也能同家长做出愉快的动作，让这一动作反复强化，让婴幼儿的情感得到充分释放，为第二个环节做好铺垫。

第二环节——产生互动，表达情感

在教师与家长的引导下，婴幼儿已在第一部分的感知中获得一定的听觉灵敏性，所以在第二环节中教师可带领婴幼儿在听到"哟呵"时把小手举高喊"哟呵"，渲染热闹的集体氛围，用夸张的动作激发孩子的游戏情绪，从而出示啦啦球，听到"哟呵"时举高啦啦球，增强游戏的愉悦氛围。此时，成人要注意动作不要过于生硬要轻柔，夸张的表情和有力量的口号声可以感染孩子的游戏情绪，有助于他们对音乐结构的理解与反应。

由于有前一环节充分的亲子互动感知，我们看到了孩子们能很快地参与到熟悉的音乐游戏中，表现出自由、自发的游戏行为，而家长们也将目光落在孩子身上，关注婴幼儿的游戏情绪，尝试从亲子游戏过渡到婴幼儿独自游戏的状态。

第三环节——渲染氛围,集体互动

在这一环节中,所有的带养人、婴幼儿与教师会围成一个大圈,随音乐朝着一个方向前进,当"哟呵"声响起时,带养人和婴幼儿互抱,或是带养人将婴幼儿托举起来(此环节家长自主选择一种方式进行),让婴幼儿体验到落差感,互抱也增进了亲子身体的互动。一方面是丰富亲子游戏的经验,另一方面提升婴幼儿对音乐游戏的兴趣。

在一对一、一对多的游戏方式中,婴幼儿尝试了不同的游戏动作,但不同的游戏动作都围绕着相同的音乐元素,这是我们亲子园对于活动设计的思考——环节紧扣目标。

第四环节——交流分享,互动启发

每一次活动后,带养人的启发与收获,大大提升了活动的意义与价值,因此设立了简短的"交流分享,互动启发"环节。教师作为发起人,在轻松的氛围中与带养人一同回顾亲子游戏的过程。如"您从该活动中受到了哪些启发?""您发现了宝宝哪些不同的体验?"许多家长表示,原来音乐活动不拘于歌唱的形式,用多种形式倾听音乐进行游戏,以"哟呵"的声音让孩子增强对听觉灵敏性的发展并产生互动是那么有意思的过程,非常期待亲子园为大家带来这么丰富多元的活动体验。

交流分享这些问题都是启发家长认识到要观察和发现婴幼儿当下的兴趣,学会用适宜的方式与婴幼儿产生有效互动,感受与婴幼儿共同互动体验游戏产生的亲子情感。

【反思与收获】

教师从知识传递者过渡到活动组织者,让婴幼儿充分感知音乐,并以游戏贯穿活动,借助玩具和家长的情绪感染婴幼儿的快乐情绪。教师正是通过一次次充满童趣、形式灵动的沉浸式亲子游戏,引导家长以尊重顺应婴幼儿的理念与方式与他们相处、相伴;并随机创设交流互动的机会,在教师与家长、教师与婴幼儿、家长与婴幼儿的三方互动中及时分享体验,助力婴幼儿在自由、宽松、和谐的氛围中快乐成长。

瓯海区南部新城实验幼儿园　杜翘楚

板块三:互动式亲子韵律活动——韵律之于孩子是音乐的感知和初体验

亲子韵律活动作为上下活动的调度,起到动静结合的作用,同时结合音乐氛围,巧妙的亲子操互动,引导婴幼儿在音乐的感受与表达中,释放好动的天性,挖掘潜质,促进其身体机能的发展、动作的协调性等;促进亲子间的亲密互动,增进亲子情感及积极的情绪体验。

韵律活动是一种音乐活动,一般是指在音乐或节奏乐器的伴奏下,根据音乐的性质、节拍做有规律的动律性动作,而亲子韵律活动是指父母与孩子之间,以亲子情感为基础进行的一种律动活动,是亲子交往的重要形式。作为上、下环节的过渡,10分钟左右的身心放松,韵律互动是较为适合的。

（一）互动式亲子韵律活动的选材和编排

1.选材适宜，吸引婴幼儿兴趣

选材适宜是亲子韵律活动开展的关键，适宜的音乐能给人带来美好的体验和感受，不同音乐不同的强弱刺激、不同的节奏律感，带给孩子的感受就会不一样。一周岁以上的婴幼儿会随音乐节拍晃动身体或手臂，特别是听到节奏鲜明的音乐时，他们的表现会更明显。两周岁以上的婴幼儿会对节奏鲜明的音乐做出主动的动作反应，会做简单的身体律动。同时，富有童趣的、模仿婴幼儿熟悉的动物的韵律活动也为婴幼儿所喜爱。我们根据婴幼儿的年龄特点等因素来选择音乐、创编有趣味性的情境动作，让亲子韵律活动更适宜婴幼儿的发展。

2.编排合理，注重互动、适宜发展

亲子韵律活动根据婴幼儿的不同月龄，编排和月龄特点相适宜的亲子律动，注重亲子间的互动体验，使家长和婴幼儿获得身体的舒展和美的感受。

亲子韵律活动在编排时更多考虑其适宜性，动作编排首先考虑的是婴幼儿的月龄段特点，根据不同月龄段婴幼儿动作特点设计活动（见表2-3-13）。比如，在13—18个月的婴幼儿亲子韵律活动中穿插走的动作；在19—24个月婴幼儿亲子韵律活动中设计走、蹲、原地跳跃的动作；在25—30个月婴幼儿亲子韵律活动中增加跳跃、往不同方向走的动作；在31—36个月婴幼儿亲子韵律活动中有连跳、跑等结合的动作，以促进婴幼儿身体机能的发展。同时，由于婴幼儿动作机能并未发育完全，我们的亲子韵律活动编排注重婴幼儿与家长之间的互动，注重婴幼儿与家长之间的亲密情感联系，同时也增加婴幼儿与同伴或教师的互动，激发婴幼儿参与律动的兴趣，助其获得身心的愉悦体验。

表2-3-13　互动式亲子韵律活动列举

名　　称	选取音乐	操节亮点
动物小乐队	《小动物乐队》《小猪吃得饱饱》	动物是婴幼儿熟悉的形象，结合音乐创编婴幼儿所熟知的动物招牌动作，进行具有情境、符合婴幼儿年龄特点的动作编排。
亲子互动操	《崖上的波妞》《哈尼》《打蚊子》《小镜子》《小鹿杏仁儿》	亲子互动操的音乐选择有爱又温馨的旋律，着重编排亲子间的肢体互动，如拉手、抱抱、亲亲、举高、过山洞、开飞机、双人旋转等，以在操节互动中增进亲子情感。
彩虹伞操	《甜蜜童话屋》《拉个圆圈走走》	以游戏情境贯穿，巧妙利用彩虹伞的多元功能，组织家长引导婴幼儿走、跳、跑，做网鱼、花开花落、旋转等具有情境的操节。

（二）互动式亲子韵律活动实施要点

亲子韵律活动把音乐和身体动作相结合，用各种富有韵律的肢体语言来感受、表现音乐，并将体验转化为认知与感受，以达到开发婴幼儿音乐潜能以及发展身体各方面能力的目的，在实施中要注重趣味贯穿，积极引导互动。

1.游戏贯穿

游戏贯穿是指1—3岁婴幼儿的亲子韵律活动在"玩"中进行,亲子韵律活动具有游戏的特性。教师在组织亲子韵律活动时借助音乐,加入情境创设,同时打破以往亲子韵律活动的形式,不局限于婴幼儿与家长之间的游戏互动,而是鼓励他们与身边的同伴一起游戏,如教师利用《小镜子》中旋律活泼、节奏欢快的副歌部分,加入情境游戏"许多小鱼游来了""钻山洞""鳄鱼河",鼓励婴幼儿和家长在韵律活动中根据自己的喜好和想法在自由环节进行创造性的发挥。在游戏化的情境中,婴幼儿可以获得愉快的情绪体验、获得身心的和谐发展。

2.关注兴趣

在组织亲子韵律活动时,要事先做好场地排查,避免幼儿园户外场地、设施、材料过多的干扰婴幼儿,要对婴幼儿予以积极的鼓励、个别化的引导,以宽松的氛围、亲子的亲密互动激发婴幼儿参与律动的兴趣。针对小月龄的婴幼儿,可自由选择站位,在时间上可由班级教师自主调度,根据班级婴幼儿的情绪状态决定唤醒活动时间;对动作的统一性也不做要求,因为小月龄的婴幼儿会对节奏鲜明的音乐做出动作反应,但他们是用适合自己身体摆动的速度而不是照音乐的速度来做动作的,也更喜欢用自己的动作来阐释对音乐的理解。

3.亲密互动

活动中引导家长互动,鼓励家长展现出积极的状态,代入到韵律活动中,家长与婴幼儿在活动中互为感召效仿。如,在唱到"镜子呀镜子呀小镜子"时,教师采用家长与婴幼儿互相击掌、拍手等镜像的动作,在旋律较欢快的副歌部分加入家长托举婴幼儿做开飞机等互动动作,使家长和婴幼儿增加肢体上的亲密接触,让婴幼儿获得充分的安全感。他们的互动配合度越高,亲子关系越亲密,婴幼儿在音乐律动中得到的愉悦感也越高。

同时,通过引导家长认识到韵律活动不仅能在亲子园开展,更可以迁移到家庭中开展,引导家长认识到韵律活动对婴幼儿的身心发展和家庭亲密度的提高都有很大的帮助。

亲子韵律活动实施流程见图2-3-6。

图2-3-6 亲子韵律活动实施流程

（三）亲子韵律活动创编案例

案例1　亲子韵律活动"小火车"（13—18个月）

1.音乐选择

亲子律动有助于肢体的发展。婴幼儿开始跟随着音乐的律动而摇摆、点头时，既是简单动作的表现或模仿，也是一种空间感的启蒙。13—18个月的婴幼儿身体对音乐的刺激反应增强，表现积极、持续时间延长；对发音的控制能力增强。他们听到音乐时，开始频繁发音；较之以前控制声音及发音时间的能力增强；开始对低频音显得更为敏感。《小火车》这首乐曲分为两段，婴幼儿通过小火车的汽笛声来感受音符的时值。该乐曲节奏鲜明，贴近生活，容易引起婴幼儿的共鸣。歌曲通过问答的方式演唱，一问一答参与性强，更富有情境。因此，《小火车》这首乐曲非常适合这个月龄段亲子韵律活动。

2.动作编排

在动作编排时，首先考虑的是年龄段特点，整理《0—3岁婴幼儿动作发展指南》发现婴幼儿在18个月左右走路稳，可停可走，可倒退走，可拿玩具走，跑步僵硬，不能绕障碍物，会蹲下来找东西。由此可见，该月龄的婴幼儿在肢体动作发展上能走走停停，也可以倒退走。

在了解该月龄段婴幼儿动作发展特点后我们编排了适宜的动作。《小火车》是四二拍节奏的音乐，分为两段，节奏像极了走路的律动，因此，在编排动作时，我们设计了由家长带领婴幼儿一起学着火车运行的样子，爬山坡、绕过河、过山洞等。

同时，动作编排主要以家长抱着婴幼儿互动为主，听到汽笛声"滴滴"时家长做好准备，抱起婴幼儿，婴幼儿张开双腿，家长将婴幼儿挎抱，架在自己的腰部；听到"歪歪扭扭过山洞"这一句歌词时，家长抱着婴幼儿左右穿梭，完成动作后家长将婴幼儿放下；听到"轰隆轰隆钻山洞"时，拉住婴幼儿的一只手，进行牵手绕跑动作；听到"小火车到哪里"时，家长和婴幼儿做听的动作。最后，家长和婴幼儿可以一起喊出"小火车回家啦"，婴幼儿跑进家长怀里抱住，亲子间开心愉悦。

温州市瓯海区机关幼儿园　徐苏蕾　徐丽莎

案例2 亲子韵律活动"小镜子"（19—24个月）

1.音乐选择

音乐是韵律操的"灵魂"。19—24个月的婴幼儿开始能运用自己的声音和别人发生联系，喜欢模仿声音，能辨别音高和音色，能理解歌词，对音乐有了记忆。鉴于此时的婴幼儿正处于语言敏感期，教师选用语言简练、节奏分明、重复多、旋律优美动听、歌词浅显易懂、贴近婴幼儿生活经验的歌曲。而作品《小镜子》内容活泼，歌曲由小朋友演唱，歌词生动有趣。作品共两段，每一段分儿童演唱有声部分和副歌部分，非常适合作为这个月龄段亲子韵律活动的音乐选曲。

2.动作编排

19—24个月的婴幼儿已经具备基本的音乐能力，如这时期的婴幼儿能分辨声音的强弱和简单的不同音高；能随着音乐自由摆动，在音乐的强弱变化过程中，他们能表现出不同的身体晃动力度。音乐家苏曼说过："音乐的生命是节奏，没有节奏就没有音乐。"可以在婴幼儿19—24个月的时候做一些音乐节奏的律动，有助于婴幼儿节奏感的形成，如，拍拍手、踩踩脚。19—24月龄段的婴幼儿已经能够绕障碍物跑步、双脚蹲跳及做抬腿等动作。

《小镜子》为四四节奏的音乐，分析音乐乐段特点，我们将其分成两段。考虑到其音乐旋律特点较为明显，所以编排动作时多为亲子肢体动作，而第二段中的音乐旋律较为欢快且节奏速度较快，因此将其动作编排为亲子互动游戏型动作，且动作较幽默、诙谐，易激发婴幼儿的兴趣。

温州市瓯海区三垟第一幼儿园　虞思佩

温州市瓯海区三垟和园幼儿园　任　婧

案例3 亲子韵律活动"彩虹伞"（25—30个月）

我园根据各年龄段幼儿的动作发展、情绪情感等特点，大胆探索亲子韵律活动的结构和音乐的选择，创编轻松且具趣味性的韵律操。

根据3岁以下婴幼儿对父母的依恋较强的特点，我们采取亲子游戏方式进行韵律活动。

游戏是孩子生活的一部分,也是婴幼儿认识世界的基本方式。因此我园在韵律操的编排上重游戏性和情境性,利用《彩虹伞》色彩丰富、趣味性强的特点,结合情境创设吸引婴幼儿参与游戏,同时根据婴幼儿的年龄特点及动作发展情况为其编排了适合25—30个月婴幼儿的亲子韵律操。

1.音乐选择

25—30个月的婴幼儿会自主玩简单的、集体性质的音乐游戏,喜欢跟随音乐有节奏地摆动身体,喜欢与伙伴一起玩,会用适合自己的力度和速度晃动身体。鉴于此时的婴幼儿正处于音乐敏感期,教师选用节奏分明、重复多、旋律优美动听、活泼欢快、适宜幼儿游戏的歌曲。而作品《甜蜜童话屋》内容活泼,歌词富有童趣,节奏轻快,旋律轻松愉悦,易增添儿童对活动的兴趣,激发儿童参与活动的热情。

2.动作编排

在编排韵律操时,我们有意设计婴幼儿感兴趣的活动,以游戏贯穿韵律操,促进婴幼儿身体动作能力提高。根据《0—3岁婴幼儿动作发展指南》整理发现,25—30月龄婴幼儿的粗大动作发展很快,动作逐步向均衡发展。从婴幼儿社会性发展特点上考虑,0—3岁婴幼儿最需要的是关爱与拥抱,特别是对母亲的依恋,是不可代替的。这个月龄段的婴幼儿都特别需要父母的关注、关爱与肯定。婴幼儿只有获得安全感,才能在满足、愉快的基础上去探索外界环境。

在了解该月龄段婴幼儿动作发展和社会发展情况后,我们跟随音乐进行适宜的动作编排,并且根据所选音乐乐段特点把韵律操分成两段,第一段音乐以亲子肢体动作为主,第二段以亲子互动游戏为主,同时注重集体性的合作互动,婴幼儿在家长操作的彩虹伞下,开心地随音乐或站或蹲或走或跑,获得身心的满足。

温州市瓯海区瞿溪第一幼儿园　贾玲玲　周燕舞

案例4：亲子韵律活动"动物小乐队"(31—36个月)

苏霍姆林斯基说过："所有的智力活动都依赖于兴趣。"因此，应从婴幼儿的兴趣着手，选择有趣味的、贴近婴幼儿生活又是婴幼儿熟悉的音乐素材和题材。我园根据3岁以下婴幼儿喜欢自然动物的音乐和音色、爱模仿的特点，从他们的兴趣出发选择了适合31—36个月婴幼儿的亲子韵律活动的类型——动物模仿操。

1.音乐分析

婴幼儿由于年龄较小，注意力相对不集中，意志力较弱，选择节奏较舒缓、歌词易懂的音乐，能使他们易懂易做，如《动物小乐队》中以"动物"的各种真实的叫声为主线，加入简单的歌词，朗朗上口，以歌谣的形式表现，音乐与婴幼儿生活经验相互融合，能激发他们边唱边做的兴趣。

2.动作编排

参考大月龄婴幼儿运动、人际交往、音乐智能三方面能力的发展情况，通过实践我们发现大月龄的婴幼儿对故事化和情境化的东西特别感兴趣，他们总是把自己当成某种小动物或卡通形象，喜欢模仿它们进行游戏和活动。根据《0—3岁婴幼儿动作发展指南》整理发现大月龄段婴幼儿主要动作发展方向：初步学会做模仿操，愿意模仿他人的动作，动作比较协调。由此可知，31—36个月的婴幼儿肢体动作发展主要表现在模仿、熟练跑步、绕圈跑跳等。

音乐《动物小乐队》中小猫、小狗、小鸭三种动物形象是婴幼儿熟悉的。根据歌词与情景需要，我们将乐段分为两个部分，第一部分为农场聚会，在此编排动作为亲子肢体动作，第二部为动物音乐会，根据歌词编排，模仿三种小动物的代表性动作。整个编排，让婴幼儿在模仿小动物的游戏情境中，自然而然地获得身心的发展。

温州市瓯海区三垟和园幼儿园　王郑梦　曾星星

板块四：开放式区域自主活动——区域活动之于孩子是自主的游戏和玩耍

游戏和玩耍是婴幼儿的天性。区域活动是以快乐和满足为目的，以操作、摆弄为途径的自主性游戏活动。在区域自主游戏中，通过材料的投放吸引婴幼儿主动参与游戏和探索，积极动脑、大胆创新。婴幼儿借助区域自主游戏达到对现实生活的体验，满足其好奇心。

开放式区域自主活动，为婴幼儿创设自由的、开放的、适宜的、丰富的环境和材料，提供探索、交往、合作的机会，让他们自主参与各种类型的区域活动，自由操作体验，满足探索的欲望。家长在观察、陪伴的同时了解孩子的兴趣点和天赋，看见和发现孩子成长的"哇"时刻。

（一）开放式区域自主活动的设置与安排

区域自主活动的设置，应结合婴幼儿的月龄特点，尽可能为婴幼儿提供角色游戏、阅读、建构、艺术探索、生活操作、玩沙玩水等多种类型的区域自主游戏活动，满足其多方面发展需要。

区域活动场地的安排考虑资源的优化利用，根据各园实际，在幼儿园原有室内外各功能场馆和区域的基础上做系统性、选择性的统筹规划，因地制宜地开放适宜婴幼儿游戏的场所。如幼儿园的建构室、美食坊、美工区、阅读馆等功能室，大型多功能厅，适宜的集体活动室，宽敞的大厅或走廊，户外的玩沙、玩水区等。区域活动的设置安排，要考虑婴幼儿各月龄段的特点，同时根据季节、天气变化做相应调整。比如，户外的玩沙、玩水安排在温度适宜的季节，雨天将活动安排在宽敞的大厅、走廊或多功能厅举行等。

阅读区

娃娃家

涂鸦墙

玩沙区

建构区

玩水区

开放式区域自主活动场所

(二)开放式区域自主活动的实施要点

1.就地取材,低结构生活化

区域自主活动投放的材料应注重安全环保、生活化、低结构与开放性(如图2-3-7),在利用幼儿园原有材料的基础上,运用"加减法"善作取舍,使现有资源物尽其用,同时适宜婴幼儿的游戏需要。其中以"减法"考虑安全要素,去除危险、笨重、占用大空间等不适宜的材料,以"加法"添加能够引发婴幼儿联想、轻便灵活可组合、能增加情境性的生活化材料,同时注重材料的丰富性、层次性。

图2-3-7 区域自主活动投放材料要素

2.观察互动,捕捉"哇"时刻

区域自主活动为婴幼儿提供了丰富多元的适宜材料,在活动中,教师与家长应观察孩子与材料的互动情况,积极鼓励婴幼儿自主操作、摆弄,激发孩子探究的兴趣,鼓励其体验探究的过程,满足其探索的欲望。同时教师关注家长与婴幼儿的亲子互动情况,引导家长观察婴幼儿,捕捉记录孩子在游戏中的"哇"时刻。

3.分享互助,顺应共同成长

活动结束后,家长通过现场或线上的形式,分享婴幼儿在游戏中的"哇"时刻,开启互助育儿,启发家长给予婴幼儿更多的欣赏和支持,使家长的育儿行为、知识经验在分享互助中不断提升。教师及时复盘,反思梳理环境材料的适宜性以及过程中的支持。

自主区域活动实施流程见图2-3-8。

创设开放环境
投放丰富适宜的材料
向家长简要讲解相关事宜

观察孩子与材料的互动
观察家长和孩子的互动
启发家长捕捉孩子的"哇"时刻
组织家长进行"哇"时刻分享

家长带领孩子参与整理
复盘活动,重点反思环境材料
的适宜性、过程的支持
家长对孩子"哇"时刻进行解读

图2-3-8 自主区域活动实施流程

(三)开放式自主区域活动实践案例

案例1 瓯海二幼亲子园开放式区域活动的创设与组织

为了解决婴幼儿照顾和儿童早期教育服务问题,瓯海二幼自2019年起以"园中园"的形式为社区1—3岁婴幼儿及其家长提供活动场所,利用幼儿园资源开展早期教育支持服务。

1.开放式区域环境的选择

(1)园区功能室、公共区域的环境分析。

瓯海二幼有着具备探索性和支持性的户外空间与室内天地。在园区4450平方米的户外活动场地中,有供婴幼儿体验农耕的"融农场",返璞归真的"沙水天地",宽阔的操场、草地等。室内场地中,有不同的功能室和公共区域,可让婴幼儿获得各种丰富的体验(见表2-3-14)。这样的资源为设置开放式的区域,开展区域活动提供了物质环境基础。结合1—3岁婴幼儿的生理、心理以及年龄发展特征,我们在活动场地上进行了分析、筛选和优化,从而为亲子园的婴幼儿提供一个适宜的活动环境,并根据班级数量和场地情况进行了区域活动安排(见表2-3-15)。

表2-3-14 瓯海二幼开放式区域自主活动环境的选择与创设

区域	选择理由	环境创设
玩沙区	婴幼儿在玩沙过程中可以通过抓、握、挖、倒、拍、装、堆等动作感知沙子质地及其相关特性,能对婴幼儿的认知发展和手部动作发展起重要作用。	玩沙区所处位置阳光充足,在日照较为猛烈时,配有遮阳顶棚。沙池边有换鞋区,周围是材料超市,有各种材料如铲子、PVC管、筛网、小水桶、塑料瓶、漏斗、勺子等供婴幼儿自主选择。另外沙池还配备创意栈道、挖沙机等中小型玩沙玩具。
娃娃家	娃娃家的游戏与婴幼儿的生活经验最为贴近。他们可以在游戏情境中再现生活经验,使语言能力、想象力、社会性等得到发展。	娃娃家位于幼儿园室内的公共环境,布置有卧室、厨房、餐厅等缩小的模拟空间,并提供相适宜的游戏材料,如厨具、食材、衣服、玩偶等,供婴幼儿模仿成人的一些日常活动。
美食坊	婴幼儿可与家长一起通过制作寿司、水果沙拉等活动促进手部肌肉的发展,锻炼生活自理能力。	美食坊是幼儿园的功能室之一,是亲切淳朴的江南水乡风格。通过排列整齐的砖墙,石磨,米筛,质朴的木质餐具和矮矮的长方桌、木板凳等,让婴幼儿一进入其中就能产生想与美食接触互动的好奇和兴趣。
建构区	婴幼儿可以用建构材料搭建现实生活中的各种建筑物,在抓、握、摆、拼、垒的过程中感知不同的形状、空间。	建构区位于班级活动室和功能室之间的过道上。地上铺有海绵垫,保证婴幼儿游戏时的舒适度。在材料投放上,移去供中、大班使用的、较大较重的木质积木,保留卡普乐积木、纸杯等质地轻的材料,增加投放了色彩更加鲜明的建构材料。

续表

区域	选择理由	环境创设
戏水池	玩水是婴幼儿的天性，可以满足他们探索自然的欲望。婴幼儿在水池中可以通过抓一抓、拍一拍、捞一捞、倒一倒、踩一踩等探索的方式，享受玩水的乐趣。	水池位于幼儿园的中庭，周围环绕的绿植增加了生态气息。水池水位不高，周边有材料超市，提供海洋球、水桶、海绵等游戏材料。在保证安全的情况下，婴幼儿可以开展各种形式的玩水游戏。
美工区	美工区是婴幼儿初步进行艺术欣赏和表现的重要区域。婴幼儿可以在美工区活动中感受色彩、线条、形状、肌理等艺术元素，逐步形成艺术表现力和创造力。	美工区位于幼儿园的功能室中，场地开放，离水源近。美工区中的材料丰富、分类清晰。宽敞的场地和充足的材料可以满足婴幼儿开展涂鸦、捏泥、手工、拓印等形式多样的艺术活动。

表2-3-15　瓯海二幼融乐亲子园开放式区域活动安排

次数	班级					
	融融A班	融融B班	乐乐A班	乐乐B班	园园A班	园园B班
第一次	区域：玩沙区	区域：娃娃家	区域：美工区	区域：美食坊	区域：建构区	区域：戏水池
第二次	区域：娃娃家	区域：美工区	区域：美食坊	区域：建构区	区域：戏水池	区域：玩沙区
第三次	区域：美工区	区域：美食坊	区域：建构区	区域：戏水池	区域：玩沙区	区域：娃娃家
第四次	区域：美食坊	区域：建构区	区域：戏水池	区域：玩沙区	区域：娃娃家	区域：美工区
第五次	区域：建构区	区域：戏水池	区域：玩沙区	区域：娃娃家	区域：美工区	区域：美食坊
第六次	区域：戏水池	区域：玩沙区	区域：娃娃家	区域：美工区	区域：美食坊	区域：建构区
第七次	区域：玩沙区	区域：娃娃家	区域：美工区	区域：美食坊	区域：建构区	区域：戏水池
第八次	区域：娃娃家	区域：美工区	区域：美食坊	区域：建构区	区域：戏水池	区域：玩沙区
第九次	区域：美工区	区域：美食坊	区域：建构区	区域：戏水池	区域：玩沙区	区域：娃娃家
第十次	区域：美食坊	区域：建构区	区域：戏水池	区域：玩沙区	区域：娃娃家	区域：美工区
第十一次	区域：建构区	区域：戏水池	区域：玩沙区	区域：娃娃家	区域：美工区	区域：美食坊
第十二次	区域：戏水池	区域：玩沙区	区域：娃娃家	区域：美工区	区域：美食坊	区域：建构区

美工游戏

玩水

角色游戏

玩沙

（2）开放式区域环境的灵活性调整。

亲子园开放式区域环境不是简单的"沿用"和"固定不变"，部分场地的使用会受天气、季节或活动内容等因素的影响。这要求我们在创设游戏环境时要进行灵活性调整。

①玩沙区、戏水池

沙池、水池位于户外，受天气影响较大。雨天、炎热或寒冷的天气不适宜婴幼儿在户外游戏，此时我们会在室内搭建游戏场地。比如，用大盆装满决明子或雪花沙等材料，准备工具，让婴幼儿开展沙中寻宝、用沙塑型等游戏。我们会将"大水池"变"小水池"，利用充气水池、大水盆等盛水工具，在室内满足婴幼儿的玩水需求。同时我们也会根据气温，适当调整水温，保障婴幼儿享有更加舒适的体验。

走廊里的沙水游戏

②建构区

天气适宜时,教师会将建构区拓展至户外,开展户外建构游戏。婴幼儿不仅能够享受更大的游戏空间,接触的材料种类也会更加多元。像在室内不适宜使用的垫子、充气骰子,在户外都可以得到有效利用。婴幼儿还可以戴上安全帽,使用户外的小推车运输他们需要的建构材料,游戏情境更加丰富。

③美工区

美工区也可以不局限在功能室内。户外场地上有一大块绿草坪。教师们会在阳光温和、气温适宜的天气里将画布、玻璃纸等铺在草坪上,婴幼儿可以在更加开放、自由的空间里以草绿色为底色,直接趴在地上涂鸦。他们还可以利用一些落叶、树根等自然材料进行大胆创作,从而更近距离地接触大自然,在大自然中感受美、欣赏美、创造美。

④娃娃家

娃娃家反映的是婴幼儿自己的生活内容,可以有更多的经验支持。但是随着婴幼儿月龄的增长和经验的丰富,他们感兴趣的内容不一定局限于家庭生活的范围。因此,对于大月龄的婴幼儿,我们会有意识地帮助他们拓展角色的游戏主题。如,在选择小班活动室里创设的医院、超市等角色区,丰富婴幼儿的社会生活经验。

户外建构活动　　　　　　　　　　户外涂鸦活动

2.区域材料的有效性管理

(1)材料超市的选择性利用。

幼儿园每个区域里基本上都创设了材料超市。我们基于1—3岁婴幼儿的特点,对幼儿园材料超市进行选择性开放和利用,并将材料分类存放、附上标签,由婴幼儿自主选择。考虑到婴幼儿的身高,我们使用的材料收纳容器比较低矮、深度浅,方便婴幼儿取放材料。材料超市的存在,不仅可以使材料得到有序摆放,在整理材料时还能够节约归位时间,保证区域游戏后的评价互动时间。婴幼儿不仅能够根据自己的需求主动获取材料,实现与材料的积极交互,还能在环境的潜移默化下形成初步的整理能力。

建构材料营地

沙水池材料超市

娃娃家材料超市

（2）材料的适宜性投放。

在材料投放上，我们坚持"安全性、生活化、开放性、灵活性"的原则，根据不同区域的需求投放适宜的材料。例如在落实"安全性"这一原则时，我们会特别预防材料可能对婴幼儿造成的伤害。幼儿园已有的或会选择使用的材料需全部保证其牢固性、无毒性，避免锐利性。对于1—3岁的婴幼儿而言，在材料的选择上更要注重其体积大小、长短、轻重等。像美工区投放的毛线，我们会将其剪成5cm左右的绳段，以避免出现缠绕等事故。表2-3-16是各区域材料超市的材料投放情况一览表。

表2-3-16　开放式区域材料投放情况

区域	材料超市投放材料
玩沙区	挖掘类材料、滤器类材料、容器类材料、辅助性材料等
娃娃家	基础设施类材料、婴儿用品类材料、仿真食物材料、餐厨具材料、清洁材料、装饰材料、玩偶等
美食坊	厨具类材料、餐具类材料、仿真食材等
建构区	排列组合类材料、拼插连接类材料、辅助性材料(社会角色玩具、动物玩具、交通工具玩具)等
戏水池	滤器类材料、容器类材料、引水材料、浮力材料、辅助性材料等
美工区	常备工具材料，拼贴类、撕纸类、染纸类和泥工类材料，自然材料，生活材料等

（3）材料的归位和更新。

在材料归位上，各区域游戏结束后，我们鼓励婴幼儿尝试将未使用或者使用过还能继续利用的材料整理归位。月龄较小的婴幼儿在家长的帮助下按照分类的标识将材料进行归位，大月龄的婴幼儿可以自行将材料进行归位。

在材料更新上,教师除了及时补充消耗量较大的材料外,也需要在观察婴幼儿对材料的兴趣以及游戏内容的基础上对投放的材料做动态性调整。对于易破损、易旧的材料要及时更换,避免产生安全隐患。婴幼儿不感兴趣或者使用难度太大的材料需要及时撤出并替换新的材料。

3.区域活动的现场组织和反思优化

(1)教师和家长的角色任务。

①教师的引导

每一次开放式区域活动开展前,我们会将当天的场地布局以及涉及的材料向家长进行介绍,然后将活动的价值以及家长的观察要点与家长进行交流。区域活动开始后,教师的主要任务是引导,观察婴幼儿与材料以及与家长的互动,并将结果服务于当下教师对家长的策略引导、后续的"哇"时刻分享和教师的教育反思。这样既能提高家长的支持水平,也有助于教师对区域活动内容以及材料投放进行反思与调整。

②家长的观察

在开放式区域活动中,家长在陪伴的同时,要注意观察孩子,并在过程中提供适宜、有效的支持。为了引导家长有目的、有计划地观察婴幼儿的活动表现,启发家长看到婴幼儿成长的力量,在区域活动开展前,我们会为每一位家长分发《婴幼儿"哇"时刻成长记录表》。家长在陪伴婴幼儿活动的过程中,根据表格的内容有针对性地记录婴幼儿的活动表现。活动结束后,教师会将家长在"哇"时刻分享的亮点做法和观点汇总后发至班级群,以此作为育儿过程中新鲜、直接的"教育智慧背囊"。

宝宝"哇"时刻成长记录表

宝宝"哇"时刻成长记录表

（2）"哇"时刻的分享。

区域活动后的"哇"时刻分享，为家长之间互相交流儿童观、教育观提供了畅所欲言的平台。在分享过程中，教师鼓励家长多分享婴幼儿在游戏中的亮点表现和家长的思考。这既为其他家长提供了参考，也可以让家长体会到满足感和愉悦感。考虑到婴幼儿的年龄特点、活动场地等实际，"哇"时刻的分享形式多样。例如，在美工区活动结束后，家长可以和婴幼儿一起展示作品。在展示的过程中，家长可以分享婴幼儿在艺术创作时的情绪、创造力等，以及面对他们的活动状态，家长自己进行了哪些引导和支持。像月龄较大的婴幼儿，我们会采用家长进行"哇"时刻分享，婴幼儿在助教的陪伴下继续进行自主活动的方式。这样既能保证家长在分享时投入交流的状态，使之没有"后顾之忧"，也能让婴幼儿有更充足的游戏时间。当我们发现婴幼儿的游戏状态相当投入时，我们不会根据时间安排刻意打断他们的游戏，而是会灵活调整"哇"时刻的分享时间，鼓励家长在群聊中分享"哇"时刻。

（3）教师反思调整跟进。

区域自主活动结束后，教师根据活动情况及家长"哇"时刻的分享内容，及时进行梳理、研讨，反思场地布置、活动内容的设置、材料投放等问题。针对一些共性问题，我们也会开展教研活动，提出解决方案，从而使得开放式区域活动更加适合婴幼儿的学习与发展。

温州市瓯海区第二幼儿园　张晨

板块五：渗透式营养餐点活动——营养餐之于婴幼儿是能量补给和习惯养成

婴幼儿是对营养状况最敏感的人群，该时期的合理喂养不仅可以保证婴幼儿良好的营养状况，促进良好饮食习惯的形成，还对婴幼儿的生长发育、早期智能开发有益。

作为亲子园半日活动的最后一个环节，婴幼儿经过半天的活动需补充必要的营养。亲子园的营养餐点根据婴幼儿的喂养需求，提供品种多样、营养均衡的膳食，采用合理的调配、烹饪方式以及渗透式的餐点组织模式，引导家长关注婴幼儿营养健康、自主服务能力的提升，渗透婴幼儿健康食育教育，促进家园一致调整，改进婴幼儿的膳食，帮助他们养成良好的饮食习惯。

（一）渗透式营养餐点活动的组织管理

亲子园的餐点组织从餐前食材采购配送、清洗烹饪到现场环境的营造、饮食习惯的鼓励和培养以及渗透式的食育教育，环环相扣，我们在探索亲子园营养膳食的同时，也是希望给予婴幼儿家庭膳食以启示和引导。

1.合理膳食，科学制定食谱

合理膳食指能提供全面、均衡营养的膳食。婴幼儿处在身体发育的关键时期，有其特殊的营养需求，因此亲子园的饮食食谱，应该以婴幼儿身心健康发展为出发点，提供的食物应多样化，合理调配食物的结构，科学制定带量食谱，使婴幼儿科学合理地摄入营养，保证他们身心全面健康发展。

2.食材准备,严谨有序操作

所有原材料均由配送公司统一配送,食堂人员严把验收关,确保食材新鲜、安全;操作环节卫生、精细切配、营养烹调。尤其注重切配的艺术性和适合婴幼儿自主进食的大小,以激发婴幼儿的食用兴趣。烹饪时,注意油脂适量,少盐、少糖、少调味品,尽量做到"香软可口、安全卫生、孩子喜爱"。

(二)渗透式营养餐点活动的实施要点

1.营造环境,方便回应照料

营造轻松愉快的用餐环境,为婴幼儿提供适宜的用餐工具鼓励自主进食。尽量安排固定的位置让婴幼儿就座用餐,同时考虑家长方便照料的需求,在鼓励自主进食的同时,辅以适宜的回应式照料。

2.鼓励自主,培养进餐习惯

用餐过程中,教师关注家长和婴幼儿的互动,了解婴幼儿的饮食情况;引导家长关注婴幼儿的自主意识、进餐习惯的培养,促进家庭形成一致的进餐习惯,帮助婴幼儿养成良好的饮食习惯。

3.食育微课,渗透饮食文化

以《托育机构婴幼儿喂养与营养指南(试行)》为依据,根据婴幼儿及家长的需求开设食育微课,利用餐前简短时间、亲子活动等,让婴幼儿感受、认识和了解食物,启蒙餐桌礼仪文化;通过自我服务、小短片等方式培养良好进食行为和饮食习惯;结合节日,让婴幼儿体验传统特色饮食文化。

营养餐点活动组织要素见图2-3-9。

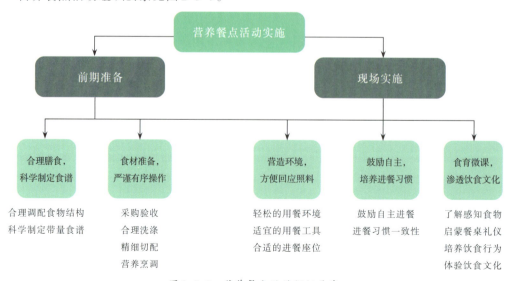

图2-3-9 营养餐点活动组织要素

（三）渗透式营养餐点活动实践案例

案例1 亲子园渗透式营养餐点制作及日常管理

婴幼儿生长发育迅速，新陈代谢旺盛，在生长发育的不同时期，有着不同的生理表现特征和饮食特点。根据亲子园婴幼儿月龄特点，我园以全面营养、平衡膳食，品种多样、搭配合理、色香味形儿童化为基本原则，科学安排营养餐点。本文以亲子园婴幼儿营养餐食准备为关注点，对亲子园餐点的制作及日常管理进行阐述，确保为婴幼儿提供安全、营养、易于消化和美味健康的食物，促进婴幼儿健康成长！

1.科学制定食谱，保证营养充足平衡

婴幼儿每天应按规律、按比例获得各种营养素，缺少某一种或者摄入的热量不足都会影响他们的生长发育。亲子园食谱中各种食物的选择以及食物用量，参照中国营养学会颁布的《7—24月龄婴幼儿喂养指南》《学龄前儿童膳食指南》以及《1—3岁幼儿平衡膳食宝塔》（如图2-3-10）中建议的食物推荐量范围，合理调配食物的结构，坚持为婴幼儿提供营养充足的平衡膳食。

图2-3-10 中国营养学会发布的《1—3岁幼儿平衡膳食宝塔》

在配餐中首先要保证婴幼儿每日7大营养素按适当比例摄入,其次要做到谷类、肉类、蛋类、蔬菜、水果、豆制品、油类、食糖等8大类食物比例配置得当。制定食谱做到主副食协调搭配,酸碱平衡,主食米、面、杂粮搭配,谷豆结合;副食做到蔬菜、水果、禽肉、蛋等巧妙搭配,使食物互补,营养全面,花色品种多样。同时不断进行食品结构的调整,避免出现婴幼儿挑食。表2-3-17是食谱案例。

表2-3-17 食谱案例

食 谱

	第一周	第二周	第三周	第四周	第五周	第六周
主食	小云吞	菠菜瘦肉粥	蝴蝶面	小米红枣粥	迷你水饺	鲜肉虾仁馄饨
配菜	土豆炒肉	虾仁青豆胡萝卜	西兰花炒胡萝卜	卤鸡翅	番茄炒鸡蛋	菠菜炒猪肝
点心	红糖发糕	玉兔包	鹌鹑蛋	紫薯卷、奶酪棒	玉米棒	小蛋糕
水果	香蕉	橙子	火龙果	苹果		草莓
配料	小麦面粉20g 猪肉25g 胡萝卜5g 玉米5g 虾皮2g 青菜10g 土豆25g 胡萝卜15g 里脊肉12g 豆腐干15g 红糖发糕40g 香蕉80g	大米20g 猪肉15g 菠菜25g 胡萝卜10g 虾仁25g 豌豆35g 胡萝卜20g 玉兔包28g 橙子80g	蝴蝶面50g 青菜15g 猪肉10g 干香菇3g 西兰花85g 胡萝卜12g 油豆腐20g 鹌鹑蛋30g 火龙果80g	小米25g 南瓜10g 红枣10g 鸡翅45g 紫薯卷25g 奶酪棒20g 苹果80g	小麦面粉30g 猪肉30g 青菜20g 番茄50g 鸡蛋25g 玉米棒100g 酸奶100g	馄饨皮50g 虾仁15g 猪肉30g 猪肝10g 菠菜20g 胡萝卜10g 蛋糕30g 草莓80g

	第七周	第八周	第九周	第十周	第十一周	第十二周
主食	青菜面条	南瓜红枣粥	小云吞	番茄鸡丝面	红豆粥	蝴蝶面
配菜	盐水鸡腿 鹌鹑蛋	银鱼炒蛋 卤香干	土豆炒肉	虾仁玉米胡萝卜	清蒸龙利鱼	西兰花炒香菇
点心	小馒头	牛奶馒头	核桃包	鲜肉包子	红糖发糕	玉米棒
水果	雪梨	芦柑	苹果	香蕉	葡萄	
配料	面40g 青菜30g 鸡腿60g 鹌鹑蛋15g 小馒头20g 雪梨80g	大米20g 红枣10g 南瓜15g 银鱼10g 鸡蛋30g 卤香干15g 牛奶馒头30g 芦柑80g	小麦面粉20g 猪肉25g 胡萝卜5g 玉米5g 虾皮2g 青菜10g 土豆25g 胡萝卜15g 里脊肉12g 豆腐干15g 核桃包35g 苹果80g	番茄50g 鸡肉30g 面条50g 青菜10g 虾仁20g 玉米15g 胡萝卜25g 肉包35g 香蕉80g	红豆10g 大米25g 龙利鱼60g 红糖发糕40g 葡萄80g	蝴蝶面50g 青菜15g 猪肉30g 干香菇3g 西兰花85g 胡萝卜12g 玉米棒100g 牛奶125g

2.严谨有序,采购食材

亲子园的食材根据科学制定的带量食谱下单采购。食品采购以新鲜、优质、卫生为原则。对小月龄婴幼儿来说,咀嚼、消化、吸收能力有限,因此我们选用的食物原料必须易于烧熟煮透,便于咀嚼、消化、吸收。比如,禽畜类中的猪腿肉、牛腿肉等,蛋类中的鸡蛋,蔬菜中的青菜、菠菜、花菜、西兰花、胡萝卜等各种深、浅色与根茎类蔬菜,豆制品一般选用豆腐、豆腐干等,菌类以蘑菇、香菇等为主。所有原材料均由配送公司统一配送,食堂人员第一时间进行检验、称斤。在验收环节我们特别关注食材的新鲜度、保质期,并要求供货方提供当日产品检验合格证,特别是要确保肉类食品安全。

3.保证营养,合理烹饪

婴幼儿营养膳食的合理烹调工作必须经过合理洗涤、精细切配、营养烹调三个过程,才能保证营养卫生。

(1)合理洗涤

清洗是原料加工的必须工作,它不仅可以去脏物,更重要的是清除有害物质。食堂人员验收完成后,先将食材进行分类并放入对应的清洗池。在清洗过程中,要求食堂人员清洗蔬菜时一定要先清洗后切配,减少营养成分的流失。

(2)精细切配

切配是烹调过程中的重要工序之一,具有一定的技术性、艺术性,与菜肴的色、香、味、形、质息息相关。切配要符合菜肴要求,对于小月龄婴幼儿来说,菜要切得细、小、碎,有利于消化、吞咽,如,胡萝卜、黄瓜、土豆、山药,可以切成圆形、三角形等各种形状,以提高婴幼儿进食兴趣。

(3)营养烹调

选择适合的烹调方法,是做好婴幼儿营养膳食的关键。我们一般以炒、煮、烧、蒸、焖、烩、煨为主,炸、煎、烤尽量不用或少用。我园为婴幼儿烹饪时,要求做到"香软可口、安全卫生、孩子喜爱"。

①烧容易消化的食物,饭要烧软,菜要切细,瘦肉要剁碎,多采用蒸、煮、炖,少用煎、炸、烤,烹饪过程中尽量减少营养素的流失。

②烧孩子喜欢吃的食物,食物的色、香、味、形能刺激婴幼儿的食欲。

③适量油脂,少盐、少糖、少调味品。宜采用蒸、煮、炖、煨等方法,不用油炸、熏制、卤制等,保持食物的原味,减少营养素的流失。

④注意饮食的安全,避免带刺的食物进口。

4.确保安全,严格管理

婴幼儿由于月龄小、对食物敏感性高及消化弱等特殊性,容易受到食源性疾病的感染,因此我园把饮食作为生活照护的重要内容之一。

（1）严把供货关

食品安全关系到婴幼儿的健康安全，更是我园常抓不懈的工作重点。要抓好食品安全工作，就必须严格把好食品供应关。供货商需具备相关资质，证照齐全，要遵守食品安全法及实施条例，供应合格原材料，确保原材料质量，严禁供应"三无"产品，以及过期、腐坏变质的食品。

（2）食品安全存放

我园食堂设有专用的食品储存仓库，并将学龄幼儿跟小月龄婴幼儿的食品分开存放。食品按种类分类摆放、定位储藏。食堂人员做好食品登记工作，及时标识标注，注明保质日期、入库日期、出库日期、保质期及配方食品的开封时间。特别是对小月龄婴幼儿，每次使用完牛奶后应及时密闭，引导婴幼儿在规定时间内食用。蔬菜和水果当天选购当日食用，不宜多储存，以免不新鲜。另外食品加工用具做到标识明确、分开使用、定位存放，如刀具、剪刀分红、蓝、绿三种颜色。红色，用于切动植物性食品，如生肉类；蓝色，用于切海鲜类；绿色，用于切蔬菜、水果类。砧板分红、蓝、绿、白四种颜色。白色，用于切熟食，并且所有的物品均放到指定名称的红色分区线内。使用色标分类更方便区分，安全卫生，防止二次污染。

（3）定时留样

我园采购了专业的食品留样柜，做到每餐都有待检留样品，并且每样食品都有专人负责留样，并在外面标明留样时间、品名、餐次、留样人，确保用餐安全。

（4）严把卫生关

食堂保证清洁卫生，无垃圾、无积水、无污垢，墙脚、屋顶、屋脚无蜘蛛网，洗碗池无沉渣，下水道通畅无阻，抽油烟机无油垢。餐前消毒采取"四步法"：餐前30分钟，配班教师戴好橡胶手套，用消毒液浸泡毛巾5—10分钟；取干净毛巾用清水擦拭桌子；用消毒毛巾擦拭，消毒液须在桌面停留15—20分钟；再用清水毛巾擦拭一次。我们为亲子园幼儿准备了材质环保、美观、耐高温消毒的餐具，在餐具消毒过程中，我们做到一清、二洗、三冲、四消毒，餐具消毒后立即放入保洁柜，防止二次污染，确保婴幼儿饮食环境的安全、卫生。

温州市瓯海区三垟第一幼儿园　魏少敏

案例2　渗透式营养餐点中的食育

食育有益于身心健康，能增进亲子关系。亲子园渗透式营养餐点活动在为婴幼儿补给能量的同时，渗透对婴幼儿健康食育教育，引导家长关注婴幼儿营养健康和自主服务能力的提升。

根据《托育机构婴幼儿喂养与营养指南》的要求，我园婴幼儿食育教育活动主要在"餐前时光""温馨餐点"和"食育微课"三个板块进行，与家庭配合开展食育教育，让婴幼儿感受、认识和享受食物，培养良好进食行为和饮食习惯，启蒙餐桌礼仪文化。

1.餐前时光

（1）合理安排进餐座位，方便回应式照料。

《7—24月龄婴幼儿喂养指南》中提出，婴幼儿进食时必须有成人看护，保持进餐环境清洁安全，固定孩子的进餐位置，以防进餐时发生烫伤、误食，以及其他意外伤害。为了做好班级进餐时的分流和物品摆放工作，避免家长和婴幼儿出现拥挤和消极等待的现象，建立婴幼儿进餐的秩序感，婴幼儿进餐有相对固定的位置，我们还安排2—3组家庭和同伴共同进餐，营造愉快进餐的氛围，同时满足家长互相照应的需求。

摆放有利于婴幼儿自主取用

（2）提供适宜餐具，鼓励自主。

研究证明62.86%的婴幼儿在1岁以后，就开始学习使用餐具了。适宜的餐具有利于培养婴幼儿的动手能力，促进手指的灵活运动，以锻炼手、眼、口的协调，避免婴幼儿依赖奶瓶。我园选用的是代号"18—8"的不锈钢餐具，确保安全无毒、不易老化、耐高温，另外考虑到1—3岁婴幼儿的年龄特点，选用小巧别致的勺子，外形浑圆，使用方便。此外，还为每组家庭配备了两把勺子，一把给婴幼儿使用，鼓励婴幼儿自主进食；一把给家长使用，

婴幼儿自主进食

便于在小月龄婴幼儿进食困难时家长进行辅助。

（3）了解感知食物。

教师餐前通过对食物的有趣介绍，引导婴幼儿通过视觉、触觉、嗅觉、味觉、听觉等感知食物的色、香、味、质地，激发对食物的兴趣，促进其认识食物，接受新食物。

2.温馨餐点

（1）营造轻松、愉快的进餐氛围。

良好的进餐环境有助于提高婴幼儿食欲，在婴幼儿进餐时强迫他们、批评指责他们，会让他们进餐时心情郁闷，进而导致消化腺的分泌受到抑制，引起消化不良，久而久之非常容易导致婴幼儿对进餐产生排斥情绪、无食欲或厌食，从而对婴幼儿的进餐习惯产生不良影响。所以，我们在进餐时，可以通过播放轻音乐，让婴幼儿带着愉悦的心情用餐，教师提醒家长不强迫婴幼儿进餐，用宽松、良好的氛围鼓励婴幼儿自主进食。

（2）培养良好的饮食行为习惯。

①引导婴幼儿自主用餐和整理餐具。

一般来说，1岁左右的婴幼儿可以练习自己拿双耳杯子喝水，1岁半开始练习自己用勺子吃饭，2岁时在成人协助下可以独立进食，3岁左右可学习使用筷子吃饭。不过婴幼儿有个体差异，教师和家长也应尊重这种差异。家长支持婴幼儿学习独立进食，鼓励进餐结束后和家长一同整理桌面、餐具，不仅能培养婴幼儿独立自理能力，还能让他们获得自信心、责任心。

②鼓励家长进行回应式喂养。

《7—24月龄婴幼儿喂养指南》指出，进餐时父母或者喂养者应该与婴幼儿有充分交流，与孩子保持面对面，以便及时了解孩子的需求，注意识别孩子发出的饥饱信号。张嘴、扑向食物表示饥饿，而扭头、闭嘴等则表示吃饱，不想吃了，父母对此应给出及时恰当的回应。

家长观察了解怎样的色香味食物烹饪与营养搭配更能引发婴幼儿食欲，尝试耐心陪餐，协助婴幼儿自主进食，但绝不强迫。

③关注进餐情况及时反馈调整。

不同的婴幼儿到了进餐时间的表现是五花八门的。比如，有些婴幼儿挑食，有些婴幼儿没有胃口，等等。教师应及时引导家长培养婴幼儿有规律的生活习惯，固定进餐时间，保证婴幼儿能摄入足够的营养和能量。

教师在婴幼儿进餐时观察婴幼儿的饮食情况，询问家长对餐点食物的口感、颜色、营养搭配、温度等是否满意。比如，我园某次中餐，给婴幼儿准备的是番茄意面，小月龄家长反映面条的长度过长，家长需要用勺子把意面切断，喂给婴幼儿吃才安全。得到家长反馈后，厨房人员马上进行食物制作的调整：面条必须切短、煮烂。在家园合作一次次优化和调整后，亲子园的餐点食物越来越受婴幼儿的喜爱，也得到了家长的肯定。

3.食育微课

除在"餐前时光""温馨餐点"渗透食育外，也可以在日常结合亲子游戏活动开展婴幼儿食育微课。

（1）感受食物。

让婴幼儿观察或参与简单的植物播种、照料、采摘等，了解食物的来源，通过各种活动参与简单食物的制作和准备，感知食物的各种特性。

案例：19—24月龄段婴幼儿"剥毛豆"片段

①出示材料，激发宝宝兴趣："宝宝，你看，这里有许多毛豆，让我们一起把毛豆剥开来尝一尝吧。"

②家长先不示范，让宝宝自己尝试看是否有办法剥开。如果宝宝尝试后，不能剥开，家长再展示剥毛豆的方法："宝宝，你看，毛豆宝宝穿了一件绿衣服，用手指头把衣服剥开一点，再剥开一点……毛豆宝宝出来了。"

③家长鼓励宝宝整理果皮："宝宝,我们把毛豆的衣服放进垃圾桶,一起整理好。"

(2)饮食行为培养。

在游戏活动中引导宝宝逐步养成规律就餐、愉悦就餐、自主进食的良好饮食习惯。

案例:25—30月龄段婴幼儿"喝汤喽,擦一擦"片段

①家长和宝宝互动游戏。

②家长说出被汤洒的部位,让宝宝在相应的部位一边按节奏做动作一边学:"我帮你擦一擦吧,来,擦一擦,擦一擦。"除了故事里的部位,根据宝宝的游戏兴趣,还可以问问宝宝,汤还会洒在哪里。

③教师分享家长积极的亲子互动游戏的方式:"今天看了绘本《喝汤喽,擦一擦》,给我们一个启发,在生活中可以放手让宝宝动手做力所能及的事情,培养宝宝的生活自理能力。"

案例:31-36月龄段婴幼儿"我会洗手"片段

①教师示范正确的洗手方法。

教师:"洗手要怎么洗呢? 开水龙头,打湿小小手,搓上小泡泡,洗手开始啦!"

洗手七步法儿歌:两个好朋友,手碰手,你背背我,我背背你,来了两只小螃蟹,小螃蟹,举起两只大钳子,大钳子,我跟螃蟹点点头,点点头,螃蟹跟我握握手,握握手!

教师:"洗好小小手,关上水龙头,擦干小小手。洗好手,细菌都赶走!"

(3)饮食文化体验。

结合节日,让婴幼儿体验传统特色饮食文化。

温州市瓯海区第一幼儿园早教亲子园食育微课安排见表2-3-18。

表2-3-18　温州市瓯海区第一幼儿园早教亲子园食育微课安排

板块	月龄段		
	小月龄(19—24个月)	中月龄(25—30个月)	大月龄(31—36个月)
感受和认识食物	剥毛豆	青菜宝宝	吃葡萄
	香蕉宝宝	好吃的水果	蔬菜宝宝
	好吃的肉泥	豆荚妈妈生宝宝	黑色的蔬菜
培养饮食行为	吃饭要专心	我讲卫生	自己吃饭
	我会用勺子	我不喜欢吃	我不挑食
	我会擦嘴巴	喝汤喽,擦一擦	宝宝有礼貌
体验饮食文化	团团圆圆吃饺子	八月十五月饼圆	腊八粥迎新年

4.1—3岁婴幼儿饮食培养建议

(1)进餐妙招分享。

婴幼儿与其他人同桌进餐时,家长能够充分观察到自己的孩子和同伴饮食方面的问题,家长就会进行"金点子"分享时刻,比如,小小妈妈说:"我家宝宝吃饭总是吵着要看电视,如果不看电视就不吃，哭闹不止。"蜜蜂妈妈说："是不是你们平时吃饭就喜欢开着电视？或者某一次你们让她看了电视，她就以为吃饭就是可以看电视的。我们全家吃饭都不看电视，大家一起吃饭，他坐在自己的座位上，和大人一同吃饭。"通过"金点子"分享，家长互助互学，让婴幼儿爱上饮食，吃得科学，长得健康。

（2）培养建议提示。

为了让家长了解婴幼儿饮食行为和身心发展特点，我园提出了《婴幼儿居家饮食习惯培养建议》，比如通过《宝爸宝妈学堂》专栏，邀请专家开展《1—3岁幼儿营养与喂养》的讲座，化解家庭喂养中的许多困扰和疑惑，通过微信公众号文案推送，让家长以儿童的视角和口吻，让婴幼儿认识食物、玩转食物。通过"家长沙龙"开展"宝宝挑食怎么办？""食物大变身"等研讨活动，让家长明白以身作则的重要性，传递给家长更新颖、更具体的喂养知识。婴幼儿居家饮食习惯培养建议，得到了家长们的高度反馈和收获。

嘟嘟家长："我对沙龙"宝宝挑食怎么办？"这个主题特别感兴趣，而且收获颇多，特别有一点，不给食物贴标签。谁都会有爱吃和不爱吃的食物，孩子也会，但是大人不要给予评价。比如，全家吃饭时，与家里人分享孩子爱吃肉不爱吃胡萝卜，这种就是贴标签。或者，出去聊天时，当着孩子面分享孩子爱吃或不爱吃的食物，都是在把孩子往错的方向引导。"

铭铭家长："听了讲座才知道2岁左右的婴幼儿建议每日三餐三点，餐与点之间不少于2个小时，餐与餐之间不少于4个小时。之前我给他吃的间隔太短了，所以他老是吃不下，我以为他挑食呢。"

佳佳家长："之前公众号推送了关于挑食的儿歌，我觉得特别受用，孩子的饮食应该全面均衡，我之前只顾着告诉孩子吃青菜有营养，或者硬往孩子嘴里塞，这些做法反而容易造成孩子挑食。我后来才知道孩子还不知道什么叫作营养。儿歌的方式能让孩子明白，多吃蔬菜个子高高，多吃鱼眼睛亮……听着朗朗上口的歌谣，孩子竟然想要尝试吃他不喜欢吃的食物了！"

温州市瓯海区第一幼儿园　黄玛丽

第三章
家庭养育支持课程的创新与实践

　　随着《家庭教育促进法》的出台，家庭教育由"家事"上升为"国事"。全国妇联、教育部发起的十条育儿倡议字字情关家庭，条条心系共育。其中第一条便是"父母承担家庭教育主体责任，陪伴孩子共同成长"。这意味着儿童中心主义话语早已渗入人们的日常生活，父母的养育觉醒与角色重塑，家庭养育支持从家开始。

　　D·N·A亲子共长课程中，父母是课程的主体。本部分课程从课程主体和组织形式两个角度入手，通过转变家长被动学习为主动学习、主动分享、主动交流，赋能家长共创课程，通过搭建"线上+"养育智库，以慧养、公益、友好的态度实现"线下+"家园社协同养育行动，让父母在新的养育理念引领下，看见孩子、亲爱孩子；顺应天性、发现生长的力量；并为之提供积极的养育支持，最终实现共同成长。

第一节　家庭养育支持课程体系的多元主体创新

父母养育意识觉醒与角色重塑,是优化家庭养育的第一步。"家庭养育支持课程"以"父母学堂"为载体,搭建家园共育学习和交流平台,让家长能以不同的角色身份参与孩子成长。关注"教师+家长"的双重身份,以"教师育儿成长营"为切入点,助力教师收获育儿智慧和专业共展,从而激励更多父母的成长。

 ## 一、课程主体创新的三个方向

家长在课程中,成了新的课程主体,他们既是育儿成长过程中的学习者,也是育儿经验的分享者,最重要的是,家长要认识到自己是孩子的第一位老师。养育课程的核心关系不是教授与接收的师生关系,而是平等共生共长的亲子关系。

(一)家长是不断成长的学习主体:需求对接,量身定制

家庭养育支持课程的成长主体为婴幼儿家长,作为学习者我们针对其成长需求,为其量身定制学习内容。通过问卷调查、面对面沟通、家长咨询等方式,了解、分析婴幼儿家长的普遍需求,比如对婴幼儿膳食及卫生保健方面的疑惑、对婴幼儿语言学习与早期阅读方面的指导、对科学育儿理念的需求、对如何打造适宜婴幼儿的居家环境问题等婴幼儿的保育、教育等问题。根据家长的这些需求,灵活、弹性地设置家庭养育支持课程内容,链接各种资源,携手早教专业人员、儿童保健医生、营养专家以及社会各专业人士,通过专题讲座、主题沙龙、入户指导、社区家庭互助团等形式开展家庭养育支持课程,对接需求、量身定制的课程内容让婴幼儿家长对学习更为积极主动。

(二)家长是各具所长的分享主体:讲学合一,深度交流

父母是婴幼儿的第一任老师,有着许多可借鉴的育儿实践经验,创新模式下的家庭养育支持课程,让家长成为课堂主体,既是学习者,也是分享者。讲学合一,更能激发家长自主性,从而促进家长与教师、家长与家长之间的深度联结,深度交流。我们发现,与教师相比,家长的想法做法更容易引起其他家长的共鸣,更受家长群体的欢迎,是有效的教育主体资源。家长之间也时常会针对自己孩子的各种问题和一些教养上的困惑去交流并互相取经。

有经验的家长往往比早教指导人员更加有耐心、更加生动具体地向其他家长传授实际经验，从而实现更好的教育效果。

教师只要给予婴幼儿家长在教养观念、专业知识方面的支持，就可以有效激发家长担当起互学主体的热情，鼓励他们通过自身教育行为与身边更多的家长分享交流，提升分享意识和能力。而对于家长自身而言，通过这种方式，能积极反省自己的教养行为，加深自身对教育的理解，进一步提高自己教养孩子的专业程度。家庭养育支持课程为家长搭建专业育儿的桥梁，让家长通过合作、互助、共进，将爱传递，让教育落地。

（三）家长是育儿育己的互动主体：向心而行、彼此成长

在亲子活动中，家长与孩子是双向互动的主体。在与婴幼儿的亲密互动中，提高婴幼儿对动作、表情的反应，能让家长更好地和婴幼儿建立亲子关系，让双方感受到彼此的爱意，以达到高质量的陪伴。真正的成长，要以万物为师，孩子当然也可以成为父母的老师。父母在陪伴孩子的过程中，学习看见孩子，发现孩子与生俱来的品质，懂得向孩子学习，在读懂和了解孩子的基础上，以孩子喜欢的方式来养育孩子，这既是因材施教，也是寓教于乐。从某种角度来说，家庭养育，便是一场父母与孩子共同成长的修行，在这个双向互动的过程中，孩子和父母的成长机会是均等的。

二、课程主体创新的特色项目：教师育儿成长营

随着二孩三孩时代的来临，许多教师肩负着繁重的育人工作的同时也在诠释着宝妈宝爸的角色。人们总是认为"世上没有哪种职业比教师更贴近孩子的身心成长"，但"教师+家长"的双重身份使这些教师在工作中常常受到生活琐碎的牵绊、育娃焦虑的干扰。作为在教育领域有成长需求的典型群体——身为教师的宝妈、宝爸，既有学习最新育儿知识、解决养育实际困惑的需求，又有能力和兴趣分享一路收获的点滴经验。因此，家庭养育支持课程在主体创新框架下，推出了助力教师家庭互助和专业共长的特色项目——教师育儿成长营，以期通过教师群体的成长，传递、辐射到更多的家庭。

（一）教师育儿成长营成立背景

近年来，在人口增长、社会期待和家长教育需求日益递增的现实背景下，教师面临的工作压力和教学压力呈现只增不减的状态。随着二孩三孩政策的出台，许多教师白天需要面对繁重的工作压力，晚上回家要照顾嗷嗷待哺的多个孩子，身心压力可想而知。于是，教师育儿成长营应运而生，根据区域内婴幼儿家长的育儿情况与成员们的真实需要和职业特质，摸索出抱团共建运营模式，为具有双重身份的教师提供精神和专业上的支持与帮助，赋能成员双向成长。

1.成员"1+1>2"

教师育儿成长营首先面向区域内家有3岁以下婴幼儿的幼儿教师招募成员,同时吸纳家有小宝的中小学教师和亲子园早教教师中婴幼儿家长加入其中。成员们因为本身从事教育行业,对于教育都有一定的理论基础,而成员中的幼儿教师本身就有学前教育专业背景,更拥有一定的学前教育专业知识储备,因此成长营的成员们更易接受先进的早期养育理念。其次,成员们拥有一个共性特点,就是都有3岁以下的孩子,她们希望自己的孩子在0—3岁获得更好的养育。借由教师育儿成长营平台,成员们聚集在一起,以一朵云影响另一朵云,以一个群体影响另一个群体的力量而存在着。

2.瞄准育儿需求"靶心"

身为教师,我们对于自己孩子的早期教育拥有更高的期待。利用自身职业特质,我们总期待自己的孩子在0—3岁这个阶段接受更好的教育,以期孩子赢在起跑线上。但这日益更新、层出不穷的信息时代,许多"专家谈""宝妈说"等自媒体充斥着我们的视线,影响着我们的生活。面对庞大的网络信息,如何甄别科学、有效育儿信息,让许多教师感到迷茫。教师育儿成长营瞄准"靶心",回应家有小宝教师高质量的育儿需求,提升成员们的育儿水平。

（二）教师育儿成长营的运行模式

教师育儿成长营以瓯海区早教指导中心为规划引领,确定瓯海区第五幼儿园为成长营活动实践基地,确立成长营核心团队,健全活动策划与活动执行机制,以需求导向和问题导向为活动策划起点,搭建线上、线下的交流互动平台来推广运营互利互惠式的活动,以此来实现成长营成员学习新知、分享经验、育儿育己的共同成长,运行模式见图3-1-1。

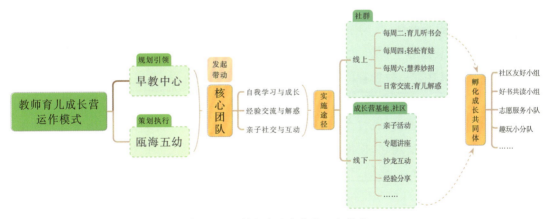

图3-1-1　教师育儿成长营运行模式

（三）教师育儿成长营项目中主体创新的实践策略

1.成长主体关键词:觉知

生活忙碌、工作细碎、偶感压力,已是现代人的生活常态。但在快节奏的生活中,我们需要的是找到自我觉知,再寻找初心,以此来获取能量。尤其是感官上、心态上、行动上的自我觉知。在觉知时知道自己在哪里,知道自己需要什么,知道自己怎么调整。只有在自我觉知的基础上,才能让自己不盲目、不茫然,寻找到追寻幸福的起点。同时,回望自己养育孩子的初心,寻找一个答案——养育一个孩子是为了什么。这是我们看见孩子,读懂孩子的原动力。

（1）舒缓身心:寻新途径、呵护身心

当前学前教育扩容提质,迅速发展。许多教师的工作压力增大,加之家务琐事和育娃任务,身心疲惫和情绪紧张成了家有小宝的教师的常见状态。有一位情绪稳定且可以提供固定陪伴和可靠学习资源的照料者对于婴幼儿来说是极其重要的。在情绪焦虑越来越常见的当下,寻找适宜途径帮助身为宝爸、宝妈的教师舒缓身心压力使其成为身心健康的婴幼儿照料者,成为育儿成长营关注的首要重点。成长营核心成员通过问卷调查、数据分析的途径,为成长营里的教师们寻找新途径来舒压解惑。比如,教师育儿成长营举办呼吁成员们关注身心健康的冥想会,举行话家常式的圈谈会,引导为人师、为人父母的成员们在生活中"停一停""找一找""试一试",来理解"当下即是"的含义。身心舒展加之热门话题的输出让成员们觉知到自己的困扰所在,在舒缓的环境中将情绪流露、化解。此外,成长营的成员们聚焦《与我心灵共舞》一书,轮流录制听书会内容,定期发送到成长营社群和育儿社群,让成员利用碎片时间得到育儿理念洗礼。

（2）能量补给:吸纳新知、读懂孩子

在婴幼儿成长过程中,家长的理解与尊重对于孩子发展特别重要。成长营的成员均为教师,教师对于观察有一种独特的敏锐性。但如何"看见婴幼儿,发现其成长,看懂其发展"仍是成长营成员最关注的话题。为支持回应成员们专业发展与家庭育儿的双重需要,教师育儿成长营搭建学习平台,通过专家讲座引领和"学习故事"撰写,来引导成员自省与觉知,从而树立新的观察解读理念,促进成员们带动和影响更多家庭,转变育儿视角,以发现者视角来发现婴幼儿的成长。比如,育儿成长营特别邀请本市学前教育名师为成员们开展专题讲座《学习故事:观察、理解和支持儿童的学习》,借鉴新西兰的课程体系中"学习故事"模式,引导成员们发现自己孩子成长的每一步,发现婴幼儿宝贵的"哇"时刻,用讲故事的方式引导成员们记录孩子的成长。

成员们在记录孩子成长的同时,也在品味育儿观念的微妙变化,从而调整自己的育儿行动。"去量表式评价"转向从发现者的视角,用故事的文体点赞孩子的生长点,不仅改变了成员们的早期育儿观念,而且对于幼儿园、小学、初中阶段的家庭教育观念都会产生积极影响。

2.分享主体关键词:合育

"教育一个孩子需要一个村庄的力量",单靠一方力量很难达成教育效果。教师育儿成长营就好似一个村庄,有营地、有成员。成长营的成员们因为共同的育儿目标凝聚在一起,抱团前进,形成合育力量,探索轻松育娃、科学育娃的新路径。在成长营核心团队的努力下,成员们抱团互助,汇集各方力量形成合育力量,实现育儿成效最大化。

(1)减压圈谈:伙伴互助、抱团育娃

为了引导成长营的成员在生活中寻找自我减压的方式,通过轻松适宜的活动形式,促进成员之间沟通交流,形成抱团互助的活动氛围,育儿成长营召集成员们轻松围坐,创设趣味圈谈会,来缓解成员们的育儿困扰。成员们自由分组后,可以选择自己感兴趣的话题对同伴进行抛问。比如,"晚上的黄金时间如何分配?""双重压力下,如何控制自己的情绪?""爸爸也是育儿盟友,如何夸出好爸爸?"诸如此类的话题是成员们选择的热点。成长营通过营造宽松自由的圈谈氛围,激发同伴讨论交流、互动分享,达成思维碰撞,形成营内妙招共享,抱团互助的良好效果,有效解决教师家长的育娃困扰。一个人或许可以走得快,但一群人可以走得更远,伙伴互助抱团育娃赋予成长营成员们更多的力量。

(2)家庭动员:妇唱夫随、老幼共长

"一个孩子一群大人围着转"是许多小康家庭的写照。婴幼儿的养育,妈妈是亲密关系的第一人,此外,还需家庭成员的通力合作。在成长营里,我们联合"幸福里社区"开展了"家庭总动员"系列活动,呼吁每个家庭成员取长补短发挥自己的专长,在养育宝宝的路上凸显自我价值,为宝宝成长助力。爸爸在亲子关系中是个重要角色,越来越多的爸爸担起了育儿重任,"爸气"十足。成长营邀请了几位"爸爸能人"分享自己的育儿妙招,现场演示亲子互动游戏,让活动现场掀起了小高潮。一位爸爸非常骄傲地说:"我和爱人育儿观一致,许多原则性问题,我们会商量着来。我爱人是幼儿园老师,平时会用夸赞小朋友的方式辅助我,让我力量满满。"成长营还邀请了二孩园长分享自家好婆婆的同盟育娃故事:"婆婆是育娃路上的重要助手,起着至关重要的作用,婆婆有着丰富的育儿经验,我工作繁忙之时,婆婆总会伸出援手。人人都说婆媳难处,但我看到的都是我婆婆的好处,因为我会适当抹去婆婆的缺点。"悦纳婆婆、信任婆婆,婆婆也可以是很好的"育儿同盟军"。

家庭里的每一员构成了孩子的原生家庭环境,每个人对于孩子成长来说都是至关重要的。智慧地集结家庭成员力量,让每个成员都发挥出自己的育儿特长,形成合育力量。例如,夸奖爸爸,发挥爸爸的趣味、体能、伴娃游戏;悦纳婆婆,发挥婆婆的细致护理照料能力;"调教"育儿嫂,发挥育儿嫂的合理喂养和细致的卫生保障能力。

3.互动主体关键词:共长

在自我觉知的唤醒下,在合育力量的助推下,成长营的成员们逐渐找到了自我前进方向,找到了"齐步走"育儿盟友,在抱团互助的活动中,逐渐树立科学的育儿理念,逐渐调整适宜的教育行为,不断向上、向好生长。同时,为他们的孩子和家人也带去生长力量,实现共长、共进。孩子是我们的镜子,在智慧养育的过程中,我们也在孩子身上照见自身的不足,在互动陪伴的过程中,亦是双向的修行与成长。

(1)盟友支招:育儿共富、互助互惠

后疫情时代,多渠道的信息技术增加了连接彼此的可能。对于平时生活工作比较繁忙的成员们来说,开展线上的对话活动是非常友好的途径。育儿成长营利用钉钉群、腾讯会议室等线上平台,通过自愿报名的形式组建各种不同的话题组,开展空中话题室活动。"走进二孩时代,是坑还是福""新时代的隔代教育"等时下热门话题使参与对话会的成员们有话想说。成员们在输出主张的同时,也在吸取同伴经验,形成了营内榜样互学、同伴互助的积极氛围。同时,成长营的核心组成员每周定时推送"轻松育娃小妙招",为每个家庭提供智慧、轻松的育娃建议。"一进一出"的双向成长在抱团互助的氛围下慢慢实现。

(2)亲密联结:共生共长、彼此成就

作为生命个体,孩子与父母是相对独立而又共生的存在。正因为孩子跟父母之间天然的亲密联结,他们之间有更稳定的能量传输通道。婴幼儿善于在观察和模仿中学习新技能、认识新事物。而父母恰是孩子最重要的模仿对象,想要孩子成为什么样的人,做父母的就要成为什么样的人。父母在陪伴养育孩子的过程中,与孩子一起成长,理应成为养育教育孩子的实力担当。

在成长营中,成员们抱团互助,互惠共长。当成员的思想进步、育儿行为提升之时,孩子也在进步。当我们回馈给孩子时,孩子也在回馈给我们。共生共长的联结让彼此互相成就,这就是成立教师育儿成长营的美好愿景。

(四)教师育儿成长营实践案例

案例1 妈妈的心灵成长——"心灵共舞 共话育儿"

生活中父母就像孩子的一面镜子,父母的一颦一笑、一言一行都会毫无保留地映照在这面镜子里。家庭成员表现出健康阳光、积极和谐的一面,宝宝们就可以从镜子里感受到爱和温暖,并能在健康和谐的氛围中,积极快乐地成长。妈妈作为家庭的核心成员,家务的琐碎、孩子的养育、工作的繁杂常常会给她们带来很多心灵上的负担。

"心灵共舞 共话育儿"活动以妈妈的心灵成长为专题,开展了对话访谈、正面冥想体验、"懒妈妈"话题互动交流活动。活动邀请了温州广电集团"教育面对面"栏目主播许乐,结合她的育娃经历为大家解读"正念冥想"的相关理念与思想,提醒大家适时地"停一停""试一试",在纷繁的工作与家庭生活中释放自己,为自己解压。随后,她还带领大家现场做了一次正面冥想体验,静心感悟当下。

"妈妈的心灵"成长沙龙

冥想体验

　　随后,宝妈们在宽松、自主的氛围中选择自己感兴趣的话题进行分组交流、分享育儿经验,探讨、解决育儿困惑。通过积极讨论、分享互动、经验互补,获得更科学、更专业的教育理念,更接地气的问题解决策略及育娃妙招。

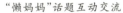

"懒妈妈"话题互动交流

宝妈分享育儿妙招

　　世间万物的生机,都蕴含在初绽的嫩芽里。"心灵共舞 共话育儿"沙龙活动,引导教师宝妈们成为爱学习的妈妈,学会读懂、学会陪伴、学会引领;成为健康快乐、内心充盈的妈妈,学会放松、学会调适、学会协调。

案例2　父职教育,召唤爸爸的力量

　　在亲子关系中的父亲是个重要角色。对于父职教育,教师育儿成长营从未忽视。开展了家教专著推送、爸爸能人支招、运动陪玩策略等系列活动,以期改善当前父职教育的教养方式,探索更多样化的亲子陪玩方式。

2020年初，动员宝爸们与宝宝一起创造居家亲子游戏，开展了公益"居家亲子游戏"拍摄活动，呼吁更多的爸爸成为孩子的玩伴，进行高质量的亲子陪伴，让更多的婴幼儿家庭感受到爸爸陪玩时的亲子力量。优质的游戏视频在区域内、外的婴幼儿家庭间架起同频交流的桥梁，让不会陪伴、没时间陪伴的年轻宝爸有了更多陪玩的范例，形成了优质家庭共育、资源共享的新局面。

2020年12月，成长营向每位宝爸发放陈钱林老师的《家教对了，孩子就一定行》一书，邀请宝爸们共读陈老师二十多年家教经验。

2021年5月，成长营还开展了"爸爸的力量"专题沙龙活动，围绕"虎爸"好还是"猫爸"好的热门话题，让"爸爸能人"以自己的育儿经历自由表达观点，并通过视频传播的方式激发广大宝爸们思考，以爸爸唤醒爸爸，以爸爸影响爸爸。

在六一前夕，成长营邀请一位家有小宝的体育老师开展"亲子运动爸爸专场"，从运动理论和家庭游戏的角度生动讲解了户外亲子游戏的陪玩策略。成长营还联动区内各大亲子园开展"爸爸俱乐部""亲子DIY""游戏同乐""'爸气'十足游园会"等系列活动。精彩的爸爸专场活动让宝爸们不仅在理论认知上有所获，还在育儿实践方面有所得。

父亲节专题沙龙

【瓯海早教 温暖到家】 3岁以下婴幼儿居家游戏大放送（二）

瓯海教育发布　2020-02-11 10:27　发表于浙江

01:35/01:49　　倍速

宝宝月龄： 21个月
摄影： 仙岩中心幼儿园　黄志勤家庭
游戏价值： 通过纸巾盒的一物多变，创想出丰富有趣的亲子互动情景，锻炼婴幼儿大动作的发展，增进了亲子感情。

父亲在孩子眼里代表着无穷的力量与强大的依靠，成长营让宝爸们用浓浓的爱，为孩子撑起澄澈的蓝天，让每一个孩子拥有灿烂的人生。

案例3 亲子陪伴 共享阅读

亲子共读是家长陪伴孩子的良好方式，不仅可以培养婴幼儿对阅读的兴趣和习惯，又能增进父母与孩子之间的情感交流。而如何做好早期阅读指导是成员们较为困惑的事，成长营聚焦大家的共性需求，组织了亲子阅读专题讲座和阅读沙龙活动。通过专题讲座、成员们的互动探讨以及指导中心的总结引领，让线上、线下的家长们体悟到阅读带来的力量。借助阅读，让成员们精神受益、行动赋能，同时也让孩子得到发展。

2021年阅读节之际，瓯海早教指导中心开展了"书香漫润童年，阅读点亮人生"亲子阅读专题活动。活动分上、下两场，上半场特邀浙江省优秀阅读推广人、温州市名师、广场路小学潘旸校长为大家作"来，一起为宝宝练练'故事感'"亲子阅读专题讲座。潘老师作为一位资深的阅读推广人，以二宝妈妈的身份为大家现身说法，婉婉道述她与宝贝亲密阅读的过程与实践经验，为大家传授亲子阅读的实践技巧与方法，并推荐适宜不同月龄宝宝阅读的书目，她丰富的阅读指导经验和独到的家庭亲子阅读实践体悟让与会人员获益匪浅。

亲子阅读专题讲座

活动下半场是"教师育儿成长营亲子阅读"主题沙龙，潘老师和来自不同岗位的三位宝爸、宝妈参与了活动。在主持人的带领下，宝爸、宝妈们分享了日常家庭亲子伴读的做法和体验困惑。虽然身为教师，但是来自不同学段的教师在面对自己家3岁以下婴幼儿时也同样会手足无措，通过现场的专家指引、互助探讨，获得解疑释惑，现场的家长们也频频点头，纷纷表示受到启迪。

最后，早教指导中心肖主任指出，"儿童是大师，家长是专家"，在育儿路上，教师和家长是同盟者，都要放下身段向孩子学习。早教指导中心也将继续努力搭建桥梁邀请资深专家与家长们进行对接，联手更多合作、互助、共进的关系，通过线上、线下活动给予爱的传递和教育的落地。此外，中心还为嘉宾送上《与我心灵共舞》和《家庭亲子游戏精编》的书礼，寄望教师育儿成长营的成员作为教育先行者务必学习先行,并影响、带动更多的家长一起成长。

亲子阅读主题沙龙

践行与思考

　　教师育儿成长营的成员是来自教育系统的老师们,他们在岗位上兢兢业业,常因为忙于工作而疏于对孩子的陪伴,生活的琐碎以及工作的牵绊,让他们感觉力不从心或者精力不足。同时,婴幼儿的成长有其年龄的特殊性,对于婴幼儿养育的专业储备并不是他们的优势,特别是对刚刚升级的宝爸、宝妈来说,也必然要经历一段迷茫的时期。

　　教师育儿成长营关注到教师家庭成长的深层价值和意义,为家有小宝、辛勤工作的教师们创建互助的平台和温暖的港湾,通过关爱互助与专业支持,唤醒父母育娃理念的觉知;而教师自身的专业资源为我们的合作共育奠定了良好的基础。作为科学育儿的先行者和传递者,教师群体在收获轻松智慧育儿的同时,促进自身专业发展,并能直接回馈到育人本业中去,如此,便能实现与同伴、家长、婴幼儿的和谐共长。

第二节 家庭养育支持课程体系的多维组织形式创新

家庭养育支持课程的实施立足家长对于婴幼儿早期教养的需要,通过建设养育智库育儿社群等联盟共同体,对接前沿早教专家和专业人士,整合周围的人、事、物、多媒体、公众平台等各方资源,开展线上、线下多种形式的专题讲座、互动式访谈沙龙、直播等活动,落实家庭养育支持课程,传递科学的育儿理念,指导解决日常育娃的困惑,组织学习科学育养的策略与方法,让家长在新的养育理念引领下,看见孩子,发现生长的力量,学以致用,实现科学育养的目的。

一、组织形式创新的四个维度

(一)专家引领——懂真知

父母都爱孩子,但是如何给予孩子恰到好处的爱也是需要深刻思考的。年轻一代的父母即使接受过高等教育,受到各种教育理念的影响,但是仍然无法将育儿经验内化于心、外化于行,容易出现生搬硬套的现象。为提升家长在专业知识上的储备,本课程发挥区域发展优势,邀请早教育儿方面的专家,为家长展开专业的知识解说与主题讲座,通过线上、线下相互结合的方式,从婴幼儿的身心健康发展入手,帮助家长掌握婴幼儿的身心发展规律。

专家学者从生理角度出发,帮助家长更加了解婴幼儿生长发育的特点,比如,针对各月龄段婴幼儿的营养需求,如何做到膳食均衡;家长需要在生活中注意哪些细节,以避免婴幼儿的感知觉受到不良影响;从身体结构出发,提醒家长及时发现婴幼儿比较常见的疾病,让婴幼儿的成长更加健康等。从心理角度出发,让家长尝试走进婴幼儿的内心世界,感受他们眼中的世界,从婴幼儿视角出发去体验;婴幼儿对陌生环境产生的焦虑,家长如何帮助缓解;甚至如何运用环境营造,助力婴幼儿的成长学习等。在专业知识的引领下,相信家长能够收获丰富且实用的育儿方法。

(二)沙龙分享——善辨析

为了提高家长的育儿方法,我们定期举办家长主题沙龙、班级家长分享会以及早教亲子体验活动等,促进教师与家长互动交流,改变家长的家庭教育理念,提升家庭教育在家长心中的重要性。同时,家园共育是一个需要长期探索实践的课题,家庭教育和亲子园或托育园教育只有相互合作、密切配合、相辅相成,才能发挥更大的作用。同样,家庭与家庭之间也可以通过分享经验或问题,彼此取经。一系列的体验交流活动可以建立起共同育儿的桥梁,让家长与教师共同获得育儿方面的成长经验和启示。

(三)实践力行——获方法

为了让科学、专业的养育知识真正落实到每户家庭的日常实践中,让专家的引领和沙龙分享的经验有落脚点,多种形式的亲子实践活动是家庭养育支持课程中必不可少的重要环节。专家团带着家长的相关需求深入一线实践,入户到家,通过实地考察和面对面访谈,换位思考,为婴幼儿家庭展开环境营造设计指导;亲子园教师利用自身专业知识与指导经验,带领家长在观察婴幼儿的游戏活动中,理解婴幼儿的行为和需求,提炼符合实际情况的方法;婴幼儿家长也可以借助家庭育儿互助团、节日亲子活动,在育儿实践中交流经验、提升认知,探索更加优化的育儿方法。

(四)社区合作——共促进

在获取知识、积累经验后,还要扩大家庭教育的影响力度,如根据不同社区地理位置,确定一个中心,牵头组建社区家庭教育学习圈,建设家庭教育学习共同体。通过不定期地组织家长进行线上、线下集中学习,展开主题沙龙、读书交流、情境教学等不同的学习活动,促进不同家庭之间互助学习。还可以充分发挥教育信息化优势,将成熟的家庭教育课程做成视频,发布在专享平台上供家长点播收看,旨在推进婴幼儿家庭教育的资源共享和共同成长。

早教指导中心与家庭、社区架起了沟通了解的桥梁,鼓励家庭线下就近组织互助活动,线上分享较好的家庭教育案例,这能够深入连接不同的家庭互助学习。在婴幼儿的养育经历上家庭与家庭之间更容易产生共鸣,能够形成互帮互助的小团体,学会分享学习资源,交流学习感悟,利于整个大环境中婴幼儿早教氛围向良好的趋势发展。

二、组织形式创新的特色项目:养育智库双线链

怀胎十月,满载着希望和美好的孩子来到这个精彩的世界,给家庭增添了不少的欢乐,尤其是看到孩子一天一个样地成长着,年轻的父母有说不出的高兴和自豪。但高兴自豪之余,孩子也经常给家庭制造一些"小麻烦",在育儿路上家长总是面临很多的建议、选择而无所适从,甚至有些棘手问题还会让家长焦虑。本部分主要介绍线上、线下融合型育儿教育平台——养育智库的主要做法和经典案例,为婴幼儿家庭养育提供支持策略。

随着《教育部关于加强家庭教育工作的指导意见》《中华人民共和国家庭教育促进法》等文件的出台,各方力量共同宣传家庭教育的重要性。随着社会的发展和观念的更新,越来越多的家长关注到优质早期教育对儿童的重大价值。在这样的时代背景下,运用互联网先进技术和手段,开放家庭养育支持课程的资源链接,打造政府惠民工程,推出线上、线下融合型

育儿平台——养育智库。

养育智库双线链融合亲子园、社区、家长、教师、专家等各类资源,通过"线上+"平台智库的建构和"线下+"养育行动实施的双线链架构,多维度开展家庭养育支持活动。养育智库社会资源见表3-2-1。

在前期调研中,我们观察到大多数家庭的育儿方式是独立的、片面的,而养育智库能够帮助广大婴幼儿家庭积极面对、妥善处理家庭问题、育儿问题,使婴幼儿家庭相互交流、相互学习、相互成长,并且这种家庭养育支持是服务型的,可以柔性渗透进每个家庭的生活。凝聚着专家智慧与婴幼儿家长群体诉求的智库,适合充当婴幼儿家庭与社会间的纽带,在家庭养育支持的"问题寻求—互助分享—实践支持"全过程中,无论是在"上游"的科学育儿问题寻求,还是"中游"的家庭教育互助分享,以及"下游"的家庭养育实践指导中都能发挥积极作用,构筑起一条完备的智库服务链。

表3-2-1　养育智库社会资源

资源模块	线上		线下
专家与专业资源	线上讲座、答疑解惑、专业知识文章、空中导航	微信公众号信息知识库、微信社群交流平台	专家专题讲座、入户养育指导
亲子园资源	共享公共平台信息、共同参与社群运营		家长主题沙龙、班级家长分享会、早教亲子体验
家长资源	教师育儿成长营、家长育儿经验互助分享		家庭育儿沙龙、节日亲子活动
社区资源	健康妇幼中心、社区卫生院等相关机构的信息资源		社区家庭教育学习圈、社区育儿互助团、社区儿童驿站相关资源

(一)平台赋能:"线上+"养育智库的建构

移动互联网改变了日常生活,也改变着婴幼儿家庭养育策略和渠道,越来越多的年轻家长关注到线上育儿服务的便捷性,线上养育智库平台为婴幼儿家长的养育支持赋能,为广大家长所喜闻乐见。

1."线上+"养育智库实施要素
关键词:支持

2020年以来,瓯海区教育局大力推进数字化家长服务坊建设,瓯海早教中心暖心打造"儿童友好·云陪伴",为家长育儿提供在线支持。开通早教微信公众号,搭建立体多元的家园连接平台,推广、传播慧养知识,储备更多经验型、适宜性养育的信息,成为家长随时可以提取的慧养智库,让科学育儿的专业知识辐射更多的婴幼儿家庭,以提升家庭养育支持服务的效率,助力亲子共长、合作共育。

关键词：开放

瓯海早教中心根据参与性、动态性、专题性、丰富性，倾力打造了一系列针对0—3岁育儿的在线服务专栏，并及时更新内容，针对家庭需求完善内容体系，集聚大数据提供优质资源，让微信公众号和微信社群成为家庭教育支持的前沿阵地，让沟通模式变得更直观、具体、有针对性。

关键词：广角

养育智库的内容涵盖婴幼儿成长的各方面，有生理、心理发展特点规律，婴幼卫生保健知识，各月龄段照护、疾病预防、意外伤害的预防，亲子陪伴，身心发展等各类在线服务课程，由一线早教、儿保等领域的专业大咖弥补专业短板，针对居家育儿的困惑与热点问题提供多角度的策略支持。

2."线上+"养育智库承载平台：微信公众号

2020年9月创建的"瓯海早教指导中心"微信公众号，包含"专家支招""日常照料""喂养共享""儿保专栏""游戏同乐""伴读时光""萌'哇'时刻"等多个栏目，既有专家、专业人士的引领又有身边接地气的育儿资讯分享，并且遵循季节、普适、热点的原则进行推送和积累。如"专家支招"栏目是以上海市早期教育指导中心主任茅红美主编的《宝宝心语》为素材，辅以原创漫画的形式呈现，让婴幼儿家长更加直观地学习和解读宝宝的心声；"儿保专栏"与温州市健康妇幼指导中心携手合作，共同传播婴幼儿生长发育、饮食睡眠、疾病预防等专业健康养育知识。

（1）儿保专栏

该栏目定期向婴幼儿家长推出关于婴幼儿生长发育、饮食睡眠、疾病预防等健康养育知识。此外，我们开放后台评论功能，家长们如果在儿保方面有什么疑问困惑可在后台留言，小编将整理典型问题，邀请儿保专家做解答。

案例1　不断地和宝宝说话，就能促进宝宝早开口吗？

宝宝12个月了，我们一直在不断地和他"咿咿呀呀"地说话，有时也试着教他说话，如："宝宝，爸爸回来了，叫爸爸！"但是他除了偶尔叫"妈妈"外，还没有开口说其他话的迹象，为什么不断和他说话也没有用呢？

其实，开口快慢和发音器官的成熟速度有关，所以不能着急。这时期，还是要促进宝宝对语言的理解，帮助宝宝语言的发展，同时也需要注意和宝宝交流的质量。

适度延时满足宝宝需求，刺激主动表达

当今中国城市家庭，一般有2—3个甚至更多位成年人照顾一个小宝宝，宝宝受到无微不至的呵护，通常宝宝眼睛看向一个物品，家长就已经把宝宝需要的东西递过来了。过度照顾的结果就是宝宝失去了主动活动、主动表达需求的机会。应给予宝宝通过语音、手势表达自己需要的机会。家长观察一下宝宝的行为，在判断他的需要后，可以说："宝宝要柜子上的小汽车玩,对吗?"指指小汽车,说:"宝宝要小汽车吗?宝宝点点头,妈妈拿给宝宝。"要留出时间,让宝宝听明白,做出用手指、点点头等回应,然后再把玩具给宝宝。

结合情境,多和宝宝玩道别、问候、感谢的游戏

每天早晨,家长可以带着宝宝送别上班的家人,可以说:"宝宝摆摆手和爸爸再见。"当爸爸妈妈下班时,也要热情地向宝宝问候:"宝宝你好,妈妈回来了!看见宝宝真高兴!"依恋是成人和孩子之间关系发展的纽带,在分开和再次聚会时就会特别凸显出来。这样的交流游戏不仅给宝宝带来丰富的情绪体验,也让宝宝一次次地认识到每个人都有自己的名字或称谓,同时也逐渐理解并掌握用社会交往的基本用语。

将语言贯穿于一日生活中的各个环节

要利用好生活中的各种机会,为宝宝做较为完整的描述,增强宝宝的理解,并把词语和物体、动作对应起来。如每次和宝宝出门之前,向他解释"宝宝我们要出去散步了,先穿好外套"等。出门后,向宝宝介绍他看到的各种事物,如"这是消防车,消防车是红色的,可以灭火"。

宝宝的语言发育与听力、智力和发声器官的发育都有密切的关系,遗传、孕产期、营养和环境也是一部分因素。很多宝宝都会出现说话晚的现象,这时候家长要保证为宝宝提供充足的营养,给宝宝提供良好的语言环境,让宝宝慢慢锻炼说话。如果宝宝18个月不会按照要求指人或物,2岁半时还一句话都不会说,父母应该带宝宝去儿童发育门诊就诊,判断宝宝是否存在语言发育落后的问题,早发现、早干预。

(2)专家支招

该栏目引用全国资深早教专家的优秀文章,配以童趣漫画,图文结合,多角度解读宝宝生活中的一些常见行为并进行专家支招,帮助家长科学、正确看待宝宝的成长。

案例2　2—3岁宝宝的饮食行为

情景一

我最爱吃零食

吃了零食,再好吃的饭菜我也不想吃了!

宝宝心语

零食的味道太好了,我忍不住多吃了一些,所以再好吃的饭菜我也吃不下去了。

解读宝宝的行为

非健康零食以及不恰当的零食时间使宝宝对正餐失去胃口。在情景一中,一方面宝宝家长担心宝宝饿而给他准备零食,但饭前的零食往往让宝宝对饭菜失去了兴趣;另一方面,宝宝吃得少也使家长失去了做好饭菜的动力,饭菜不诱人让宝宝又失去好胃口。这样便形成了恶性循环。零食吃得过多、饭菜吃得少可能会使宝宝营养不均衡。此外,家长活动能力弱,较少带宝宝出门,也会使宝宝缺乏运动,从而导致其胃口不良、偏胖。

专家支招

给宝宝选择健康的零食,并在合适的时间提供。饥饿感是宝宝进餐的动力,情景一中的家长应避免让宝宝在饭前1小时内吃零食。同时,家长应注意选择奶类、豆制品、坚果、新鲜水果以及未经过加工的天然干果等健康零食。此外,吃零食的前提是不影响宝宝吃正餐,建议先保证一日三餐营养的摄入。

保证每天适量的运动,促进宝宝食欲。运动可以促进新陈代谢、消化吸收,也能促进宝宝的肠胃蠕动和食欲,在适宜的天气情况下,保证宝宝每天1—2小时的外出运动,身体能量消耗后可促进孩子的食欲。

情景二

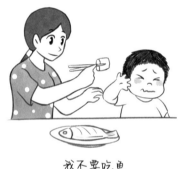

我不要吃鱼

外婆说我和她一样只吃虾、肉、土豆和花菜!

宝宝心语

外婆说的虾、肉、土豆和花菜好吃!我和她一样,只吃这几样!

解读宝宝的行为

过于迁就的带养方式,养成了宝宝按自己喜好进食的习惯。在情景二里,宝宝有了自己的饮食喜好后,很多家长就一味地让宝宝按照喜好进餐,不加引导,形成了挑食的习惯。猪肉和虾,土豆和花菜,尽管看上去荤菜和蔬菜都齐了,但食物种类较少也会让营养不均衡。另外,土豆和花菜中纤维素含量很低,如果宝宝不爱吃水果,那么问题就会显现出来。蔬菜水果富含维生素和纤维,若长期不摄入,会导致因维生素的缺乏和肠胃蠕动不正常而引起的便秘,便秘又会影响食欲,带来身体上的不舒适,甚至影响到宝宝的情绪。

专家支招

把宝宝的饮食和全家人的放在一起,不为宝宝开小灶、搞特殊。比如在情景二中,家长要避免为了迎合宝宝的喜好单独烹饪,而且家长首先要各种食物都爱吃,给宝宝树立良好的榜样,随后多鼓励、引导宝宝尝试多样的食物,不说宝宝"爱吃什么,不爱吃什么"之类的暗示性语言。

情景三

不吃完饭菜不许玩!

这么多好吃的,我看着就是不想吃!

宝宝心语

妈妈煮了那么多好吃的,不知道为什么,我看着就是不想吃。

解读宝宝的行为

责备宝宝的就餐习惯,消极的情绪使得宝宝进食更慢更难。情景三里的妈妈从进餐开始就给宝宝提出要求,对宝宝来说"进餐"已经失去了乐趣,成了一项必须完成的任务。宝宝最初进餐慢可能是因为没有胃口或者咀嚼、吞咽能力弱等原因,但随后爸爸妈妈责备的言语,不仅给了宝宝不良的心理暗示,又使进餐氛围变得更加紧张、更有压力,这样的进餐氛围对宝宝的饮食行为产生了消极影响,使挑食、偏食、食欲不佳的情况变本加厉。

专家支招

营造良好的进餐氛围。家长应避免在饭桌上讨论不愉快的事或让孩子有压力的话题。进餐时多说鼓励进食的话,家长自身在宝宝面前要呈现愉悦、积极的进餐状态,同时避免责备。不打骂、逼迫宝宝,也不在餐桌上"教育"宝宝。妈妈可以在最初进餐时表扬宝宝,让宝宝有兴趣继续进餐,而不是一开始就和宝宝说大道理。进餐过程中,妈妈可以请宝宝帮忙加饭、加菜,增添吃饭的乐趣。就这样,在模仿、学习、鼓励和愉快的氛围中,宝宝就能吃得开心。

让宝宝经常接触食材,在生活中了解各种食材,提高兴趣。家长可以经常带宝宝去超市或菜市场逛逛,看看、摸摸蔬菜、水果;菜买回家后,让宝宝一起参与到择菜、洗菜的环节中,增长见识的同时逐渐增加宝宝对菜的兴趣;吃饭时,可以问问宝宝"哪些菜是你择的呀?"这些问题,有利于打开宝宝的食欲。

文稿选编自茅红美主编《宝宝心语》

(3)日常照料

该栏目通过对部分婴幼儿日常生活及照料环节的再现,引发家长的交流、分享与借鉴。引导家长运用"尊重—回应"式照料,开展婴幼儿日常养育,在婴幼儿日常照料过程中感受到亲子互动交流的重要性。

案例3 再见,手指"朋友"

在哈宝出生2个多月的某天午睡时,他无意识地把手指放到嘴巴里,开始了吃手"生涯"。他伤心、生气、无聊时会吃手、白天吃手、入睡吃手,手已成为他的安抚物。在他13个月前,我没有阻止他吃手,想着这是孩子的口欲期,要给予满足。

初试戒吃手

某天发现宝宝大拇指吃出茧子,两个大门牙开始往外跑,吃的次数多起来,时间也长起来。家里人时不时来一句"该戒了",于是我也开始焦虑,感觉要行动了。

买了戒吃手的手套和涂在手上的苦药,在没有任何预告的情况下,给宝宝用上了。他很抵触,戴着手套不午睡,尝了苦药直犯恶心。

我心疼宝宝,也觉得这样的方式没有尊重宝宝,戒吃手计划搁浅了。

借助绘本戒吃手

哈宝长到一岁半左右,我对戒吃手又做了一些调整:尝试借助看绘本,让他了解吃手指的坏处。他能理解吃手指不好,可就是控制不住,依然会吃手。

我的策略

①尽量给他找事情做,让他不无聊。

②在他心情不好的时候,帮助他表达情绪,与他共情等。

③在他睡觉时,找其他安抚物代替手指,如毛绒玩具、咬牙棒、奶嘴。

成效

白天孩子明显减少吃手的次数,唯独睡觉时他还需要吃手。考虑到他是在入睡和接觉时吃手,睡稳后他自己也会拿出来,我就没坚持让他彻底戒吃手。

共情策略

宝宝吃手,引起了诺如病毒感染,这坚定了我让他戒吃手的决心。

我的策略

共情+预告+替代物。

联想到之前讲的绘本《火龙爸爸戒烟记》,告慰哈宝戒吃手跟火龙爸爸戒烟一样有个过程,会难受不舒服,但比起这次生病会舒服很多,全家人都会陪着他。我把他平日玩的小兔子玩偶放在他枕头边,同时告诉他,可乐妹妹也是喜欢抱着娃娃入睡的,你也可以试试。第一天晚上睡觉时,哈宝边哭边拉着我的手,好像一边与最知心的老朋友不舍地告别,一边寻求我的安慰,然后含泪睡着了。

夜里接觉的时候宝宝把手放嘴里,我发现了很纠结,但是回想他早上吐得难受的样子,我狠心把他的手拿出来。他闭着眼睛,委屈地轻声哭,但他可能也是明白我的用意,过一会也就睡了,夜里这样来回折腾了几次。

我的感悟

改变一个习惯,从长期来看通常不是一条直线,而是波浪或螺旋式,偶尔也会出现倒退的趋势。戒吃手目前还是比较顺利和稳定的,对于以后会不会"复发",我们保持平和的心态,用成长型的思维看待孩子成长中的各种小烦恼。

接下来的日子里,我做好宝宝可能会出现反反复复吃手情况的心理准备,继续坚持用温柔坚定、共情预告的方法,和宝宝携手走上"戒吃手"之路。

图文由哈宝妈妈提供

(4)喂养共享

该栏目提供安全、营养、易于消化和美味的婴幼儿健康食物样式及做法,引导家长关注婴幼儿营养健康、自主服务能力的提升,渗透食育教育,促进家园一致调整和改进婴幼儿的膳食,帮助他们养成良好的饮食习惯。

 案例4 火龙果奶冻

火龙果有预防便秘、缺铁性贫血,保护肠胃的功效;牛奶是非常好的补钙食物。用两者做成奶冻不仅能勾起婴幼儿的食欲,Q弹的口感更是让人停不下来,保证宝贝们爱不释口!适合周岁以上对食材不过敏的婴幼儿食用。

食材准备

牛奶250克、白糖20克、玉米淀粉38克、红心火龙果8克、椰蓉适量。

制作步骤

1.把火龙果加水打成汁,过滤掉果肉。

2.奶锅里加入牛奶、白糖、玉米淀粉和火龙果汁。

3.煮开后转小火不停地搅拌,搅拌至没有颗粒状。

4.取容器放入油纸,倒入煮好的奶浆,震动出气泡,放凉。

5.取出奶冻,切成小方块。

6.椰蓉倒入碗中,将奶冻裹上椰蓉。

营养价值

火龙果含有丰富的铁元素、膳食纤维和植物性蛋白质;可以预防缺铁性贫血、便秘,帮助食物消化,对婴幼儿的肠胃起到保护作用。牛奶含有丰富的蛋白质、维生素以及矿物质,能够提供能量,其中的钙质可以促进儿童成长发育。

温馨提示

有的婴幼儿不喜欢火龙果，或者对火龙果过敏，也可以换成黄瓜、菠菜、草莓、番茄等他们喜欢的蔬菜和水果来制作哦！

图文由全宥怡妈妈提供

3."线上+"养育智库交流渠道：社群

线上养育智库运营的重点放在公众号和育儿微信群这两个社群平台中。目前，中心创建了15个线上育儿微信群，"种子用户"达3000多人，营造了一个有温度、有趣、有爱的团体。他们为了共同的兴趣爱好，或共同的育儿关注点而聚在一起。为适切婴幼儿发展的整合性，中心定期或不定期地在社群内普及和宣传婴幼儿养育的相关知识，帮助、指导家长读懂婴幼儿生长发育的信号，回应助力婴幼儿健康成长。

此外，指导中心针对"教师育儿成长营"成员的目标需求，开设了线上固定活动——"周二听书会"和"周四轻松育娃"。每周二在群内定时推送前沿育儿书籍的听书会，让家长们在繁忙的工作和居家育娃空隙能拥有5—10分钟来静心听书，汲取书中"尊重与平等"的育儿理念，为身处焦躁生活中的宝妈宝爸们提供心灵的洗礼，摆正育儿心态，重塑"尊重与平等"的育儿理念。每周四定时推送"懒妈妈育娃妙招"，为家长答疑解惑或激发育儿探讨，例如上海科学育儿指导中心的推文"爸爸都是带娃'猪队友'"曾引起成长营群里宝妈们的热烈讨论，纷纷在群里表达家里的"爸爸队友"带娃的趣事与糗事，并探讨了如何提升"爸爸队友"的育儿动力等，赢得宝妈们的一致共鸣。

在线育儿社群可看可学的视听内容，让家长随时随地树立新观念，更新育儿行为，实现社群线上运营新样态。

育儿微信群

周二听书会 　　　　　　　　　　　　周四轻松育娃

4."线上+"养育智库创新联动:空中导航

空中导航聚焦当下育儿内需的共性话题,借助多媒体开展线上家长课程和空中对话活动。家长可在线辨析、答惑解疑互支招,它打破时间、空间的局限,让家长随时随地享受思维碰撞和精神共鸣,让有困惑、有焦虑、有心结的家长在同伴的温暖回应下,通过提问、表达、思考、内化实现思想化解,困惑解答。定期或不定期的线上课程,主题涉及疾病预防、儿童保健、亲子游戏、居家照料、环境打造等各方面,类型多、范围广,通过钉钉直播、腾讯会议、网络直播等多种互联网可视方式,连接专家、婴幼儿养育达人,以专题直播、线上沙龙、播客访谈等形式实现空中导航,形成动态化的空中养育智库,满足婴幼儿家长碎片化阅读和按需、即时可提的养育需求。

线上专题讲座

践行与思考

　　我们抱持专业严谨、认真负责的态度去实践"线上+"养育智库的建构,用心感知当下婴幼儿父母的困惑和需求,积极连接一线早教专家为科学养育提供支持,通过社群的日常管理和运营,为家长们创设线上互动交流平台,让有共需的婴幼儿父母在社群中开展双向甚至多向的话题辨析与互助答疑,群中各行业、拥有不同特长的成员互相助力让养娃变得更加轻松。

　　我们意图通过立体多元的"线上+"养育智库建构,搭建家园连接平台实现智慧共享,赋能婴幼儿养育者更多智慧育儿的养育妙招,让更多科学育儿的专业知识辐射全区乃至更多的婴幼儿家庭,以提升家庭养育效率,助力亲子共长合作共育。

　　信息时代瞬息万变,理念更新迭代,育儿资源不断扩充,以动态生成的养育智库建设永无止步,我们以需求为导向,不仅要在创新的路上开拓,还要甄别思辨,继续坚持以支持、开放、广角的态度不断提升内涵与品质。

（二）家园社协同:"线下+"养育行动实施

　　美国霍普金斯大学爱普斯坦(Joyce L. Epstein)教授在生态系统理论和社会资本理论基础上,提出以"关爱"为核心,探究家庭、学校、社区三者关系的交叠影响域(Overlapping Spheres of Influence)理论。该理论核心观点为家庭、学校和社区这三个影响学生成长的主体,对学生的成长产生交互叠加的影响。

　　家园社协同推动婴幼儿家庭养育,主要是指家庭、亲子园、社会相互协调、合作或同步,以家庭为主体,"生活化"夯实家庭养育支持根基;以亲子园为主导,"课程化"提升家庭养育支持品质;以社区为依托,"基地化"丰富家庭养育支持形式实现线下养育行动,推进婴幼儿家庭养育产生"1+1+1>3"的协同效应。

1."线下+"养育行动实施要素

关键词:慧养

　　婴幼儿健康成长离不开家长的养育照护,家长熟练掌握科学的婴幼儿养育技能,对婴幼儿的健康发展至关重要。从科学养育、呵护与尊重小生命出发,以满足婴幼儿、回应家长的需求为支点,我们借鉴上海市科学育儿指导项目组的"七会"好家长行动倡议,围绕"懂放手、懂欣赏、会照料、会陪玩、能示范、能回应"六个方面,紧抓"慧养"的内涵探讨和技能养成,通过部门联合启动,融合"医、养、教"三方面的系列服务,定期开展专家讲座、主题论坛、社区育儿互助活动、家庭育儿沙龙、婴幼儿养护课堂和亲子游戏指导活动,分享家庭育儿经验,将有趣的游戏性体验活动和优质的生活照护引入到普通家庭,将儿童照护和养育变成一种富有乐趣、行之有效的家庭生活内容,营造儿童友好的社会环境。

关键词：友好

儿童友好，小而言之是家庭幸福，大而言之是祖国未来。让儿童成长得更好，让家庭养育支持更具温度是全社会的心愿。近年来，我们坚持儿童优先、儿童发展、儿童友好，从专业的支持服务入手，聚焦儿童友好城市建设"五个友好"要求，从专业引领、专家带导、专业入户三方面发力，集聚新手奶爸奶妈、二孩宝妈、育儿智囊团等，携手亲子园、家庭、社区、社会多领域、多主体的育娃共同体，全力推进婴幼儿友好建设。

关键词：公益

为了更好地落实各级政府的民生实事项目，推进我区托幼一体化工作进程，加大科学养育宣传力度，扩大早教试点覆盖面，为我区广大婴幼儿家庭提供指导服务，我们每年开展区"早教公益宣传月"活动，给辖区婴幼儿家庭带去全面、科学的早教指导和服务。其形式包括专题讲座、主题沙龙、亲子活动体验等，内容涉及针灸推拿、儿保、自主照料、亲子活动体验等各方面，以爱心之举、贴心服务，助力婴幼儿健康成长。

2."线下+"养育行动的实施案例

多样的养育行动和优质的养育氛围是促进婴幼儿健康生长的基本保障，也是养育照护中促进婴幼儿早期发展的核心措施。在着力营造育儿友好行动上，目前主要以公益活动、专题活动、早教宣传、入户指导等方式来满足养育需求，内容实用性和可操作性强，是养育行动系列项目中的婴育结合创新工作。意在提升科学养育服务能力和水平，促进婴幼儿健康成长以及广大家庭的和谐幸福，切实增强和提升人民群众的获得感和满意度，让最柔软群体得到最安心照护。

3."线下+"养育行动实践项目案例

案例1 "慧养家庭，惠育未来"系列专题活动

科学养育助力成长，构建照护友好社会。瓯海区卫健局、区教育局、区妇联联合开展"慧养家庭"系列宣传活动，通过融合"医、养、教"三方面的系列服务，定期开展专家讲座、主题论坛、社区育儿互助团、婴幼儿养护课堂、亲子游戏指导、养育家庭育儿沙龙，分享家庭育儿经验，提高家庭的养育水平，营造婴幼儿照护良好的社会环境。

"慧养家庭"评选

为进一步促进婴幼儿照护服务工作健康有序发展，提升婴幼儿家庭养育照护能力，瓯海区卫生健康局、瓯海区教育局、瓯海区妇女联合会联合发起瓯海区"慧养家庭"评选活动。活动共吸引百余户婴幼儿家庭参与评比，围绕核心养育照护策略，展现科学养育照护。最终，通过慧养妙招征集、养育知识测试、网络投票进行综合评估，评选出瓯海区"十佳慧养家庭"及"十佳慧养家庭提名奖"。

育儿指导手册宣传

区早教指导中心立足婴幼儿家庭的需要，携手早教专业人士共同编写《婴幼儿居家养育

环境打造指导手册》一书，赠送给婴幼儿父母，为更多的婴幼儿家庭优化居家养育环境提供借鉴与参考。

育儿专题讲座宣讲

家庭教育成败的关键是家长的自我教育。中心特别邀请中国家庭科学育儿指导中心副主任刘金华老师做线上专题讲座"'七会'助力慧养家庭科学育儿"，引领大家成为"七会"好家长。

育儿经验交流分享

优选"慧养家庭"评选过程中征集到的许多婴幼儿家庭的慧养妙招，开展育儿经验交流分享活动。比如，从优化婴幼儿的生长环境角度出发的"小空间 大智慧——育儿环境巧打造"，如何在日常生活中践行爸爸角色的"和谐家庭教育，让爸爸'发声'"，从陪伴的点滴讲如何高质量陪伴的"亲子时光共成长"，以及在慧养宝贝过程中积累的"育儿小妙招"等。

"慧养家庭评"选启动仪式暨亲子体验活动

"慧养家庭"评比颁奖典礼暨育儿经验分享活动

"慧养家庭"系列家庭教育专题活动从科学育养、呵护与尊重小生命出发，以满足孩子、回应家长的需求为支点，指导家长解决现实中的问题，将优秀的慧养经验传递给广大的婴幼儿家庭，实现"以父母影响父母，以家庭带动家庭"，提升了广大婴幼儿家庭的养育照护能力。

案例2 "宜居宜生长 宝贝乐成长"——婴幼儿居家环境营造系列活动

"对儿童而言,环境是除了家长和教师外的第三位老师。"对于婴幼儿而言,家庭是他们的主要生活场所,良好的家庭生活环境对孩子的健康成长至关重要。

2021年暑假,瓯海区早教指导中心从公益、中立的角度出发,携手早教专家及专业人士,组建婴幼儿居家养育环境打造核心团队,从对近三百户婴幼儿家庭养育环境的现状调查出发,立足婴幼儿家庭需要,开启公益"居家养育环境改造"儿童友好行动。期间,通过了解丰富且多角度的养育环境,重点做好入户指导家庭的跟踪实践,对婴幼儿的早期生长环境提供弹性的支持和优化,积累个案指导经验,打造实践样板。与此同时,通过公众平台的好文推荐、微信群经验分享、好书推荐、线上专题讲座等多种形式,提高受众面,使更多的婴幼儿家庭能在自主学习、跟踪学习中获益,带来深度的体验与收获。唤起父母对家庭环境教育的觉知与行动,为婴幼儿的早期生长环境优化提供支持与服务。

入户指导对象招募令

瓯海区婴幼儿家庭居家养育环境营造入户指导系列活动见表3-2-2。

表3-2-2 瓯海区婴幼儿家庭居家养育环境营造入户指导系列活动

时间	形式	类型	内容
7月9日	线上	活动报名	"婴幼儿居家养育环境营造"活动预告及入户指导自愿报名
7月13—19日	线上	访谈	收集入户指导家庭现状案例,开展1对1访谈,根据现状与现实需求制定相应环境营造计划
7月19日—8月9日	线上	好文推荐	瓯海早教指导中心微信公众号"日常照料栏目"推出"婴幼儿居家养育环境营造"专题指导五篇
7月22日	线上	经验分享	王旋旋老师在"教师育儿成长营"微信群作线上经验分享"居家涂鸦从哪儿入手"
7月29日	线上	好书推荐	微信群"教师育儿成长营"开展"婴幼儿居家养育环境营造"专题讨论交流会;好书推荐《教孩子学整理——从收拾玩具到管理自己》
8月7日	线上	经验分享	陈翔老师在"教师育儿成长营"微信群作线上经验分享"小小指尖的智慧——居家生活材料促精细动作发展"
8月11日	线上	经验分享	陈翔老师在"教师育儿成长营"微信群作线上经验分享"居家'阅读环境'的营造"
8月7日	线下	专题讲座	邀请香港中文大学幼儿教育硕士张心怡老师作线上专题讲座"婴幼儿居家环境营造"
8月9日—19日	线下	实地跟学	开展"婴幼儿家庭环境营造"入户指导
8月20日—27日	线上	经验分享	继续跟进入户指导家庭具体改造情况提供策略指导

"婴幼儿居家养育环境营造"专题指导　　　　编辑整理《婴幼儿居家养育环境打造指导手册》

在活动结束后,中心编辑整理了《婴幼儿居家养育环境打造指导手册》,为广大家长因地制宜、合理规划、优化婴幼儿的生活空间提供支持和建议,让家成为婴幼儿自由玩耍、温暖舒适的成长环境,使亲子在自在、友好的空间中互相滋养,共同生长。

案例3　公益宣传月活动的组织与推进

背景

2019年瓯海区先行先试、积极探索创新推出婴幼儿照护服务六大模式,为更好地推进托幼一体化工作进程,落实各级政府的民生实事项目,加大早教活动的宣传力度,服务我区广大婴幼儿家庭,构建照护友好社会,助力婴幼儿健康成长,瓯海早教指导中心于每年十二月开展"早教公益宣传月"系列活动。

宣传月"育儿沙龙"活动　　　　　"早教进社区"活动　　　　　专题讲座

多领域、重引领,丰富内容量

宣传月活动从婴幼儿家庭的实际需求出发,活动内容涵盖婴幼儿日常生活照料、亲子陪伴互动、居家环境优化等多个维度,旨在引领家长树立科学的教养理念,收获轻松育儿的能力,给辖区内婴幼儿家庭全面、科学的早教指导和服务,以公益爱心之举、贴心服务,助力婴幼儿家庭培养科学育养能力。

多层次、多渠道,扩大受众面

公益活动通过多种层面开展,区级层面由早教指导中心通过线上主题课程、公众平台等引领宣传,幼儿园层面通过亲子园、托幼一体园开展现场活动,家长层面通过微信群、线下活动等开展互动交流分享。服务对象除亲子园、托幼一体园的婴幼儿家庭外,还面向全区散居0—3岁婴幼儿家庭通过线上、线下,园内、园外等不同渠道获取多方面宣传知识,辐射面广,受益家庭遍及全区所有镇街。

多场次、多形式、提升影响力

宣传月安排多场次的系列专题活动,根据不同的主题选择相应的场地和材料。活动形式多样,有平台的资源推送、线上线下并行的专题讲座、主题沙龙、育儿经验交流分享、早教亲子体验等。专题讲座以线上、线下相结合的方式通过现场直播或录播分享婴幼儿养育策略。主题沙龙活动形式自由活泼,互动性、参与性强,让家长在轻松、自由的氛围中探讨、交流育儿的心得和体悟。早教亲子体验让婴幼儿及其家长亲身体会亲子园的半日早教课程。由各亲子园组织开展的多场次、多形式的公益活动,使全区婴幼儿家庭的育儿能力不断提升。

多人员、多协作、凝力量

公益宣传活动发动多方人士积极参与,整合优势资源,开展联动合作。为使活动顺利开展,特邀早教专家、儿保医生、高校教师等社会专业人士支持参与。招募社团成员、学前教育专业志愿者队伍,形成常态化儿童友好服务团队。此外,中心工作人员携手社区工作人员、亲子园负责人、一线早教教师通力合作、精心策划,助力每一场公益活动,使之圆满完成。

案例4 亲子园公益早教活动的组织

背景

婴幼儿是一个人全面发展的开端,作为婴幼儿健康成长的基础工程,婴幼儿照护服务供需矛盾日益突出。在区教育局、卫健部门的指导下,早教指导中心积极回应社会关切,主动承接、先行先试,推进公益早教建设,为婴幼儿健康成长创造良好环境,为健康瓯海、学在瓯海助力添彩。

中心在每年开展公益早教宣传月的基础上,积极助力瓯海区各亲子园更好地发挥幼儿园在社区早期教育中的辐射作用,服务周边小区散户家庭,每学期开展早教公益活动,让社区婴幼儿得到更多优质、科学的早期教育服务。

活动内容

亲子半日早教体验活动主要根据各月龄段婴幼儿身心发展特点,将语言游戏、生活体验、认知游戏、社会交往、音乐游戏、体能运动等融入半日亲子活动的课程中,为家长们提供专业的、科学的育儿知识和交流平台。

早教公益入户指导活动由教师走进社区婴幼儿家庭,与婴幼儿及其家长一起开展亲子游戏,指导家长发展婴幼儿的大运动、精细动作、早期阅读、审美发展等,在和家长的沟通中指导家长了解孩子的最近发展区及敏感期,引导家长树立起正确的育儿观,掌握更多的育儿方法。

活动组织

通过街道、社区、业委会等渠道,向散居婴幼儿家庭发布活动信息,充分利用幼儿园的人力、物力、场地等资源,开展入园、入户的公益早教活动。

入园——亲子半日早教体验活动

①"来园乐融融":在爸爸妈妈的带领下,宝宝们踩着轻快的脚步踏入乐园,晨检、问好,开启一上午美好的"旅程"。

②"一起来运动":操场上,宝宝们和爸爸妈妈沐浴着阳光和新鲜空气,一起开展户外大运动。

③"亲子乐淘淘":宝宝和爸爸妈妈在亲子互动游戏中一起体验、成长。

④"早操乐悦动":转一转、扭一扭、挥一挥,在动感的音乐中,用满满的元气填满愉悦的早教之旅。

⑤"区域乐翻天":亲子园各功能区域中好玩的东西太多啦,宝贝们和爸爸妈妈们一起快乐玩耍。

⑥"能量乐味蕾":餐前阅读,美味丰盛的餐点补充营养和能量。

瓯海区第三幼儿园亲子园

入户——早教公益入户指导活动

2022年9月,瓯海区仙岩第一幼儿园的老师们组成入户指导小组,走进社区,为社区的家庭带去了一次更新颖、更精准的指导服务。

入户指导前,教师认真地对婴幼儿的年龄特点、最近发展区、敏感期、感觉与认知、发音与语言、动作技能和社会情感等多个方面进行解读,为即将要入户指导的婴幼儿家庭制定指导方案,并准备活动材料。

在入户指导中,教师通过与宝宝和家长一起玩接送球、图形配对、穿线、夹袜子等游戏,指导家长发展宝宝的大运动、手的精细动作及手眼协调能力。在和家长的沟通中指导家长了解本年龄段婴幼儿的最近发展区及敏感期,从而促使家长树立起正确的育儿观,掌握更多的育儿方法,促进婴幼儿的身心健康发展。还赠送给婴幼儿家庭中心研究编著的《婴幼儿居家养育环境打造》一书,引导家长创造更加适宜婴幼儿生活和探索的儿童友好居家环境。

入户指导行动让幼儿园了解到家庭对于入户指导内容的需求与建议,让家长更清楚地知道宝宝目前的发展状态与自己应掌握的育儿策略,为继续探索优质的早期教育,更好地服务社区婴幼儿开展了有益的探索。

瓯海区仙岩第一幼儿园

🎓 践行与思考

"线下+"养育行动是一项具有区域特色的创新实践项目,在政府各部门的大力支持下,连接社会资源,发动社区、亲子园和家庭,共同开展丰富多元的线下共育模式。早教指导中心以"慧养、友好、公益"作为活动组织的基本原则,本着辐射、公益的初心,让社区的婴幼儿得到更多优质、科学的早期教育服务,引领婴幼儿家长智慧养育,真正站在儿童的角度看见友好、实现友好。在"慧养"系列活动中,通过部门联合,启动融合"医、养、教"三方面的系列服务,引领家长辨析积极适宜的适应性照护策略,提升育儿技能,识别高质量陪伴的内涵和要义,助力构建和谐亲密的亲子关系,营造婴幼儿照护良好的社会环境。在儿童友好的板块基础上,我们将"友好"落点在友好活动的组织、居家友好环境的创设、友好入户指导等,联系资深优秀的阅读推广人为家长做亲子阅读专题讲座,邀请早教专业人士入户指导婴幼儿的居家养育环境创设等,从专业视角努力践行儿童友好。

我们试图通过多维线下途径让家长在新的养育理念引领下,看见孩子,发现生长的力量,指导解决日常育娃的困惑,抢抓社区家庭共育重大机遇,实践学习科学育养的策略与方法,构建起中心搭台、家长主导、家庭互助、专业支持的婴幼儿照护服务新模式,为实现"幼有善育"目标探索新路径。

第四章

D·N·A亲子共长课程的评价与保障管理

　　婴幼儿家长和以早教中心课程研究团队为核心、教师为基础的课程研究共同体在课程的实施过程中作为不同的对象主体，有其核心的价值和使命。本课程评价依据"以人为本、关注过程、促进发展"的原则，以多维评价方式对婴幼儿生长力、家长陪伴力及课程领导力情况进行评价。同时我们依据课程评价得到的数据，以评促改，在实践中不断革新课程目标定位、完善课程的实施路径、优化课程策略和方法，推进课程的成熟和完善。

第一节   D·N·A亲子共长课程评价实践操作

  课程本着"亲爱孩子、顺应天性、提供积极的养育支持"的实践初衷,通过多元主体的多维评价模式,以促进婴幼儿生长力、家长陪伴力、课程研究共同体的课程领导力为宗旨,构建主体多元、内容多维、形式多样、注重过程的课程评价体系(如图4-1-1),使评价更富有选择性、开放性和创新性。

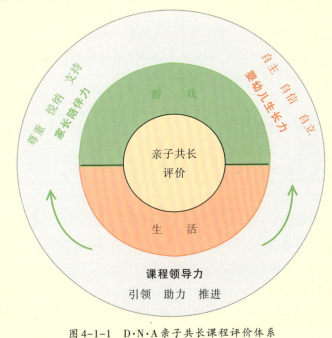

图4-1-1   D·N·A亲子共长课程评价体系

一、自主、自信、自立——婴幼儿生长力的发现

  婴幼儿具备与生俱来的生长力量,本课程正是以"看见孩子,发现生长的力量"为核心理念,提醒教师及婴幼儿家长要关注婴幼儿在活动过程中的体验和发展,发现和挖掘其内在的生长力,支持并助力使之更加自主、自信、自立地健康成长。因而,以生长力作为婴幼儿发展的评价指标,以"哇"时刻即时性评价、婴幼儿成长阶段性评价为载体,通过观察记录、分享解读,进一步了解婴幼儿的成长动态及成长规律,充分体现了婴幼儿发展性评价的理念和过程呈现的特点。

（一）"哇"时刻即时性评价

教师或家长在婴幼儿活动的背景下，观察婴幼儿的游戏、学习行为，即时展开记录和反思，以多形式、多渠道的交流分享方式，看见孩子的成长，发现生长的力量，提升对婴幼儿游戏、学习、生活行为的观察与分析能力，转变教育观念，提高育儿水平。

1."哇"时刻评价机制

"哇"时刻评价来自《新西兰早期教育课程框架》[①]评价体系的借鉴。强调儿童的自我成长力量，引导教师和家长在对孩子进行观察、记录和评价的时候，从"找不足、找差距"转变为"发现优点、发现能做的和发现感兴趣的"，通过捕捉孩子学习过程中一个个让人惊喜的"哇"时刻来看见儿童作为"有能力、有自信的学习者和沟通者"这一形象，解读他们的所思、所想、所为，发现生长的力量，支持孩子的自主成长。

2."哇"时刻的观察指标

在实践过程中，重点引导家长留意孩子在活动中的情绪、行为、交往、品质及取得的"重大成就"（即"哇"时刻），参考指标如下：

· 尝试一些新东西；

· 做一些他们以前做不到的事情；

· 展现出让我们大吃一惊的知识和能力；

· 在不同的情境中应用新知识、新理解和新技能；

· 以一种新的方式与他人合作或协作；

· 坚持更长时间或克服挫折；

· 用自己的语言向成人或同伴解释某事；

· 表现出对某一行为或事物的兴趣或迷恋。[②]

3."哇"时刻的记录方法

设计适应亲子园体验课程的"哇"时刻观察记录表（如表4-1-1），供家长在陪伴婴幼儿半日早教活动的过程中，记录婴幼儿在某一生活或游戏情境中的表现。用图文形式记录下婴幼儿学习探索的过程，关注的是婴幼儿能做的和感兴趣的事情。家长在这一模式的观察引导下，迁移运用多种方式或途径，如"宝贝成长日记"APP、微信朋友圈等，记录下婴幼儿在日常生活中的一些精彩"哇"时刻。

①【新西兰】玛格丽特·卡尔（Margaret Carr），温迪·李（Wend Lee）著《学习故事与早期教育：建构学习者的形象》，周菁译.[M].北京：教育科学出版社，2018年.

②【英】塔姆辛·格里梅（Tamsin Grimmer）著《观察婴幼儿的游戏图式——支持和拓展儿童的学习》，张晖译.[M].北京：中国轻工业出版社，2021年.

表4-1-1　亲子园宝宝"哇"时刻成长记录

儿童从一出生就是"有能力、有自信的学习者和沟通者"

亲子园		宝宝姓名		月龄	
活动项目	户外亲子运动（　）亲子游戏活动（　）亲子韵律活动（　）区域自主活动（　）营养餐点活动（　）				
行为表现（根据婴幼儿活动情况在☆上打"√"）	自主 自主选择、自主探索、自由表达		自信 相信自己、勇于尝试、不断试错		自立 力所能及、独立解决、体验成就
	☆ ☆ ☆ ☆ ☆		☆ ☆ ☆ ☆ ☆		☆ ☆ ☆ ☆ ☆
家长陪伴方式	放手自主（　） 鼓励试错（　　） 积极回应（　　） 专心陪玩（　　） 其他：				
来自爸爸妈妈的"哇"时刻记录：					
"哇"时刻的观察要点是孩子在活动中的情绪、行为、交往、品质及取得的"重大成就"，参考如下： ·尝试一些新东西　　　　　　　　　　·以一种新的方式与他人合作或协作 ·做一些他们以前做不到的事情　　　　·坚持更长时间或克服挫折 ·展现出让我们大吃一惊的知识和能力　·用自己的语言向成人或同伴解释某事 ·在不同的情境中应用新知识、新理解和新技能　　·表现出对某一行为或事物的兴趣或迷恋					

家长：　　　　　　　　　　　　　　　　　　　　记录日期：

4."哇"时刻的分享形式

教师提供交流的平台,让家长在互动分享育儿的经验中感悟,通过多形式、多渠道的交流分享方式,如现场个别交流、集体交流,微信群、APP线上分享交流等途径,让家长在互相分享中学习和看见,看见孩子的成长,也看见自我、彼此的成长,提升对婴幼儿游戏、学习、生活行为的观察与分析能力,转变教育观念,提高育儿水平。

现场回溯式分享:在亲子园中,利用餐前准备的碎片化时间引导家长将活动过程中捕捉到的"哇"时刻精彩瞬间分享、交流与解读(如有照片、短视频可通过大屏幕投屏),看见宝宝的成长。

现场回溯式分享

线上互动分享：教师作为主持者，不定时在群里发起线上互动分享，教师和家长可将孩子的"哇"时刻照片或短视频发进班级微信群，以文字阐述或口述的形式在线上进行互动分享。这种模式既可作为因多种因素无法现场分享的弥补，拉近"育儿联盟"的亲密感，又可在亲子园以外的时间里分享日常家庭养育的育儿"哇"时刻和育儿困惑，增进互动，提高科学育养能力。

线上互动分享

课程的主旨是看见和发现，"哇"时刻的评价模式引领家长去具体地看见婴幼儿的成长样态，在看见中发现与学习，在分享中互助与前行。家长看见孩子"哇"时刻的同时，教师亦是家庭养育的支持与陪伴者，透过家长的分享评价看见家长的成长，这也正是本课程"亲子共长"双线目标实现的愿景。

（二）婴幼儿成长发展性评价

在每期亲子园结束之后，通过量表综合反映婴幼儿阶段性成长情况（如表4-1-2）。具体对照婴幼儿自主、自信、自立的长远指标对婴幼儿的游戏品质、发展水平、过程及趋势生长力进行评估。

表4-1-2 婴幼儿生长力发展性成长评价

儿童从一出生就是"有能力、有自信的学习者和沟通者"

宝宝姓名：　　　　月龄：　　　　班级：　　　　　　记录日期：

序号	内容	指标	界定	评价
1	自主	会选择	能根据收集的信息整理分析,进行判断,自主做出抉择	☆ ☆ ☆ ☆ ☆
		会探索	表现出对某一行为、事物的兴趣或迷恋,积极探索	☆ ☆ ☆ ☆ ☆
		会表达	用自己的语言向成人或同伴解释某事,乐意表达自己的感受和体会	☆ ☆ ☆ ☆ ☆
2	自信	敢尝试	尝试一些新东西,做一些他们以前做不到的事情,以一种新的方式与他人合作或协作	☆ ☆ ☆ ☆ ☆
		敢试错	在不同的情境中应用新知识、新理解和新技能,敢于不断尝试	☆ ☆ ☆ ☆ ☆
		能坚持	专注做一件事,能坚持更长时间或克服挫折	☆ ☆ ☆ ☆ ☆
3	自立	有主见	有自我意识,有自己的想法	☆ ☆ ☆ ☆ ☆
		独立做	有意愿尝试自我服务,在生活中做力所能及的事情	☆ ☆ ☆ ☆ ☆

综合评价：

二、尊重、悦纳、支持——家长陪伴力的提升

当下,随着《家庭教育促进法》的正式实施,陪伴式家庭教育已然成为大趋势。陪伴力是家长的参与度、学习力、辨析力、养育力等多维综合能力的体现。家长高品质的陪伴力更易转化为孩子高质量的生长力。父母作为婴幼儿的主要照料者,婴幼儿无时无刻不需要他们的陪伴和照料。我们所构建的婴幼儿养育支持课程体系,即是助力家长在陪伴婴幼儿成长的过程中,通过不断学习辨析、互动交流,最终实现家长陪伴力的提升。本课程通过参与式课程实践与评价,对家长的学习与陪伴实施过程评价。

（一）自我评价

家长是课程实施的主体、评价主体,婴幼儿的主要照料者。本课程从养育行动、养育心态、养育技巧出发设计家长陪伴力提升的三维六项自我评价量表(如表4-1-3),对育儿理念、教育观和课程观进行评价,对课程的实施及改进具有重要意义。

表4-1-3　家长陪伴力发展性成长评价

亲子园		班级		
姓名		时间		
评价项目	评价内容	评价形式	自我评价 (☆☆☆☆☆)	他人评价 (☆☆☆☆☆)
会照料	观察和满足宝宝的生活需求,给予适宜适时的帮助和支持	问卷调查 课堂观察 专题访谈 随机交流		
会陪玩	以儿童的视角创设玩耍环境,以玩伴的身份和宝宝互动			
懂放手	理解宝宝的发展特点,允许宝宝按自己的节奏生长			
懂欣赏	用积极正向的心态赏识宝宝,看见他们成长过程中的闪光点			
能示范	以身作则,做宝宝的榜样,在游戏和生活中把握契机给予示范			
能回应	及时肯定宝宝,给予积极正向的语言和行动支持			

总结评价:

(二)问卷反馈

通过"0—3岁婴幼儿家庭养育现状调查表"了解当下家长对婴幼儿养育支持的需求与困惑,通过前测、后测对比了解家庭养育现状及家长陪伴力提升情况,并通过问卷反馈不断优化课程内容和实施路径,给予家长更多的养育支持。

(三)评比反馈

通过"慧养家庭"系列评选、育儿故事评比等活动,呈现家长育儿理念、教养方式的提升,反馈课程实施成效。

1."慧养家庭"系列评比

为进一步促进区域婴幼儿照护服务工作健康有序发展,提升婴幼儿家庭养育照护能力,我们联合温州瓯海区卫生健康局、温州市瓯海区教育局、温州市瓯海区妇女联合会开展婴幼儿"慧养家庭"评选活动。通过评选活动,完善部门联动机制,建立"慧养家庭"长效方案,融合"医养教"正确理念,促进辖区婴幼儿家长照护服务能力进一步提升,婴幼儿家庭科学育儿知识普及率进一步提高。

温州瓯海区卫生健康局
温州市瓯海区教育局 文件
温州市瓯海区妇女联合会

温瓯卫发〔2021〕37 号

温州市瓯海区卫生健康局等三部门
关于开展瓯海区"慧养家庭"评选活动的
通 知

全区各婴幼儿照护服务机构、幼儿园，各医疗卫生健康单位：

儿童健康成长离不开照养人的养育照护，家庭照养人熟练掌握科学的婴幼儿养育照护技能，对婴幼儿的健康发展至关重要。根据《温州市人民政府办公室关于印发加快推进3岁以下婴幼儿照护服务发展实施方案的通知》（温政办〔2020〕73号）等文件精神，为进一步促进我区婴幼儿照护服务工作健康有序发展，提升婴幼儿家庭养育照护能力，经研究决定，联合开展瓯海区"慧养家庭"评选活动。现将有关事项通知如下：

"慧养家庭"评选文件

期间，围绕健康照护、营养照护、回应性照护、安全照护、早期学习五大核心内容的养育照护策略，按月精心推出部门联动举办的3岁以下婴幼儿家庭"智慧养育"专题活动及慧养妙招收集、慧养知识测试等系列评比活动，学习、分享、测评、反馈家长的育儿能力提升情况及课程实施成效。

慧养妙招收集

（1）以短视频、影集、文字等形式呈现家庭亲爱孩子、支持孩子的慧养妙招，如育儿经典案例分享、成长关键期展示、亲子活动（游戏、手工、美食制作、营养餐安排等）、居家游戏区和阅读区的创设等。

（2）内容真实，效果良好，可以是成功的例子，也可以是失败后的反思和改进，体现科学的家庭养育照护理念、知识与方法，重点突出，特色鲜明，具有推广借鉴价值。

（3）表述规范、准确、流畅，语言生动，可读性强；主题明确，针对性强，符合现代家庭养育照护规律，具有可操作性。

（4）案例真实，严禁抄袭，文责自负，原则上以未正式发表为准。

慧养知识测试

第二轮评选通道是"慧养家庭"评选养育知识测试。测试以线上答题的方式进行，每次测试共30题，答题时间30分钟，内容涵盖育儿理念、育儿知识与育儿方法。家长通过知识测试自我学习与辨析，改善在照料、护理和教育婴幼儿方面的知识、态度、行为和能力。

网络投票评比

在卫健系统、教育系统、妇女联合会等相关公众平台上发布进入决赛的20组"慧养家庭"的慧养经验、短视频等，通过网络投票进行积分，以综合系列评比成绩形成最终数据，评定"十佳慧养家庭"及"十佳慧养家庭提名奖"。

评选后，将优质的慧养经验通过线下交流、多媒体传播等方式进行分享，使更多家庭受益。营造家庭良好养育照护氛围，优化家庭养育环境，将优质的生活照护和有趣的游戏体验活动引入到普通家庭，将婴幼儿照护和养育变成一种富有乐趣、行之有效的家庭生活，实现"以父母影响父母，以家庭带动家庭"，提升婴幼儿家庭养育照护能力。

1. 黄业宸 家庭

黄业宸妈妈马温柔女士以优化婴幼儿的成长环境角度出发，与大家分享"小空间 大智慧——育儿环境巧打造"。

3. 赵慕希 家庭

赵慕希妈妈翁嫦帆女士从陪伴的点点滴滴讲起，陈述了与宝贝"亲子时光共成长"的爱的史诗。

2. 钱俊成家庭

钱俊成爸爸钱形武做"和谐家庭教育，让爸爸'发声'"经验分享，讲述了他在日常生活中如何践行爸爸的角色，与妈妈配合共育孩子，乐享成长的故事。

4. 柳琰迪家庭

柳琰迪妈妈谢茜茜女士则分享了她在慧养宝贝过程中积累的育儿小妙招。

"慧养家庭"代表经验分享

2. 育儿学习故事案例评比

我们了解孩子从一出生就是"有能力、有自信的学习者和沟通者"，其学习的契机蕴含在与身边的一草一木和人的交互中。教师育儿成长营中的成员是既为婴幼儿的父母又身为教师的科学育儿先行者，具有理念学习、教育实践的专业优势。为支持回应其在专业发展与家庭育儿的双重需要，我们搭建互相交流育儿经验的学习平台，鼓励他们以自己的孩子为个案观察对象，观察、理解并支持其持续学习，记录其成长的轨迹和旅程，并且借助评比与分享促进互动交流，推进养育力、陪伴力的提升，以亲历示范带动和影响更多家长关注早期育儿。

育儿故事在公众平台分享

三、引领、助力、推进——课程领导力的增强

发挥课程领导力的主体是以早教中心课程研究团队为核心、教师为基础的课程研究共同体,以提升区域早教课程教学质量,促进婴幼儿、家长、教师、课程研究团队、课程的发展为目标,在区域性早教课程改革探索与实践行动中体现出教育思想、教育哲学以及课程理解、规划、执行、管理、评价和创造等方面的能力。其中,早教中心课程研究团队对课程进行前瞻性规划,引领早教亲子园的课程实施和落地,为早教师资培训提供支持,对课程的开展起着重要的导向和质量监控作用。教师是课程的实施者,亦是课程的建设者,教师通过自身的专业知识、能力、情感等非权力性要素的相互作用,创造性地实施课程,助力婴幼儿及家长的成长,并积极反馈信息,通过与早教中心的深度连接不断调整前进方向,推进课程建设与研究。

早教中心课程研究团队认为课程的设计力、研究力,教师的课程执行力、评价力,乃至在课程实施过程中,教师对婴幼儿的了解程度、与家长的互动效果都会影响课程的实施成效。以课程领导力的提升作为标尺开展对课程实施的评价,能直接反映课程领导共同体对课程的引领、助力、推进的重要成效,主要通过以下几个路径实施开展。

（一）课程方案可行性评价

依托早教专家、高校科研团队开展课程方案论证工作，对课程的总体架构、团队研究力、课程的可操作性展开科学的分析与评价，借助问卷了解家长对课程满意度，为方案可行性提供有依据的评估意见与建议（见表4-1-4和表4-1-5）。

表4-1-4　课程方案评价量

评价项目	评价指标	评价分数	备注
课程定位	响应国家政策，基于婴幼儿养育的现实需求，以轻松的育儿模式和适宜的课程内容影响带动家长，给孩子自主的童年和自信的未来		
课程设计	课程框架清晰，回应婴幼儿和父母双线成长需求；有完整的课程设计与安排；课程设计科学适宜，具有发展性、拓展性		
目标定位	亲子共长双线成长目标明确、清晰		
课程内容	内容符合新思想、新理念，轻松好玩、简易有趣，有利于向家庭延伸，能科学启蒙早教；亲子游戏方案内容详尽，养育策略有启发		
课程评价	有明确的课程评价方案，可操作性强，方法灵活适宜，具有激励性和制约作用		

表4-1-5　亲子园课程家长满意度调查

评价维度	调查内容	调查反馈汇总
家长对课程的接触度	您的宝宝参加了几期亲子园课程	
各环节时间安排的合理性	您对亲子园的各个活动时间安排和活动节奏是否满意	
了解宝宝对各领域、各环节的兴趣点	您的宝宝喜欢亲子园的哪几项活动	
营养餐点的合理性	您对亲子园的营养餐点是否满意	
课程对宝宝成长的意义	您觉得亲子园课程对宝宝有哪些帮助	
课程对家长的帮助，家长期待的课程的侧重面	您在亲子园里有哪些收获	
课程的生长点	您对亲子园的建议（可从环境创设、师资队伍、教育理念、课程设置、服务态度、膳食营养、场地设备、卫生条件等方面提建议）	

（二）跟岗视导反馈评价

早教中心组织教学业务专干及亲子园教师进行不定期跟岗视导、互学,对教师主持活动中的活动设计优化、活动引导能力、家园互动效果以及教师的应变能力与课后反思做出相应评价。教师课程实施量化评价见表4-1-6。

表4-1-6　课程实施评价

亲子园		班级		评课人		时间	
执教教师				活动内容			
评价项目	评分标准细则			评分		备注	
				满分	得分		
活动价值	符合课程理念,活动价值明确,定位科学适宜			7			
	符合婴幼儿的年龄特点、认知发展规律及最近发展区需求			7			
	符合家长的需求及实际水平,具有可操作性、家庭迁移性			6			
活动内容	符合婴幼儿生活经验,关注婴幼儿兴趣与需要			5			
	教材处理得当,注重亲子互动			5			
	内容适宜,活动容量适度			5			
	层次清晰,时间安排合理			5			
活动过程	导入自然合理,善于激发婴幼儿和家长的参与兴趣			4			
	环节设置清晰,由浅入深,营造轻松愉悦的氛围			6			
	材料丰富适宜,有启发性,提供多样选择			4			
	活动组织有序,灵活调控,尊重个体差异及其探索方式			6			
	注重体验,启发互动,引导亲子亲密关系的建立			8			
	注重观察,给予支持,启发家长发现孩子的"哇"时刻			8			
	主教、助教分工合理,合作默契			4			
教师基本功	语言简练、规范,富感染力、亲和力			3			
	提问清楚、明确,富有价值、启发性			4			
	教态亲切、自然,三方互动融洽和谐			4			
	预设充分、善于引导、活动调控能力强			6			
	教具使用恰当适宜,操作自如			3			
综合评价	优秀(85—100)		良好(70—84)			一般(60—69)	

（三）微课评价

主要是通过对教师的课程实施过程进行拍摄，教师与评价者共同观看录像，然后以自评、互评、课程研发组点评的方式进行评价（见表4-1-7）。这样得到的反馈具有及时性与客观性，有助于真正促进教师的自我反思，促进实施能力提升与课程优化。

表4-1-7　微课评价

评价指标和评价内容	评价主体		
	自评	互评	课程研究小组
衡量教师是否了解0—3岁婴幼儿的月龄特点和发展情况			
衡量教师是否能客观评估婴幼儿的活动，认识到满足婴幼儿需要的重要性，并提供适时的支持与帮助			
衡量教师是否能够引导家长共同参与照护婴幼儿的行动，为家长的学习提供支持与服务等			
综合评价：			

（四）作品分析评价

通过对教师日常课程实施及日常工作过程中积累下来的成果及作品进行检查分析。教师的作品包括集体备课反馈、区域活动开展情况反馈（如表4-1-8）、自主运动观察—材料分析（如表4-1-9）、"哇"时刻观察记录（如表4-1-10）等。另外还包括反映教师专业成长轨迹的一些科研成果及作品。

表4-1-8　亲子园自主区域活动反馈

班级	时间	主材料	辅助材料	反馈
果果一班	4月23日	娃娃和各种洗澡材料	娃娃家其他材料	在区域活动前和宝贝们介绍洗澡的工具，让家长引发宝宝对生活经验的回忆，激发其活动的兴趣。在玩具小浴缸里加入水会更加形象和生活化
果果二班	4月16日	厨房玩具	医生玩具	1.家长和宝宝的亲子互动，让活动内容更加丰富 2.用一些象征性的材料（各种纸、积木等），激发宝宝象征能力的发展 3.助教、主教还需要更好的配合
芽芽一班	6月11日	迷你厨具	用纸砖自制而成的煤气灶，各种纸条、积木	1.宝宝在活动中用撕碎的纸来代替各种颜色的菜进行游戏 2.宝宝用长条积木当锅铲进行炒菜 3.家长们用做客的形式参与活动

表4-1-9 亲子园户外运动布局、材料投放观察记录

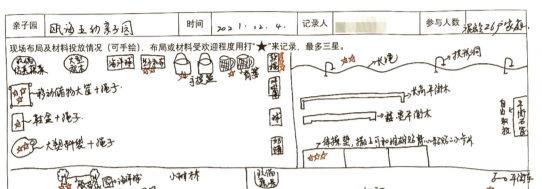

表4-1-10 自主区域活动家长亮点记录

亲子园：小太阳亲子园　　　　　　　　班级：阳阳班　　　　　　　　主教：黄齐琪

区域名称	时间	简要记录家长的语言、行为和状态，呈现家长的亮点做法
戏水区	2022年5月14日	诺诺不太愿意玩水，诺诺妈妈温柔地说："宝贝我们试一试，与水宝宝做游戏。"诺诺妈妈先示范，用海绵吸水，压水。鼓励孩子尝试玩一玩。该家长在孩子不玩的时候，没有逼她去玩，而是自己示范，吸引孩子参与游戏。
戏水区	2022年5月14日	橙子需要一个游戏工具，橙子妈妈没有直接帮忙去要，而是鼓励橙子自己去与小朋友交换。橙子自己尝试站在小朋友边上，不敢开口。橙子妈妈用眼神鼓励橙子，橙子终于鼓起勇气与小朋友交换了喜欢的工具，橙子妈妈表扬了她。
娃娃家	2022年5月28日	妍妍的能力很强，妈妈对她不操心，但是她只喜欢自己玩。妈妈鼓励她与小朋友们一起玩，自己也变成游戏里的角色，妍妍玩得很开心。
备注		

第二节　课程保障与管理

　　课程的保障和管理是保证课程有效实施的前提和基础。通过早教中心率领的课程规划领导小组自上而下的谋策部署,给予亲子园早教教师最为及时的回应与支持,保障了课程的有效实施,课程目标的实现。

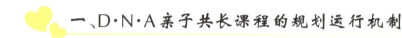

一、D·N·A亲子共长课程的规划运行机制

(一)成立课程规划领导小组全方位统筹课程管理

　　以课程规划领导小组为课程管理核心,下联课程研发组、课程实施组、课程保障组、督导评价组,各小组各司其职、相互协作。同时邀请各级专家组成"学术支持小组",对课程的规划与实施进行诊断和把脉,凸显学术助力。本课程的组织结构清晰,呈现自上而下的网络结构(如表4-2-1)。从课程研发、课程实施到课程评价,课程管理成员针对课程实施各环节进行细致部署,借助课程资源的共享平台实现课程有效落地。

　　课程规划领导小组:课程规划领导与决策;统筹课程的研发和实施工作;协调各方教育资源;组织落实各类会议。

　　课程研发组:共同参与课程的开发、设计、评价、反馈、调整、优化;创新设计课程内容和提供优质示范,以课程资源包实现共享;组织教师相关培训。

　　课程实施组:以亲子园为实践基地,早教教师具体落实课程实施,早教负责人及时交流反馈课程实施的情况,提炼共性问题,由核心教研组共同组织化解。

　　课程保障组:统筹各亲子园的资源以及各类教学资源的准备与保障,保障课程的实施。

　　督导评价组:跟进课程的实施和调控、课程实施质量的评价;多渠道向家长宣传课程实施情况,增强家长对课程的主动参与意识,增进其对课程实施的关注和支持,使家长成为有效的课程资源。

　　学术支持组:邀请各级专家对课程的规划与方案进行论证,对课程的实施进行"诊断"和"把脉",启发思路,改进优化。

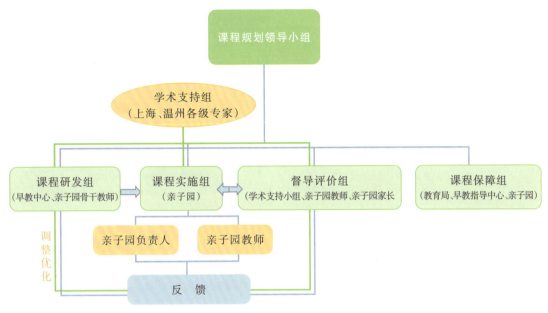

图4-2-1　课程规划运行机制

（二）建立课程评价系统以持续优化课程

1.收集多方参与的课程反馈。经常通过访谈、问卷调查等方式收集来自家长、教师和社会热心人士等各类参与主体关于课程实施方案与实施过程的意见与建议，定期邀请专家开展课程论证和实践指导，对课程开展的有效性和教育价值进行研判。汇总多方建议并深入分析、梳理，以求有效地对婴幼儿及家长进行过程性的评价。

专家课程论证指导

家长参与课程交流反馈

2.开展适宜优化的课程实施调控。由早教中心组建核心教研组定期针对课程内容选择、活动价值剖析、组织形式运用、婴幼儿需求资源准备、家长支持策略建议、三方互动特点和家庭迁移方式的适宜性进行收集与评价，为后续课程的优化调整提供参考。

核心教研组定期课程交流反馈

3.重视"亲子共长"的课程实施过程评价。落实"亲爱孩子、顺应生长、提供积极的养育支持"的理念,以婴幼儿生长力和家长陪伴力的过程性评价模型与体系建构,引导家长尊重婴幼儿发展的规律,满足婴幼儿生命成长的需求,跟进养育支持,实现亲子共长。

课程实施过程评价

二、完善早教专业师资补给的培育机制

以教师专业成长推进课程建设,以课程建设促进教师专业成长。基于当前早教师资的本土现状——早教教师来源于幼儿园、投入早教工作的精力有限、对婴幼儿特质的专业化学习投入不足等,着重思考、合理预留、统筹安排早教师资的专业化学习。通过组织多形式、广覆盖的早教师资培训,培育教师的专业生长力、思维创造力,逐步建设一支勃勃生机、合作共进的早教托育师资队伍。

（一）构建支持引领的培训机制

1.以专家引领促理念强化。通过对接专家,定期组织早教专业的专题培训;跟进指导早教课程设置和早教课题研究,提高教师的实践、课程开发及教科研的能力,提升其专业素养。

专家引领、专题培训

2.以职业技能培训促专业成长。形成常态化的育婴员职业技能培训,按需开展家庭教育指导专项技能培训,并通过举办早教师资活动设计方案评比、游戏观察案例评比等,不断提升早教托育师资队伍专业素养。

育婴员职业技能培训

（二）形成交流研讨的互动常态

1.以"片区联盟教研"模式促进互助提升。发挥区域、片区教研共同体的作用,以经验园带动新园,开展沉浸式教研活动,利用园际间的互助、互学、交流、探讨,培养早教教师的早期教育科研能力。

片区联盟互动教研

2.以每月例会分享的方式促进经验共享。每月开展早教负责人专题交流例会,互动交流课程实施情况,反馈亮点,促进相互学习。困惑质疑引发探讨思考,经验分享提升管理技能。

早教负责人每月例会分享

3.以需求回应的形式促进个体发展。重视过程与实效,一对一实地倾听需求,点对点助力提升,在全员培训、常态化备课教研、专题研讨、跟岗交流、周末视导中做好支持服务工作,促进早教规范化和高质量发展。

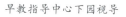

早教指导中心下园视导   园际跟岗学习交流

区域(月龄段)集体备课

亲子运动专题研讨

4.制定好有力的保障、奖励机制,树立早教教师的信心,形成较为稳定的师资队伍配置,并在不断的实训与实践中相互促进,逐步提高。

第五章
D·N·A 亲子共长课程的实践成果

　　自 2019 年以来,在区政府、教育局的大力支持下,基于本土的实际情况与调研的婴幼儿家庭养育现状,我们以"成长家长、成就孩子"为目标,以"看见孩子、发现生长的力量"为基本理念,在"亲爱孩子、顺应天性、提供积极养育支持"的 D·N·A 亲子共长课程内涵引领下展开新模式实践。通过亲子园体验课程和家庭养育支持课程等立体多元的协同养育行动,共同开启了婴幼儿养育实践研究。在边实践边研究的道路上,不断探索婴幼儿养育的支持路径,为周边社区居民提供了普惠优质的服务,提升了家庭育儿的幸福指数,推动了我区幼儿园早教服务体系的进展,为温州儿童友好城市的发展奠定了家庭早期教育指导课程的实践基础。

第一节　D·N·A亲子共长课程的实践成效

历经3年多的课程实践，我们完成了区域内早教创造性实践，走在了全省早教工作的前列，并吸引了各区、县、市教育同行关注这一民生问题。瓯海早教模式的创建将参与早教的主体变成一个温暖的成长共同体，在共同的教育理念、目标下相互学习，共享课程资源和成果，实现了个体和群体的共同发展和成长。

 ## 一、唤醒家长的养育智慧：家长从"被动参与"走向"主动探究"

机构养育无法替代父母的言传身教。家庭作为孩子生活的微观系统，影响其终身发展。可想而知，对孩子的成长影响最大的还是家长。家长树立正确的早教观念和学习优质的养育方法，才能打开3岁以下婴幼儿全面启蒙的大门，为孩子的将来打下深厚坚实的基础。在前期的婴幼儿家庭养育调查中，我们发现80%的家长在孩子的养育过程中处于被动状态，习惯于被动接受学习与指导，很少主动思考家庭教育应在孩子成长过程中承担怎样的角色，缺乏家庭教育的主体意识。因此，我们提出了早教课程体系，将家长作为主要授课群体，通过亲子园体验课程和家庭养育支持课程的双重螺旋式赋能，唤醒家长对其角色重要性的认识，激发家长主动探索的愿望，促进转变育儿观念并主动学习，让家长学会尊重、悦纳和支持，最终实现家长成长目标，使"亲子共长"得以实现。

（一）帮助家长在陪伴中学习

在以往的早教课程中，家长的角色只是陪孩子上课。而在亲子园体验课程中，家庭养育支持课程渗透在各个环节，让家长在陪伴中不知不觉提升认知、学习育儿知识。在游戏活动或区域活动中，教师会在情境中发现和捕捉教育的疑惑与契机，提供交流的平台，让家长在互动过程中交流经验和感悟。在餐前准备的碎片化时间里，教师会进行回溯式分享，将当天活动中孩子的精彩时刻通过照片投屏或讲述的方式，与家长进行案例分析与解读，引导家长看见孩子、读懂孩子。除此之外，专家讲座、家长沙龙等活动每学期也会在亲子园中开展。家长借助亲子园这个"窗口"，可以接触高质量的家庭教育资源，在问题探讨中表达自己的需求，在与专家、教师、其他家长的接触中学习婴幼儿教养知识，了解婴幼儿身心发展的规律，学会尊重婴幼儿。

通过3年多的实践,家庭养育支持课程整合了大量资源。养育智库中现拥有各相关领域专业人员、专家讲师等50余名,面向区内外广大3岁以下婴幼儿家长开展了多领域、多角度的课程培训,帮助家长在陪伴中学习。在收集到的2259份家庭养育问卷调查中,98%的家长表示通过课程,对孩子的发展规律有了新的认识,自身养育水平得到了提升。

(二)启发家长在陪伴中思考

家长作为婴幼儿的主要照料者,在养育孩子的过程中积累并储备了一定的育儿知识,但仍存在不少困惑与焦虑。家庭养育支持课程通过一系列心灵舒压、觉知唤醒、好书共读等活动,让家长们不再追求单一的答案或万能的方法,而是开始思考属于自己和适切家庭的育儿方式。

为形成合力使共育价值最大化,家庭养育支持课程为家长们搭建了交流互助的桥梁。通过线上社群或召集家长们聚会,创设趣味圈谈会,抛出共性话题引发讨论。比如,"晚上的黄金时间如何分配?""双重压力下,如何控制自己的情绪?""爸爸也是育儿盟友,如何夸出好爸爸?"等等,激发家长们群策群力,互相分享讨论,实现抱团养娃。

在互相交流与思考的过程中,家长们慢慢理解了养育问题背后自身的情绪和焦虑,感受到共创和分享为自身赋能,在厘清自身对育儿的想法和需求后,问题不再是问题,而是成长的契机。在2000多份"家长陪伴力发展性成长自评表"中,90%的家长表示,参加亲子园体验课程与家庭养育支持课程后,更能理解孩子在生活中的行为及其背后的原因,更能看到孩子自主、自立、自信的"哇"时刻,也更有耐心尊重孩子原本的生长节奏,育儿认知力得到了显著提升。

(三)支持家长在陪伴中转变

养育不是纸上谈兵,孩子每一天都需要成人的陪伴与照料。因此,家长行动力的转变才是家庭养育支持课程的最终目标。家长对孩子的尊重、悦纳、支持,需要落实到孩子生活、游戏的方方面面。家庭养育支持课程不是一场讲座、一次活动或者一堂亲子课,而是一个长期的、陪伴式跟进的支持性课程。在这个过程中,我们通过家长自评、案例征集、达人分享和问卷调查等方式,收集家长在课程学习过程中的点滴转变。

在教师育儿成长营项目和育儿学习故事案例征集活动中,我们共收到了1000多份案例,内容涵盖心理健康、父职教育、亲子共读、亲子游戏、环境打造等方面,见证了家长心态的转变和行动的提升,感受了陪伴式课程的深远影响;在线上运营方面,目前我们共有14个线上陪伴式家长社群,总人数达3000多人,每年在线提供资源分享与养育支持100多次,实现了养育行动力的提升(详见本章第二节)。

二、助力教师成就孩子：教师从"专业迷茫"走向"深度实践"

在 D·N·A 亲子共长课程的组织与实施过程中，教师是课程的参与者、实施者和研发者，是课程从规划到落地的关键角色。因此，在课程的整体方向把握与组织落实方面，瓯海区早教指导中心注重教师专业素养的提升与教学组织的管理，通过作品分析、跟岗视导、教学研讨、微格评价等方式，为教师提供专业培训、技能培训、片区教研等业务培训，弥补教师对于3岁以下婴幼儿早教养育专业知识储备的不足，促使教师改变教学视角，从儿童出发实施教学，帮助教师解决课程实施中的实际问题，实现从教授型教师向学习型、研究型教师的转变。

（一）解决教师观念固化问题：学会儿童视角支持

"一切为了儿童"是一句并不新鲜的话，这句话看似简单，但如何让儿童视角在早期教育中生根发芽，落实到早期养育的每一处，却是一件值得深思的事。瓯海早教亲子园的教师团队以3岁以下婴幼儿教养的相关纲领指南精神学习为背景，组织业务培训，结合早教活动组织的亲身实践经历，主动赋能儿童视角，以教师的智慧来看见和呵护孩子与生俱来的学习品质，努力发现和理解孩子眼中的世界；通过移情式理解，以最适宜的方式对待孩子，挖掘孩子积极主动地去构建自己的生活的能力。在儿童视角下，教师进入孩子们的童话世界，彼此之间变得更加亲密无间，让早教和爱回归本真。

（二）解决教师专业迷茫问题：学会适时放手退后

本课程的实施着重体验、观察与支持，教师通过学习课程精神，创设适宜性环境供3岁以下婴幼儿和家长游戏与互动，在实践中观察与了解孩子成长发育的规律，以便采取适宜的教养措施，为每一个孩子在相应时段的最近发展区创造更多探索外界的机会；学会充分激发孩子的主动性，给予孩子自主成长的机会。教师通过活动的组织与示范，让家长在与孩子的积极互动中逐渐学会观察，给予支持。在家庭养育支持课程中，教师与家长统一育儿理念，学习追随孩子，敢于放手。

（三）解决教师研究滞后问题：学会深度整合发展

在早教亲子园起步初期，中心便以上海、南京等地的优质课程资源为课程研究的基础，借以瓯海学前教育近年来迅猛发展的势头和优质的幼儿园资源，由中心统筹引领，亲子园落地实践，共同开启早教课程的研究与探索之路。中心建立区域层面的骨干教师研讨营，引领骨干教师先行一步，紧跟早期教育的前沿发展步伐，和专家学者定期开展研讨学习，边研究边实践，在实践中推进研究；在教师育儿成长营，教师结合教师视角和家长视角，捕捉更多有利于深入研究的教学细节。

幼儿园和亲子园的双重身份，帮助教师在亲子园中调整实践，在幼儿园中积累的经验；

从亲子园中收获汇总的育儿经验又反哺于幼儿园。我们秉持托幼一体共长的理念,在实践中努力建构0—6岁儿童教育一体化的教师专业成长脉络,引领教师不断提升个人专业水平,以先进的早期教育理念武装自己,让自己从一名"教书匠"向"研究型"教师转变,以学促研。

♥ 三、创新家园共育模式:从"各司其职"走向"协调共赢"

在早期教育中,孩子、家长以及教师都是成长的主体,三者密不可分。中心为家长和教师搭建了一个能够"发声"的平台,通过开展瓯海区"慧养家庭"系列评比与宣传活动,实现了"以家长影响家长,以家庭带动家庭"的家庭教育目标,让家长与教师可以相互分享经验,让家园共育的模式进入新阶梯,使其不再是"各司其职"带好孩子,而是"协调共赢"甚至是双向奔赴共取经。这一新兴的家园携手共育方式促使更多家庭学会智慧养育,以科学养育助力孩子成长,共同建构照护友好社会。

在亲子园的课程实践中,教师的主要任务是创设有助于3岁以下婴幼儿游戏和亲子互动的环境,观察孩子的游戏行为和亲子互动的情况,支持孩子的游戏进展和探索活动。家长则在体验和学习中捕捉育儿的成长点,以此指导家庭养育,给孩子更多的爱和回应性照料。在尊重信任和放手支持中,看见孩子更多自主的成长。在当代教育背景下,教师和家长唯有共建共育、同质同频,方能实现同行同乐、互相交融的"共赢",最终达到发展儿童的共同目的。

♥ 四、实现区域协同进步:从"几乎空白"走向"区域覆盖"

(一)广度——婴幼儿养育理念推广普及面

我们的D·N·A亲子共长课程历经多位专家的多轮论证,获得"理念前瞻、注重实践"的高度认可,并在全市学前教育会议上做了专项介绍,引领辐射周边市、县、区。课程研究成果也得到了社会的认可,相关文章在《浙江教育报》《温州都市报》上频频刊登,并在《温州教育》杂志上做了专题推广,引起了较大的媒体效应。

当前,创新的亲子园体验课程已在温州市瓯海区22所公办幼儿园实施和落地,婴幼儿养育理念在全区公办亲子园和幼儿园托育部推行,320多户3岁以下婴幼儿的教师家庭加入育儿成长营。3年多来,家庭养育支持课程开展各类专题讲座30多场,各类大小主题家长沙龙100多场,线上养育资源库发布养育指导文章400多篇,教师家庭拍摄的亲子居家系列游戏视频一上线点击率就突破10000。线下亲子园渗透式家庭教育学习与线上公众号及社群互动式家庭教育并进的研讨氛围基本形成,带动了全区家长、早教机构、托育教师共同参与婴幼儿养育互动交流、学习共享活动,惠及区内外4万多户婴幼儿家庭。

（二）深度——基于婴幼儿生长力的课程行动研究

亲子园体验课程改变了传统早教活动重目标、重结果、重教授的"高控"模式，弱化了婴幼儿之间的横向比较与"标准"概念，各项活动环节重体验、重互动、重支持，突出了课程的体验价值与过程价值。在实施过程中，教师、家长与婴幼儿的角色定位也发生了转变——教师从"教授"转向"主持"，家长从"陪衬"成为"主体"，婴幼儿从"被动"转向"自主"。课程创新性地运用"哇"时刻观察与记录体系、婴幼儿生长力发展性成长评价表等工具，围绕自主、自信、自立的婴幼儿发展目标，实现"看见孩子，发现生长的力量"理念的落地，帮助婴幼儿和家长共同发展进步。

家庭养育支持课程从家庭教育视角出发，创新课程主体的三方向，开创了独有的特色项目教师育儿成长营与养育智库，基于婴幼儿发展的特点、遵循婴幼儿"先做后想""边想边做""先想后做"的行为发展趋势，从不同层面、平台、群体，形成一个成长共同体，探讨、跟进、学习婴幼儿的自然发展规律，开启婴幼儿养育课程的深度研究，真正把课程研究推向深处。

五、扩大区外早教影响：从"个体成长"走向"引领辐射"

在近3年的时间里，我们完成了区域内早教创造性实践，走在了全省早教工作的前列，并吸引了各市、县、区教育同行关注这一民生问题。区域参与早教的主体是多元的、复杂的，涵盖了专家、教师、家长、婴幼儿等。瓯海早教模式的创建将所有人变成一个温暖的成长共同体，不再是单一的成长个体。大家在共同的教育理念、目标下，相互学习、一同"引领辐射"、共享课程资源和成果，实现个体和群体的共同发展和成长，凝聚相关主体的力量和智慧，呈现基于整个区域教育系统的合力，共同推进早期养育的融合局面。

第二节　D·N·A亲子共长课程的实践案例

陪伴是最长情的告白，家长在婴幼儿的养育过程中给予的关心和照料，起点都在陪伴。而在陪伴的过程中，家长与婴幼儿都是成长的主体，在看见孩子成长的同时也照见了自己的成长。教师作为亲子园里的养育支持者，在三方互动的实践中也获得了专业上的成长和心得。身兼双职的教师育儿成长营成员在"抱团取暖"中相互滋养、共享育娃的乐趣，以自家宝贝为个案观察对象，记录下宝贝成长的"哇"时刻。让我们一起通过实践案例的呈现，共享成长的欣喜。

一、在陪伴中遇见成长——家长篇

家长作为婴幼儿的主要养育者，在亲子园的活动体验中、在"父母学堂"的专业赋能下，家长更新科学的育儿理念，领略高质量陪伴的内涵与真谛，并迁移到日常居家养育中，从看见到发现，从理解到支持，家长与婴幼儿在双向奔赴的亲子陪伴中，遇见彼此的成长，并写下很多温情的养育故事和慧养日记。

※如果可以，早点来早教

当我翻看手机时，经常刷到有关天赋奇佳的孩子的视频：有的1岁会骑车，有的2岁诵读古诗，还有的3岁解答生活中的数学题。作为一个新手妈妈，不免心中有所感叹，一转头，我也会期待2周岁的她。不承想，她却在见到生人后立马躲在我身后，小心地张望对方，很羞怯；在家中，她又能化身淘气捣蛋的小霸王，将教具丢满客厅，并大声喧闹。这"双面人"的性子，我与孩子爸爸用了许多方法改善，不见成效。我心里有时不禁自问："孩子的差别有这么大吗？我们该怎么做呢？"

在进入早教班前，我没想到我的焦虑也是大家的困惑。在家长会上老师生动又活泼的介绍中，我们了解了孩子身心发展的历程，知道如何让孩子在生活、运动、游戏中锻炼各项能力以及如何观察和引导孩子，领悟了尊重孩子的能力、心理的成长，重视方法而非结果。一个个解答，让我倍感安心。老师们人性化的建议给我吃下了一颗定心丸。

（一）初见"融融"——其乐融融，融入小集体

进入融融班后，孩子接触的人、事、物使她对一切有了深层的理解。课堂上的游戏材料在老师的口中，变成了需要找爸爸妈妈的"小宝宝"，使用完需要送它们"回家"。材料在使用的过程中需要被小心爱护，让孩子从自己的角度去理解它们也会"痛"、也会"伤心"，这使孩子感到新奇、有趣。课堂上，老师的言传身教不知不觉中改掉了孩子丢三落四、不懂爱惜的毛病。客厅不再需要时时整理，孩子会为她的玩具找到"家"。垃圾桶里也不再有玩具的"残肢断臂"，孩子知道了珍惜的含义。祖父母眼中总闯祸的假小子慢慢变成了乖巧懂事的小女孩。

融融班活动

（二）又遇"乐乐"——其乐无穷，乐享融课程

经过了第一期的过渡，上乐乐班时，孩子越来越喜欢，每天都期待周六去幼儿园，我们家长也从初时的手忙脚乱变得自信娴熟了。曾经，孩子去沙滩玩不过是小脚踩沙，或拿着小铲子挖挖沙子。在早教园里，老师告诉孩子可以触摸不同大小的颗粒物，比如倒豆子、捡玉米粒等。孩子不仅认识了各种豆子与谷物，还感知体验了不同质感的颗粒物。在沙池中，听老师转述，宝爸们也能非常积极地与孩子互动——他们一起用沙子做"蛋糕"，用塑料积木当蜡烛，唱起了歌，过起了"生日"。在孩子成长的过程中，我们家长也渐渐得心应手。

乐乐班玩沙

（三）共聚"园园"——爱上早教，期待幼儿园

通过3期早教活动，从融融班、乐乐班，到后来的园园班，早教给孩子带来了飞速的成长以及加倍的快乐。孩子认识了生动可爱、热情快乐的两位早教老师，感受到老师们无微不至且富有童趣的教育方式。每次课前孩子都会期待今天可以学到什么，也会思考上幼儿园之前需要做好哪些准备。孩子的成长也是肉眼可见的，比如，在游戏"搭着肩膀开火车"中，孩子自己能搬小椅子坐好；在卫生间墙壁上的"洗手七步法"的图片前，孩子的嘴里还能够振振有词地念着"小螃蟹大钳子，握握手，点点头"并掌握了连我们成年人都不一定能做全的洗手法。早教园里的点点滴滴无形中让孩子养成了好习惯，也为她上幼儿园做好优先准备。

两位老师的引导，让孩子认识了许多小伙伴，能更好地融入以及适应团体生活，使孩子和家长深切地感受到"我融童心、童心融我"。我想，这就是早教的含义吧。

瓯海区第二幼儿园家长口述，邱诗依老师整理

※看见，我们的成长

从昼夜等长的秋分时节，到微带凉意的初冬，女儿在仙岩中心幼儿园已乐享了7次亲子早教园活动。7个周六上午，21个小时，时间虽短，但我和女儿在一次次的活动中都有所收获、有所成长。

（一）看见，孩子的成长

1.专注阅读

犹记得，第一次活动是在2022年9月24日，那天是在阅读室进行亲子阅读。那次活动，女儿跑上跑下，期间只看了两本书。

第四次活动，女儿所在的月亮班又一次开展亲子阅读活动，随后举行"绘本亲子阅读"分享交流会。蒙老师抬爱，让我作为家长代表说一说自己的亲子阅读体验。由于我并没有每天陪女儿读书，因此交流时心虚不已。之后，老师发起了亲子阅读打卡活动，为了期末奖品，我坚持了下来。我从女儿感兴趣的书籍开始，每天为她读三四本绘本。后来，当我工作疲惫读不动时，女儿也会自己拿起书来读。

第七次活动，我们已打卡满21天了。亲子活动结束后，我们往西校门走，经过阅读室时，女儿自己脱了鞋爬上图书室的小阁楼，我也陪着她上了小阁楼。我随手从书架上拿了两本书，女儿自然而然地坐到我身边，听我给她读书。在人来人往的开放式图书室中，女儿的注意力始终在书上。

从被迫式亲子阅读到有意识的自主阅读，从你追我赶后的短暂阅读到专心致志的长时间阅读，我看见了女儿对阅读的喜欢。

2.关心伙伴

女儿从出生到现在,除了小区里的三四个小朋友,很少接触其他小朋友,在人际交往方面的经验比较欠缺,和小朋友玩玩具时,独占欲比较强,经常会哭闹。

不出所料,前4次亲子早教活动,女儿没有一次与小朋友说上话。第五次早教的区域活动在感统区,小朋友们在蹦蹦床和海绵区玩耍。起初,女儿一个人在"漫游",后来她发现了"鳄鱼"。好东西大家都喜欢,其他小朋友也喜欢玩鳄鱼玩具。于是,我便引导:"你们一起给鳄鱼刷牙、洗澡、按摩……"就这样,女儿与其他小朋友和平地共享鳄鱼玩具。看到有小朋友"掉"进鳄鱼嘴巴里,她也会积极伸出援手"救"他们。

最令我吃惊的是,第六次亲子早教结束时,女儿突然问:"林洛蕾呢?"咦?什么时候女儿和林洛蕾小朋友有接触了呢?是刚刚一起玩沙子,还是……失职的妈妈没有印象,但为女儿能关注身边的小朋友而感到欣慰。

3.学会整理

孩子的童年离不开玩具,女儿也不例外,家里各式各样的玩具堆叠如山。女儿常常把玩具一套又一套地拿出来玩,却从来不整理,每次我都要费九牛二虎之力归类整理。因此,整理玩具成为我的负担。

每一次的亲子园体验课程,老师都会设计一些培养自理能力的活动。阅读后书籍要归位,感统海绵区的海绵要摆放好,玩沙子后要把铲子放回筐里,甚至还要把水池里的"小鱼"捞回……慢慢地,在亲子园体验课程上,女儿会把她的鞋子摆放整齐;在家看完书后,也会把书籍叠成一摞放在床头柜;有时,女儿也会与我一起整理玩具,或者在我做家务时乖乖地自己玩耍。

当然,女儿身上还有很多的不足,然而,未来很长,不必急也无须躁,慢慢来,慢慢成长。

(二)看见,自己的成长

一直以来,我自认为在陪伴女儿方面比较用心,也比较有耐心。直到我参加了亲子园体验课程,看到了苏老师对孩子们一次次温柔且耐心的教导,不禁自叹不如。虽然我从事教育工作10年,但教养幼儿,我还是新手一枚。

和女儿一样,我也很喜欢苏老师。一张圆圆的脸上,始终挂着温柔的笑容,亲和力十足。每周六,她会给每一位小朋友充满爱心的拥抱,她会专心聆听孩子的需求,更会耐心地等待孩子展现自我。每个孩子的成长环境不同,每个孩子的性格不同,苏老师用她的爱心、专心、耐心去接纳、包容早教园的孩子们。

从苏老师身上,我认识到自己与女儿相处中的不足。专注力不够持久,爱吃、爱玩、爱闹是孩子的天性。在亲子早教园的活动中,女儿有一些"与众不同"的行为,刚开始我会觉得很丢人,现在,我学会了包容和理解女儿。在亲子园体验课程上,女儿没有认真听老师和其他小朋友的发言,大声与我说话,我只是轻轻提醒她音量可以小一点;早操时间,女儿想去器械区,我随她走动并尝试引导归队;其他小朋友下楼吃午饭,女儿依旧"乐不思蜀"地在感流区玩耍,我耐心陪伴……

亲子早教园,不仅让我看见女儿的成长,也看见了自己的成长。

温州市瓯海区仙岩中心幼儿园　李锌瞳家长

※牵着蜗牛去早教

把我的宝贝女儿垚垚比作蜗牛,我认为是再适合不过了。"慢热"是她的标签。记得第一次上早教园,从门口进来,女儿就像橡皮糖一样粘在了我身上,没有安全感的她嘴里一直念叨着"妈妈抱"。女儿适应得很慢,直到第二个学期,我才感觉在这里学习她是放松的。

在早教园就餐曾是我最头疼的问题,垚垚主食吃很少,很多东西她都吞不下,嚼几下就吐出来,一个鸡翅她可以啃20分钟。由于吃得很慢,女儿每次都是最后一个离开幼儿园,焦虑的我每次都在催她:"快点快点,你怎么吃那么慢,姐姐都吃完了!"

但渐渐地,我发现,就餐时,细心的老师总是时不时过来给她加油打气,"垚垚自己吃饭啦,大口大口嚼很棒呢!""垚垚一直坐在位置上吃真好!""垚垚吃饭细嚼慢咽,挺好的,嚼碎了再吞下去哦!"……老师总能从不同角度去肯定她,每一次被老师夸奖了,她总是嚼得更卖力,吞得更起劲了。

是啊,我怎么总是盯着她的缺点不放呢? 其实,她就餐的习惯很好,不会边走边吃,总是从一而终地坐在自己的座位上。她也很专注,不管其他小朋友吃得有多快,她都保持自己的节奏。有时候我的催促可能影响了她的食欲。而且,我本身就是一个吃饭很慢的人,最讨厌别人催我。我深刻反思:我竟然变成了自己最讨厌的人。想到这儿,我觉得真是太可怕了。我立马调整自己的状态。垚垚吃得慢,我就早点带她去排队打饭。垚垚不好好吃主食,我就把水果等辅食先收起来,让她专注吃主食。在就餐过程中,耐心引导她,肯定她的点滴进步。

虽然,现在她吃饭的速度还是很慢,但是她几乎能吃光盘中所有的食物。我再也不用担心她吃不饱了。

教育的路上,孩子或许有时会像蜗牛那般,爬得很慢。但是,那又怎样呢! 成长不是一蹴而就,而是循序渐进。生命的成长需要时间,静下来,陪着孩子一点点成长,一点点进步,其实也是一种幸福。在享受这种幸福的同时,也许一个不经意就会发现孩子有了惊人的变化。

静待花开,花香自来。

温州市瓯海区丽岙丽欧锦园幼儿园　余希垚妈妈

※育儿即育己

转眼,谨言上亲子早教课已经两个月了。在陪伴谨言的时光中,我看到了他的成长,也有了些许感悟。

(一)面对新环境,不要催促,而要陪伴

每次的点名环节,谨言总是缩在我怀里。其他小朋友都能从容地走上去给老师一个大大的拥抱。我看得出来谨言在想上去与不敢上去之间的徘徊。我想,他还需要一些勇气来克服他心里的难题。

(二)通过游戏,让孩子更好接受

谨言从小就不让陌生人触碰他的手,陌生人想要和他握手简直是难上加难。在亲子园的早操环节,我们玩了一次吹泡泡游戏。大人与孩子拉手围成一圈,吹出一个大泡泡,吹出一个小泡泡。谨言玩了这个游戏之后,走出幼儿园突然主动牵起阿姨的手,阿姨很惊讶,我说:"他已经学会牵手了。"这就是游戏力的魅力吧。

(三)不完美主义,给孩子自由创作空间

《点点点》的画画课环节是让孩子自己点点点,然后用圆形拓印。虽然谨言画得那么随意,看起来如此漫不经心,但我努力控制自己,不去干扰他。因为这是他的创作时间,比起完美的成果,他的体验更重要。

(四)尝试解决问题,对于孩子更重要

谨言想玩幼儿园里的绳索大型玩具,我很快走到了他的对面,鼓励止步不前的孩子说:"妈妈就在这里等你,你走过来。"他不敢动,我耐心引导他按照我的方法,一步步走过绳索。

(五)对孩子的付出,表达衷心的感谢

谨言把自己玩过的玩具放回原处的时候,我会说:"谢谢你把玩具送回家。"谨言把饭吃得很干净的时候,我会说:"谢谢谨言把自己吃得饱饱的。"他得到肯定会很开心。

最后,我认为育儿也是培养亲子关系。孩子是一个独立的个体,需要被尊重,需要有归属感。在育儿的道路上,谢谢他陪我做更好的自己。育儿即育己。

温州市瓯海区仙岩中心幼儿园　谨言家长

※尽心陪伴 尽情成长

我是一名幼儿园教师,也是一名新手妈妈。作为教师,我深刻地认知早期教育对于孩子而言至关重要。作为一名妈妈我努力寻找有专业的教师、合适的课程以及安全的环境的早教机构。在亲子园体验课程中,我发现孩子和我自己身上都发生了许多变化,总结为一句话就是"尽心陪伴,尽情成长"。

(一)性格养成记

舟舟是一个性格内向的孩子，又是家里唯一的孩子，所以她缺少与同伴的交往。刚到吾贝亲子园时，她经历了一个十分敏感的时期，对周围的事物十分陌生，不会与人交往。舟舟总是望着别的小朋友，渴望和他们交往，她的老师总是能够及时捕捉到她的"信号"并有意识地去引导她和别的小朋友交往。我听到老师和她说的最多的一句话就是"去吧，他们都很想和你做朋友。"就这样，在老师的鼓励下，舟舟不仅和小朋友的关系变得亲近，和老师的关系也突飞猛进。通过在吾贝亲子园一年的历练，她找到了自己的好朋友，变得越来越开朗。

(二)行为习惯养成记

1.卫生习惯的养成

在亲子园里，入园需要洗手、餐前需要洗手、户外活动以后也需要洗手，虽然是一个不起眼的洗手环节，但是却让舟舟养成了良好的卫生习惯。孩子在家也会有意识地主动洗手，当我们对舟舟说："舟舟吃饭啦。"她第一时间就会去把自己的小手洗干净，户外回来以后她也会很主动地去洗手。

2.阅读习惯的养成

在幼儿园开展的亲子早教活动中，我发现早教活动利用了幼儿园的资源为孩子提供大量的绘本，这是在家庭教育中比较难实现的，阅读大量绘本可以帮助孩子打开阅读的大门。

在亲子园体验课程中，老师会根据孩子的年龄特点为其提供阅读课程。在一次《点点点》绘本阅读活动中，老师声情并茂地为孩子们讲述了这本绘本。凑巧家里就有这本绘本，听老师讲过绘本后，舟舟就开始爱上这本绘本，也爱上了绘本阅读活动。

3.就餐习惯的养成

在刚参加亲子活动时，舟舟还处于大人喂食的就餐状态，老师和我进行了深入的交流，她认为应该培养孩子自主进餐的习惯，建设我们在喂食时让孩子也拿勺子，进行半自主进食，慢慢过渡到全自主进食。在老师的建议，以及在亲子园中别的小朋友的示范引领下，舟舟现在在家已经可以很好地自主进食了！

(三)能力养成记

1.语言能力的发展

舟舟语言能力的发展比较迟缓，但是来到亲子园后，我发现她的语言能力有了飞速的进步。在家里，只有爸妈陪伴她，缺少和他人交流的机会。在亲子园里，老师为她创设了一个想说、敢说、有机会说的环境，她能够与小朋友沟通、与老师沟通、与爸爸妈妈沟通。通过与小朋友、老师的沟通交流，她开始模仿别人说话，开始尝试自己去表达。通过听说表达活动，她的语言表达能力以及倾听能力有了很大的提升。

2.动手能力的培养

作为妈妈，参加亲子园后我发现我的理念存在错误。很多时候，我都认为孩子不行，她还小。来到亲子园后，我发现是我认为她不行、她还小，老师总是对舟舟说一句话"试一试，你可以的"，于是我发现了许多舟舟的"哇"时刻！原来她的积木可以搭得这么好，原来她会切东西了，原来……原来她都可以！亲子园的烘焙活动、艺术活动、建构活动等，提高了舟舟的动手能力，也让我发现了那么多的"哇"时刻。其实只要我们使用恰当的引导方式，孩子的动手能力会日渐提高。

3.运动能力的提升

在亲子园的晨间活动中，老师会为孩子们提供最适合的器械帮助孩子进行运动锻炼，发展孩子的运动能力。舟舟在家时的运动量比较少，只在小区里面跑一跑。亲子园里有许多安全、适宜的运动器械供舟舟锻炼。让我记忆深刻的是，第一次来到亲子园的舟舟，骑车的时候手足无措，不知道应该怎么骑。现在她已经驾轻就熟地骑上车在操场上飞驰。通过前后对比我发现孩子的运动能力在飞速提升。

在参加亲子园体验课程后，作为妈妈的我最大的感悟就是用心陪伴、尽情成长。在我和爸爸的用心陪伴下，舟舟能够自由地、尽情地成长，将来我还会继续关注"哇"时刻，发现孩子的每一次收获、每一次进步。

温州市瓯海区梧田中心幼儿园 周欣冉妈妈

※陪伴是最好的告白

烨烨的性格有一点内向，对陌生人很抵触。我希望通过早教课，增加他与同龄人间的交往，有一些简单的社交。上了6节课后，不仅是烨烨，作为妈妈的我也收获了很多。

先说说我自己的收获吧。最显著的变化就是我敢大声唱歌了。我从小是在乡下随着外婆长大的，外婆的脾气有点古怪，有时候因为一点很小的事情，她就会大发雷霆。所以每天我都小心翼翼的，生怕惹外婆不高兴。因此我不太敢表达自己的想法，不愿意在人前表现自己。就连小学时学校的文艺活动，我也只参加无法避开的大合唱。印象中我从来没有在人前唱过歌，就算与孩子爸爸谈恋爱的时候，我也没有在他面前唱过歌。

刚开始上亲子园体验课堂的时候，老师要求大人唱歌，给宝宝做榜样。最开始的时候，我特别害怕这堂课，心里发怵，但也只能像其他宝妈一样，老师唱一句，我跟唱一句。当看到我唱歌时，宝宝咯咯咯地笑，我下定决心一定要给孩子树立一个好榜样！不仅是宝宝，我也要努力突破自己，走出自己的舒适区。

亲子园体验课程课对我家宝宝的影响更大。宝宝看着我每次参加早教活动时都主动走到人群前表现自己，他也有样学样。每次表演，他都第一个冲上去，他的节奏感也得到了其他家长的夸奖。

现在我们发现他不怎么怕生,我们带他在小区里散步的时候,他可以跑到一群大人面前扭着屁股唱歌跳舞。作为一个普通家长,我也会经常拿自己的孩子与其他孩子比较。看着烨烨现在自信满满、活力无限的样子,我觉得让他这么小就去上亲子体验课是值得的。虽然我们没有为他提供更好的物质条件,但是我相信他的精神世界一定是非常丰富的。亲子体验课,不只是孩子的学习盛宴,也是家长自我认识与学习的一场盛宴。

温州市瓯海区瞿溪第一幼儿园　烨烨家长

二、在支持中看见成长——教师篇

在亲子园体验课程的实践中,教师的主要任务是创设有助于婴幼儿游戏和亲子互动的环境,观察婴幼儿游戏行为和亲子互动,给予婴幼儿游戏进展及探索活动的支持,尊重婴幼儿生命发展的节律,以信任和爱为出发点,给予婴幼儿充分的自主和自由,以最少的干预、最多的欣赏看见婴幼儿成长的"哇"时刻,支持婴幼儿的游戏和成长。

※以"尊重"照亮孩子每个时光

探索是孩子的天性,婴儿时期是人生中最富有探索精神的一个阶段,他们通过自身的感知、体验、探索建构知识。然而,我们发现家长在亲子体验活动中存在一些认知误区。比如,不了解婴幼儿的年龄特点,站在成人的视角看待孩子的行为,不会观察和顺应孩子的兴趣,不知道肯定、鼓励孩子的探索等。其实,教育是缓慢而优雅的过程,家长要站在儿童视角,尊重孩子,给予孩子足够的爱和实践,耐心静待孩子绽放独立色彩。

(一)孩子"我完成即是你完成"

1—3岁的婴幼儿很喜欢挥动手臂在物体表面留下痕迹,且喜欢用抓握的方式拿取工具进行涂画,这种做标记或涂鸦的行为就是孩子自发接触艺术的源点。为了让孩子能通过涂鸦感受创作的乐趣,我们提供了多种涂鸦工具供孩子探索。然而,在活动中常会出现家长替代包办的现象。比如,孩子开始时拿着工具涂鸦,后来被工具吸引,他们就会由涂鸦转移到对工具的把玩。有些家长不了解孩子好奇、爱探索的年龄特点,只注重活动结果,有些家长就会要求孩子继续涂鸦,甚至代替孩子完成涂鸦。这些家长没有看到宝宝在过程中的探索和思考。这种现象屡见不鲜,尽管老师会温馨提示,让宝宝自由探索,家长只需观察其行为,偶尔适当引导,然而,转头就能看到一些已经完成的"精美作品"。

其实任务完成与否不是重点,重点是关注孩子在活动过程中的感知和探索。比如,1岁左右的孩子的涂鸦是以肩为轴产生的手部运动,孩子这时在探索手部运动和痕迹产生的关系。这时,家长要做的就是观察孩子的系列行为,尊重孩子的涂鸦方式,发现孩子在活动中的"哇"时刻,让其从涂鸦中感受创作的乐趣。

（二）孩子"这个好玩，那个更好玩"

有一次，我们在区域活动中发现，一个孩子正在探索玩具，他妈妈发现了自己认为好玩的玩具，就立即对孩子喊道："宝宝，宝宝，快看，这个好玩，我们来玩这个。"不一会儿又像发现了新大陆一般喊道："宝宝，你看，那个车车更好玩，快来玩车车。"就这样，孩子整个过程没有静下心来认真玩一个玩具，不断被妈妈诱导玩不同的玩具。

这也是一种错误的干预方式，婴幼儿专注时长在2—10分钟，孩子在专注于一件事情时最大的禁忌就是被干扰。案例中孩子正专注于一件玩具，妈妈总是不断介入，导致孩子专注力分散。正确的做法是当孩子正专注于自己的游戏时，给予足够的时间和空间让其自主探索体验，这样有助于提升孩子的专注力，培养其独立性。

（三）孩子"你先探，我再陪你试"

某次活动中，甜甜宝宝想要旋开瓶盖，可是她一直来回旋转瓶盖（拧开一点又往反方向拧回去），怎么都打不开瓶盖，她有点生气，想要放弃。甜甜妈妈回应甜甜的情绪，对甜甜说："宝宝是不是想拧开瓶盖？拧不开，有点难过是吗？妈妈和你一起想想办法。"然后妈妈慢速示范旋拧动作，边做边说："我们朝着一个方向一直转。"甜甜妈妈将瓶盖拧松一些，让甜甜继续尝试。可甜甜还是不会，妈妈便扶住甜甜的手，一起拧瓶盖，让她感受朝一个方向拧的感觉。最后，妈妈放手，让甜甜试错，并继续鼓励说："宝宝能坚持一直拧瓶盖，想办法把瓶盖打开，拧了很多次都没放弃，宝宝真棒！"

据观察，这位妈妈和孩子进行游戏时都让孩子自主玩，自己进行观察，发现孩子的兴趣点，然后再陪孩子一起探索。这种做法不仅尊重孩子，也有效激发孩子的创造性和探索性。家长应该尊重孩子的奇思妙想，尊重其与众不同的玩耍方式。家长平时可以为孩子的探索行为提供心理支持，鼓励孩子通过亲身体验来获取直接经验。

（四）孩子"陪伴你，我们一起成长"

显然，亲子园体验活动的目的并不是让孩子掌握多少技能，而是给家长创设一个从理念到行动共同成长的支持环境。在亲子园体验课程中、在家长群体互看互学中，更好地了解孩子，顺应孩子的天性给予积极回应。特别是要将尊重孩子的高质量的亲子陪伴方式，迁移到居家养育的每一个时刻。为此，每期亲子体验活动后，老师都会在群里以视频结合文字的方式，发一些关于当天活动的延伸，从而更好地引导家长反思，提升其在家与宝宝进行游戏互动的质量。

温州市瓯海区第三幼儿园　周慧慧　董苗苗

※助力家长，以儿童视角携手共长

科学研究表明，0—3岁是婴幼儿身体、情感、动作和认知能力发展的黄金时期，家长高质量的陪伴和教养，以及适宜的早期教育启蒙，是孩子健康成长的基石。我们亲子园的课程正是回应了家长们的期待与需求，与此同时，作为老师的我，在亲子园体验课程的实践中，学习做家长的盟友，与家长协同共育，也使我在开展3—6岁婴幼儿教育时更有经验和方向。

（一）加强沟通、悦纳不同

每一个人，在接触新的环境和事物时都需要时间适应，从家中熟悉的环境来到幼儿园陌生的大环境，从面对父母家人到面对许多不同人，对3岁以下的婴幼儿来说是全新的尝试和挑战。

小叶子和她的妈妈是本学期第一次参与早教。刚来到户外操场，小叶子就紧紧地跟在妈妈身边，看着其他小朋友游戏。妈妈将小沙包递给她，她没有接，妈妈开始询问，试图引导小叶子参与活动："宝贝想不想玩一玩这个小球？"尝试沟通多次，小叶子目光始终落在这些游戏和其他宝宝身上，一直没有给予回应。这样的孩子我在第一次接触早教工作时遇到过，我明白，这是孩子观察环境、接纳新事物的一种方式。因此，面对看起来有些手足无措的叶子妈妈，我微笑安抚，告诉家长："不同宝宝面对不同的环境，适应能力和适应方式都是不同的，这只是孩子适应环境的过程，我们不要迫切地要求孩子立刻加入活动中，或许她正在用自己的方式观察这些游戏应该怎么玩。"

3岁以下婴幼儿的发展有着自己的成长节律，有的孩子能够立刻适应新环境，有很强的好奇心和探索欲；有的孩子需要几个月，可能更加谨慎小心，婴幼儿需要适应的时长各不相同，我们要注重与家长的沟通，尊重孩子的个体差异，悦纳支持他们。

（二）助力放手、予以支持

在幼儿园的日常工作中，我们主要面对的是3—6岁的孩子，这个年龄段的孩子已经有了一定的自我表达、管理、服务能力，在教学活动以及互动交流中，我们会更加得心应手。而在早教活动中，我们需要同时面对3岁以下婴幼儿及其家长，教师的教育职责更多的是助力家长，引导家长树立正确的教育观，针对家长较为在意的具体事件给予有效建议，助其探索出适合自己孩子的教育方式。

轩轩一直都是由奶奶陪同参加亲子园体验课程的，当大家在室外活动时，奶奶认为阳光太晒，会将轩轩抱进室内；在轩轩认真玩游戏时，奶奶会用指令性的话语干扰宝宝的专注力；在宝宝探索时，奶奶会担心衣物弄脏而代替劳动；在吃营养餐点时，奶奶更是满屋子追在轩轩身后喂饭。这些现象也时常出现在其他隔代养育的家长身上。事实上，这也是引起婴幼儿入园后适应困难、自理能力出现问题的源头。家庭是婴幼儿学习与生活的最主要的环境，而家庭的教养方式、生活习惯则会影响孩子行为习惯的发展和自立自信品质的培养。因此，面对隔代溺爱现象，教师需要引导家长觉知其重要性，耐心分析利弊，化解教育观念上的矛盾。

我尝试将轩轩奶奶的目光从只关注自家孩子转移到其他方面，鼓励奶奶观察同班其他孩子的活动及其家长的教养方式；给予奶奶简单的、容易实现的小建议，比如，对她说："晒太阳可以给宝宝补钙，帮助宝宝长高；宝宝在认真游戏时，只要周围安全，奶奶都可以让宝宝试一试。"与奶奶沟通时，让奶奶感受到教师对孩子的关心，引导奶奶接受更科学的教育观念和教养方式，让她相信孩子与生俱来就拥有独立学习的能力，适当放手，不过分包办、代劳，剥夺孩子锻炼探索的需求，不回避孩子成长中的试错机会。同时，也建议孩子的父母尽可能亲自参与亲子园的活动，多陪伴孩子。

（三）积极观察、生发惊喜

在早教工作中，我们需要成为家长的支持者、引导者、合作者。由于社会经历、教育背景、职业环境等多方面的影响，前来参与亲子园的家长都拥有自己的养育方式。为了向家长们提供更多更积极的支持与策略，了解不同家长的教育方式，让家长们互动交流抱团提升，本学期我们在早教活动中加入了"哇"时刻分享。在一个学期内，每一位家长都有分享交流的机会。

小睿妈妈在第一期"哇"时刻分享活动中，对自己的教育方式和孩子的表现都不够满意。而事实是怎样的呢？晨间锻炼中，小睿对小板车充满了兴趣，推着小车到处跑，一会儿围着操场转圈圈，一会儿拿车运东西，妈妈看着小睿在人群中东奔西跑，想要阻止，小睿却还是自顾自地玩着小板车，理都不理妈妈，妈妈在一旁很无奈，但并没有强迫小睿中断活动，而是随时关注着孩子的安全……在此过程中，妈妈认为小睿淘气、不听话，但我看到的是小睿积极的探索精神，小板车在陡坡上被木头卡住时，他没有丢下小推车，也没有寻找妈妈帮忙，他尝试自己想办法，最后通过下压把手将板车前轮翘起的方式，顺利通过。

"小睿玩得很专注，遇到问题能自己想办法解决，而您一直很耐心地陪着宝宝玩耍，给宝宝发挥的空间，你们的关系很融洽，他也有满满的成就感，不是吗？"在我的补充下，小睿妈妈有些意外，却很开心。其实，面对同样一件事情，换个角度看待，结果完全不同。在与孩子的亲密陪伴中细致观察，将"找不足、找差距"转变为"发现优点、发现能做的和感兴趣的"，发现孩子身上更多的亮点，看到更多的"哇"时刻，孩子和家长都能收获成长的快乐。

通过"哇"时刻分享，家长们开始学会用发展的眼光看待孩子，更加专注地观察、陪伴孩子，有意识地关注孩子的游戏和行为，思考并理解孩子行为及情绪背后的含义，更主动地与孩子共情，充分发挥家长在幼儿教育中的作用。

当然，教师也需要提供给家长们观察的方法，要在实践中加深对教养理念和技能的理解，促进家长主动思考自己的教养方式对孩子的影响，鼓励家长及时回应，在家长看到孩子"哇"时刻的同时，教师也能够及时发现家长们的"哇"时刻，并且为他们提供积极正向的反馈和引导。对提出困惑的家长，教师给予相应的指导策略，家长们之间同样能够互相交流自己的育儿心得，也为教师的早教工作提供启发。

在亲子园活动中，孩子、家长以及教师都是成长的主体，教师和家长需要相互信任、有效沟通，学习从儿童视角出发，携手并进，共同打造这段成长之路。

瓯海区潘桥汇宁幼儿园　郑　想

※当我走在早教亲子园的路上

从对0—3岁宝宝的一无所知，到如今面对宝宝们的各种情况"不畏惧"；从对亲子园体验课程的紧张担心，到如今与家长沟通交往中的从容，我想那是8期亲子园早教活动带来的成长。这是一场没有终点的长跑，你的对手只能是你自己，面对一次次的"路障"，该如何成功跨越继续向前冲？

当我是一名助教老师

还记得，亲子园才刚成立的时候，我们仅招收一个班级，多功能厅成了我们的早教教室，我很荣幸与徐老师搭档，成了一名亲子园助教老师。

（一）以为助教是幕后工作者

亲子园的带班与幼儿园的半日活动不同，除了面对孩子，还要面对家长。那时候的我，时常在思考：作为一名助教，我需要做什么？是否就像幼儿园的配班教师一样做好幕后工作？刚开始，我给自己的定位是一名场地的管控者、活动材料的提供者。每周五下午、每周六上午的8—9点成了我最忙碌的时间，忙着铺地垫、忙着找材料，就像一台不用动脑的机器。活动当天，配合主教老师放音乐、点名、分材料，以她为主，协助她带好半日活动，但渐渐地，我发现亲子园的助教工作没有这么简单。

（二）助教不仅仅是配角

真正带给我转变的是一次实践观摩活动。我发现主教和助教之间的合作应该像是经营幸福家庭的一对夫妻，默契配合、相辅相成。于是，我不再把自己定位为配角，而是主动思考，在亲子园的各环节中我该做些什么，怎么做……，慢慢地，我与徐老师的配合越来越默契。

我们一起备课研讨，分头准备教玩具、器械材料；她主讲时，我辅助观察家长和孩子的互动；我分餐时，她带领孩子作准备；每当孩子们在操作活动时，我们一人从左至右，另一人从右至左边开始观察指导；在做操或者活动课涉及角色分配时，我们一个扮演妈妈，另一个自然而然就扮演孩子……所有的活动都是那么的默契，我们的配合就像左手和右手，越来越融洽，亲子园的活动也越来越受到家长和孩子的欢迎。

当我是一名主教老师

徐老师为人处世认真、真诚,在孩子和家长的事情上从不马虎。在与她配合的两期早教活动中,我们一起成长,共同收获,后来亲子园的班级逐渐增多,我也成了一名主教老师。

(一)与助教的相处:主动沟通,认真思考

我何曾欢喜曾经是一名助教老师,成为主教的时候,我便更乐意分享我曾经做过的那些"傻事",我想那一定是滋润土壤的肥料,帮助我和我的搭档更快地融入新班级。我想我已经不满足于只是带班级了,我更乐意与搭档共同讨论如何带好亲子早教活动,怎样使下一次的活动进行得更好。在一次31—36个月宝宝的活动课上,一个与幼儿园相关的活动题材引发我们的思考。为此,我们展开激烈的辩论,辩论的话题是"下学期就要上小班的宝宝,活动课是继续与家长同坐地垫还是围坐椅子?"结果发现凡事利弊共存,我们应当灵活变通,以达到教学目标为前提,根据不同的活动内容进行不同的场地安排。就这样,我与助教之间不分你我,凡事该说便说,主动说、大胆说,该做便做,主动做、认真做。在园里,我们是亲密的合作伙伴,在园外,我们是无话不说的好朋友。

(二)与亲子共处:三方联动,顺应生长

当我们走进亲子园,我们面对的不仅仅是孩子,还有家长。随着学习对象数量的增加,作为一名亲子园的老师,我们与他们之间的关系就像坚不可摧的三角形,相互成长。我们因爱相遇,为了"高质量陪伴,助力生长"相聚。

孩子是父母最珍贵的礼物,他们与生俱来学习力,在游戏中探索学习,顺应生长规律,健康成长。家长是学习的主体,通过高质量陪伴,学习观察,学会在活动中欣赏孩子的优点,接受孩子的不足,尝试通过引导帮助孩子顺应生长,在游戏中成为孩子的玩伴。教师不仅是活动的支持者、环境的创设者、材料的提供者,更多的是要为家长与孩子创设更多交流互动的机会,激发家长的高质量的陪伴,激发婴幼儿的自主探索。

(三)作为一名早教教师:不断沉淀,自我成长

教师是一份大量输出的职业,面对性格迥然不同、个体差异极大的孩子,除了爱心、耐心、信心以外,教师更需要保持一颗热爱之心,热爱教育事业。我以成为一名早教教师为荣,在工作的同时,最重要的是我们要像一块海绵,学会不停地"吸收",多阅读相关书籍,了解孩子们的成长规律以及科学育儿的方法,学习如何创设适宜3岁以下婴幼儿的环境材料,学习如何鼓励家长读懂孩子,回应家长更多的需要等。教师要以储备自身能量为前提,更好地帮助家长科学育儿,促进孩子生长。

孩子是初升的太阳,明媚耀眼,如一片温暖的花田,暖人心怀,在"播种"的道路上,愿我们秉持初心、满怀热情、保持执着、用心教育、静静欣喜。

温州市瓯海区第一幼儿园亲子园　吕乐丝

※相遇 相知 相成长——我的早教故事

2022年,我有幸成为亲子园的一名早教教师,在一年的任教时间里,我收获了家长的好评、孩子们的喜爱、自我成长的"哇"时刻。在这里,我们相遇、相知、相长。

相 遇

(一)与早教同事的相遇

刚开始接下早教任务时,我十分焦虑,担心自己与孩子有距离感,担心自己和家长沟通出问题等。这时候,我的同事潘老师观察到了我的焦虑,对我说:"早教活动,其实只要你尽心准备,就不用担心!"听了潘老师的话,我开始思考该如何尽心准备。首先从了解早教课程设置入手,制定早教工作计划,熟悉早教课程内容,对开展半日生活、集体活动、生活环节等进行了深入了解。在集体活动准备中,我认真研读教案,准备教具,与助教老师不断研讨。在幼儿园组织的早教试课中,我认真询问经验丰富教师的意见,进行改进。在区域活动中也精心做好相关准备。每期早教活动正式开始之前,瓯海区早教指导中心都会开展一次教师全员培训,通过此次培训,我更深入地了解了早教课程,同时,也看到了身边有那么多走在早教路上的同伴,与他们相遇、并肩同行,还焦虑什么呢?

(二)与可爱孩子们的相遇

在作为早教教师的旅程中,我遇到了一个个可爱的孩子,他们有的内向、有的开朗,每个孩子性格、成长环境等都不同,但每一个孩子都那么的纯真、那么的可爱。当他们愿意和我亲近、拥抱,当我精心准备的材料为他们所喜欢,当他们愿意和我交流互动时,在他们的眼中,我看到了被接受的自己,很高兴遇见你们,可爱的孩子们。

(三)与亲子园家长的相遇

亲子园的工作,还让我遇见了许许多多的家长。记得有一次线上家长会,我洋洋洒洒讲了许多,当时并没有家长给予我回应,我还有点失落。但是,第二天,诺诺妈妈对我说:"周老师,原来我没有关注到孩子的很多细节,你在家长会上的分析,让我收获太大了。"短短一句话,使我备受鼓舞,原来,我们的工作,家长看得见。此后,我花更多的时间与家长们交流、探讨育儿心得,家长们也不断反馈,"老师,佳佳可喜欢早教活动了,经常吵着要来亲子园。""周老师,我们豆豆昨天就在家里念着要来找您。""老师,您辛苦了。"来自家长们的认可,让我倍受感动,与她们的相遇让人觉得十分温暖。

相 知

(一)走进孩子,了解孩子

在参加早教工作的过程中,我从刚开始的手足无措到现在的游刃有余,这样的转变离不开对孩子的了解。在从事早教之初，我学习了大量关于0—3岁婴幼儿教育指导的理论知识，阅读了大量相关的文献资料，我了解了0—3岁孩子的年龄特点。在早教活动的开展中，我敏锐地发现每位孩子的差异，更多地进行个别化指导，将共性需要转变为个性化需求。比如，一名叫可可的小朋友在活动中，总是东跑西跑，常常"游离"在外。针对他的特点，我进行了一系列思考。首先，我了解了他的家庭，了解到他好奇心强，对新鲜事物充满了探索欲，来到幼儿园后，新奇的事物太多，导致他静不下来。其次，他在家中受到爷爷奶奶的宠爱，规则意识较为欠缺，难以适应集体活动。于是，根据他的情况，我首先建议家长在自由活动时间，带他认识亲子园，熟悉亲子园的环境。其次抓住他的探索欲，引导他开展感兴趣的活动，并和他妈妈进行沟通，一起有意识地开展规则意识培养。在后续的早教活动中，他注意力集中了，更好地融入活动当中。

（二）走进家长，了解需求

我既是一名教师，同时也是一位和他们有同样月龄孩子的妈妈，我用自己的双重身份走进家长的世界。通过与家长的沟通，我发现部分家长对孩子生活习惯和性格养成的关注程度高于其他方面。有些家长自身育儿经验不足，觉得通过朋友间的育儿交流、浏览网络上的育儿文章等能更有效也更节省时间地获得育儿知识。但是，以上途径让家长获取的信息具有"碎片化、弱信息、强情绪"的特点，使得许多缺乏专业知识储备的家长在接收到不同的信息时，引发育儿焦虑。

其实0—3岁也是婴幼儿养成良好行为习惯的重要时期，良好的行为习惯、态度和性格倾向主要是通过家庭教育形成。所以在每次亲子早教活动之前，我都会进行深入思考，今天的早教活动应该将重点放在哪些方面。结合"哇"时刻的开展，我和家长一起关注孩子的变化，通过自身经验积累以及查阅大量的资料与家长进行科学、平等、有针对性探讨。这样的交流和学习平台很大程度地改善了家长的育儿观念，有针对性地满足家长真正的需求。

相　长

（一）孩子的进步

孩子在早教过程中，究竟收获了多少？这个问题，早教班的孩子们给了我很好的回馈。舟舟小朋友是一个比较内向的孩子，刚来到亲子园的时候，她处于自己的世界里，不愿意与老师、同伴交流，也不太参与活动，总是依偎在妈妈的身边。通过一个学期的亲子早教活动，我惊喜地发现她变了，在户外活动中能主动选择器械玩耍，区域游戏能专注地探索，操作活动时，她会主动来到老师的面前表达自己的需求，自主取放材料……舟舟小朋友只是其中的一位，在对孩子们不断的观察中，可以发现每位孩子都在不断进步、成长、发光。

（二）家长的改变

于家长而言,在亲子早教活动中他们的成长也是显而易见的。在最开始的早教活动中我发现家长容易出现两个极端:一是过度指导,总认为孩子的能力不足,做不到成人的要求,在活动过程中过分包办、代替;另一种是过度放手,认为只要孩子快乐就好,随便孩子怎么玩都可以,自己拿着手机在一旁玩,对孩子的状态不太关注。这两种极端显然都不利于孩子成长。我利用"哇"时刻分享时间,根据孩子及家长的情况,给予针对性的建议,引导家长敏锐察觉孩子的情绪变化和内心需求,给予孩子适宜的回应和照护。逐渐地,家长们都能够全身心地投入亲子陪伴,并且将自己放在适宜的位置上,相信孩子的能力,倾听孩子的想法,关注孩子的需求,通过语言启发和适当的动作引导等,助力孩子的探索、学习。

（三）我的收获

在亲子园的早教过程中,我不断地思考:我们班级孩子的能力水平在哪里? 环境创设该怎么做? 什么样的活动更适合他们? 哪些材料需要进行调整? 每个孩子都是独一无二的,我们又该怎样启发、引导家长和孩子的互动? 是否能够结合幼儿园的园本课程,把亲子活动教学回归自然,让孩子们能够在大自然中自然生长,感受大自然的奇妙之处?

在我与同伴不断沟通、探讨、实施的过程中,我发现自己也成长了不少,收获了许许多多。在这一年中,我接触了许多不同性格、来自不同家庭环境的孩子,对3岁以下的孩子也更加了解。我深刻感知了生长的力量,见证每个孩子的进步。同时,在孩子们前进的路上,我也在不停地成长,发现教师的"哇"时刻,成为更好的自己。

"为未来种下一颗颗美的种子",我想这就是亲子园最大的力量。

温州市瓯海区梧田中心幼儿园　周　淑

三、在抱团中实现共长——双重角色篇

老师们在育儿成长营相遇,互相给予关爱与温暖,在育儿实践中受益成长,又能提升育人专业能力,带动更多家长共启美好育娃新时代。本部分摘录的是育儿成长营的教师们以自家宝贝为个案观察对象,看见、支持宝贝的精彩"哇"时刻故事。

※爱上推门的小勇士

硕硕　1岁

2021年8月,一个神奇的小生命来到了我的身边,名为硕硕。晋升为母亲的我感慨万分,从此他就成了我的全世界。作为新手妈妈,我对宝宝的行为举止都特别好奇,对其每个时刻、每个阶段的成长现象都特别关注,感受这小小生命的有趣以及带来的惊喜。他刚来到这世间时,对这世间万物皆感兴趣。生活中任何东西都是他认识这世界的渠道,经过探索、发现、游戏、学习,他慢慢认识这世界。转眼我的宝贝一周岁了,这一年他的每个举动、每个眼神、每个小细节,都历历在目。说起他,我的脑海中就会浮现他无数个有趣的活动片段,印象最深刻的就是他特别钟情于推门!9个月时,硕硕发现了推门的乐趣,让我们一起看看他的推门故事吧!

(一)小娃发现推门——兴趣浓郁,探索无限

硕硕9个月时,一天,看我去阳台晒衣服,他就屁颠屁颠地爬过来找我,通过玻璃门他看见了我,觉得玻璃门很神奇。他充满了好奇心,开始了他的探索。他先看看,然后伸手摸摸、拍拍,最后脸贴上去亲一亲。看到他亲玻璃门,我生气了,急忙大声叫起来:"不能亲玻璃门哦,很脏的。"于是,我马上去阻止他,让他坐到另外一边远离玻璃门。可他觉得很好玩,很开心。下一秒,他以飞快的速度爬到了门旁边,再次亲向玻璃门,可能是喜欢用嘴巴感受玻璃冰凉的触感。我发现我越着急、越激动、越阻止,他反而更来劲了。于是我抱起了他,想让他远离玻璃门,可他用自己的身体动作指引方向,表达他要去玻璃门那里的强烈愿望。看他坚持的肢体动作和眼神,我被打败了,我将玻璃门清洗干净,顺了他的意,让他亲个够。他亲了几次后,发现我没有给他任何反应,只是默默地看着他,也就不亲了,可能觉得不是特别好玩了。

发现通过透明玻璃门能看见我

摸摸,拍拍,亲亲玻璃门

(二)小娃爱上推门——屡败屡战,依然欢乐

后来,硕硕在转身时,身体动作带动了门,让门移动了一下。像发现了新大陆一样,他又盯着看了一会儿,发现此门会移动。这时,他伸出小手推了下,推开后对着我咯咯咯咯地笑了起来,我也对着他笑了笑,给他鼓鼓掌。看他玩得这么开心,本想阻止的我打断了这个念头。看着他推来推去,玩得不亦乐乎。我在一旁有点紧张,生怕他夹到手。这时他静止不动了几秒,突然大哭起来,我急忙上前查看情况,发现

即将被夹的小手

他的脚趾头被玻璃门夹了一下,红了起来。我赶紧抱起他安慰,可他只哭了一下就缓过来了,很干脆地停止了哭泣。我原以为他受了伤吃了痛就不玩了,哪知道过了一会儿,他又想推开我,用他的肢体语言告诉我他要下去。令我吃惊的是,他又投入了推玻璃门的活动,把门推到左边,又推到右边,来来回回地推。

(三)小娃晋升为"勇士"——玩出经验,保护自己

在接下来的日子里,硕硕一直热衷于推门,几乎天天玩推门,一玩就是半个小时。手脚屡次被夹,但他哭会儿就好,哭完依然继续,无比欢乐,真是越夹越勇。每次看到他受伤,我都很想阻止,但看到他那股执拗的劲,我还是尊重他的意愿,默默支持,保护他。过了几周,我发现他玩得越来越溜了,也没有再看到他受伤或哭泣。经过观察,我发现他学会了一些小技巧,会灵活地运用自己的小手,在门快合上的时候,他会迅速地将自己的手指移开,避免受伤。他也会将小脚放在远离轨道的地方;如果脚在轨道上,门移过来时,他也会马上将脚往后移动。看到他的灵活举动,我很吃惊,又很惊喜,更感欣慰。我举起他,给他大大的拥抱,为他鼓掌拍手。他在推门的过程中,累积经验,学会了如何有技巧地躲避危险,学会了保护自己。

学会两手一起关门,手脚灵活得移开躲避危险

(四)"勇士"操作炉火纯青——掌握技巧,玩出境界

11个月时,硕硕玩推门进入更高境界,那时的他可以坐着把门推开再合上,来来回回,熟练又迅速。他不再停留在原来推来推去的机械操作,而是有意识地将门打开、关上,并探出头去看看。家里厨房的推门、衣柜推门、鞋柜推门,都被他玩个遍。半个月后,他会扶着物体站立了,他又学会了一项新技能,扶着玻璃门站起来,再用手推动另一扇门。真是越玩越有意思了。推门的兴趣他依然坚持着。

站立着推开门，往外瞧

站着关门，手脚灵活避开危险

熟练得开衣柜门

灵活得开厨房玻璃门

我发现

1.孩子会用肢体语言表达自己的意愿并指引方向

硕硕八九个月时会无意识地叫"baba,mama,dada"，也会其他一些发音，但还不会用语言表达自己的想法，我们基本上都是通过他的肢体语言来揣摩他的想法。他经常会用肢体语言告诉我们他要去的方向，初探推门的过程中，当我将他远离玻璃门时，他用他的肢体语言强烈地表达他的意愿。

2.孩子会用身体的各个感官去探索、体验

在探索玻璃门的时候，硕硕通过摸摸、拍拍、亲亲等动作用感官去探索、摸索玻璃门的奥秘，从中得到乐趣。亲玻璃，他是用自己的嘴唇去感受玻璃，而当我表现生气时，他不但不害怕，反而觉得这是个好玩的游戏。因此，他会爱上这种不恰当的互动方式。后来我改变了我的方式，无视他亲玻璃的行为。冷静的态度比责备更有用，他亲着亲着也就不玩了。

3.面对挫折,孩子能勇敢挑战,坚持不懈

在移动推门的活动过程中,我看到硕硕对推门的喜爱,即使受伤,只要我及时给予安慰,他很快就能平复,回头依然继续,坚持游戏,这一过程提升了他的专注力,反映出他坚持不懈的精神品质。看到此情景我也很感动,小小的嫩娃,大大的勇气。如果他依然坚持,我也就支持他去玩。

4.支持游戏,让孩子在玩中学、学中玩,习得经验

硕硕将推门视为游戏,玩得不亦乐乎,每一次体验、每一次受伤,他都在积累经验,他在推门中学会了如何保护自己的小手小脚,掌握了一些生活小技巧。掌握小技巧后,他玩得更好,我会给予大大的表扬。在提升推门技能的过程中,硕硕身体上的改变和心智上的成长,都是显著的。

我感悟

陶行知先生说过"生活即教育"。教育源于生活,生活中的一切事物都可以作为孩子学习、游戏的对象,生活中的一切事物都可以教给我们知识。我家的小宝贝对世间万物都充满了好奇心和探索欲。对刚来到这世间的他来说,家中任何东西都是他认识这世界的渠道。推门是生活中的小技能,硕硕从推门中学会了很多生活的小技巧,身体和心理都得到了发展。

其实,作为父母,我们有时候也很纠结。推门很容易夹到手,到底要不要让宝宝玩呢?过程中,我刚开始也是想阻止的,但看到硕硕的表现和他的意愿,我只能默默在一旁保护他。尽量少说"不",冷静处理比责备更有用。作为父母,我们要支持孩子、顺应孩子、放开孩子,把握好度,在安全的环境下,让其自由探索学习,前提是我们要做他背后的支持者。只要我们放开手,他能更好地成长,我们也会有大大的惊喜和收获。只要我们有一双会发现的眼睛,仔细观察,孩子的一些小举动,都能感化我们的心灵。

温州市瓯海区郭溪景德嘉苑幼儿园　邱圆晶

※"挖"出精彩——小小男孩的太空沙探索之旅

小意思　1岁11个月

夏日的傍晚,夕阳的余温还未散去,微风不燥,酷爱挖掘机的你已经连续多天到楼下的工地上认真观摩挖掘机的工作。因为工地的环境比较恶劣,蚊虫较多,我总是以太脏为由拉上依依不舍的你回家。

　　为了满足你用挖掘机挖泥沙的游戏愿望，我在网上购买了环保安全的太空沙，就这样，你开启了和太空沙的奇妙探索之旅。

　　你兴奋地拿起了你最爱的挖掘机，一只手扶着挖掘机的车身，一只手拿起挖掘机的铲子开始铲泥沙，从这边铲到那边，不厌其烦地重复着相同的动作。你告诉我，你是一辆挖掘机。我说："挖掘机挖泥沙要去做什么呢？"你说："挖掘机挖泥沙去工地造高楼大厦！"我笑着说："那谁可以帮忙运泥沙呢？""大卡车！"你激动地指向了沙发旁的翻斗车请求我帮你拿过来。有了翻斗车的加入，你开始回忆工地里的工程车，为了满足你，我一并拿来了你喜欢的压路机、搅拌机……你熟练地用挖掘机挖泥沙运到翻斗车上，用压路机将泥沙压平，并尝试将泥沙放到搅拌机上，模拟搅拌机搅拌泥沙的样子。

　　"运来了泥沙，我们一起来造房子吧！"我拿来了城堡模具，提出了共同游戏的请求。你选择了一个自己喜欢的小城堡模具，在沙堆里用力一压，一个小型城堡就出现了！我很高兴你能找到自己搭建城堡的方法，"哇！宝宝太厉害了，可以给妈妈也建一个大城堡吗？"你欣然答应了，找来了一个稍大的城堡模具，再一次用直接压的方法为我建了一个大城堡。但很显然，这种方法压出的城堡松软且棱角不分明，于是我说："宝宝，你可以试试看将太空沙倒到城堡模具里面压一压，再将城堡翻过来，扣在工地上，这样城堡会更加漂亮和牢固哦！"说完,我在一旁演示。"看！妈妈的城堡漂亮吗？"也许是得到了你的认可,你也有模有样地模仿了起来,一个个大小不同的城堡就这样应运而生了。

但没过一会,你马上就把一个个城堡给压扁了。当我又为你搭建了一个城堡,想向你炫耀时,你又用自己的小手用力一捏一压,毁了城堡。听到我说"哎呀我的城堡又塌了",你反而"咯吱咯吱"开心地笑了起来！很显然,相比垒砌城堡你似乎更热衷于破坏呢！

我发现

一周岁的你就对挖掘机等工程车表现出格外的热爱,所以妈妈并不惊讶于你对各种工程车功能的了解并乐见你灵活地、有模有样地用动作和语言去表现工程车作业的创造力,因为在日常生活中你已经积累了不少和工程车相关的知识。

值得肯定的是,你游戏时有自己的想法,自主且专注！太空沙不同于一般的沙子,它的流动性不强、可塑性高,和太空沙的第一次互动,你就发现了它的特性。在游戏的过程中,你就是游戏的小主人,你不依赖妈妈,妈妈更多的是一个观察者、引导者。当妈妈提出"造房子"的任务并投放了新材料时,你会用自己的方法去塑造城堡,压一压简单有效。当妈妈提出了不同的方法,你也会仔细观察、模仿、调整并付诸行动,你的学习力强,更让妈妈肯定了"儿童从一出生就是有能力、有自信的学习者和沟通者"这一观点。

当然,妈妈知道你的破坏欲其实也是一种探索的表现,你很好奇这些行为和结果之间的因果关系,想知道推倒、压扁、松手之后会发生什么,所以就通过破坏行动来获取答案并得到满足。

我感悟

1.适当满足好奇心和探索欲

兴趣是驱动孩子学习的有力动机,小意思喜欢看挖掘机作业,在保证安全的前提下,我想我还应该多给他一些耐心,满足他的好奇心与探索欲,尽量不要催他,给他足够的时间去观察和研究。对于孩子感兴趣的事物,家长可以提前做好功课,如弄懂挖掘机的结构、工作原理等,边看边给孩子讲一讲,他会收获更多。

2.正确引导孩子的破坏欲

破坏游戏也是这个年龄阶段的孩子所喜爱的,他们会将辛苦垒砌的沙土城堡压扁,把辛苦搭建的积木机器人推倒,把一整盒玩具哗啦啦地全部倒在地上等以满足自己的破坏欲。作为家长,我们可以给孩子买一些拆装玩具陪他们玩一玩满足破坏欲的游戏,如拆积木城堡、撕纸等,同时建立好规则和边界,让他们明白哪些行为是被允许的,哪些是不被允许的。

3.创设无限尝试与成长的机会和环境

在孩子的成长过程中从来不缺高结构的玩具,在日常生活中我们应该支持并和宝宝一起收集一物多玩的低结构玩具,如纸张、纸盒、木棒等生活材料或石头、落叶等自然材料,当孩子和这些材料碰撞,我相信一定会有更多的创意火花！

在孩子自我学习、游戏的过程中,我愿意当一个观察者、支持者和引导者,帮助孩子根据他感兴趣的事物丰富相应的生活经验,创设贴切孩子生活的情境,引导孩子自主探索、拓展思维,并根据孩子的兴趣点及时调整,推动他创生与学习,发展他的语言、动作、想象力等各项技能。在这个过程中,我会多听听孩子的想法和意见,尊重孩子在他的发展区里按照他的步伐与节奏成长,陪伴他度过一个快乐而有意义的游戏童年。

温州市瓯海区第二幼儿园 季笑思

满满骑车记

满满 2岁4个月

时间如流水,昨天还摇摇晃晃连路都走不稳的满满宝宝,现在已经两岁多,能上蹿下跳,这时候的满满正处于运动能力飞速提升的阶段,在爱运动的爸爸的熏陶下,开始恋上全身运动。满满喜欢荡秋千、滑滑梯、拍皮球、骑童车等各类全身性运动。这个时候的满满不喜欢再做"宅男"了,他喜欢去户外玩耍,所以每天下午睡完午觉,爸爸妈妈都会带着满满去户外走走,运动运动,这样,晚饭时满满的胃口也会更好,满满也特别喜欢每天的户外运动时光。今天的户外时间又会发生什么呢?

发生了什么

片段一

今天去河边栈道散步,栈道中放了一些球形石墩。满满骑着小车进入栈道,骑行了一会儿,看到前面的石墩,他速度慢了下来,回头向妈妈求助。妈妈问:"怎么办啊?"这时满满被旁边的小鸟吸引了,指着小鸟说:"小鸟小鸟。"他开心地在车上跳了两下。接着他骑着小车探过去仔细地看看小鸟,还伸出手和小鸟打招呼,突然满满又从座位站起来探出头往地上看:"咦,有蚂蚁。"一会儿满满又发现一个新奇的东西,调转车头指着问妈妈:"妈妈,这是什么?"妈妈说:"这是蜘蛛吗?"满满重复了一遍妈妈的话:"是蜘蛛诶!"

碰见大石墩　　　被小鸟吸引　　　和小鸟打招呼　　　碰到陌生人会主动问好

片段二

满满调转车头重新回到石墩边,从车上下来,看了看走远的爸爸,抬起车头,喊:"爸爸,过去! 过去!"看到爸爸一直往前走,满满停了停,又使劲抬了一下车头,把车头抬了起来,接着他用另一只手握住车座,把车搬了起来,搬到两个大石墩中间放下来,骑上车,往前骑,可车后轮卡在两个石墩中间。满满叫了两声,站起来握紧把手,身体站直使劲往前拉,可后面的车身一动不动,满满发出几声标志性的求助哭腔,又看了看后方的妈妈。妈妈问:"怎么办? 想想办法!"满满想了想,往后退一退,再次使劲往前一顶,轮子还是卡在石墩中间,满满又站起来,身体挺直第三次用力往前顶,车子还是过不去。

| 满满求助:"爸爸,爸爸!" | 自己试试,抬起车头 | 搬起车身,到大石墩中间 | 坐到车上,想往石墩中间穿过去,却卡住了 |

| 第一次尝试,动不了 | 向后方妈妈求助 | 第二次使尝试,还是不动 | 第三次尝试,车子还是一动不动 |

片段三

满满坐在车上,扶着把手,停了几秒钟。妈妈问:"过不去了,怎么办? 再想想?"满满还是一动不动,他的目光被前面走过来的阿婆吸引了,阿婆手里拿着好多瓶子从石墩的右边走了过去,满满回头又看看阿婆,再看向自己的小车。他把车往后退了几步,第四次尝试把自行车往前拉,车子依然纹丝不动。满满下车,手扶着座位用力往前拉,车还是没有动。满满绕到车的后面,蹲下身体,翘起屁股,用两只手扶着车后斗,往前用力推,车子依然不动。满满又重新坐回车上,用力往前拉了一下,还是过不去。

在车上停留几秒

看见拿着好多东西的阿婆从旁边经过

回头再次看向阿婆

第四次使劲往前冲,轮胎还是不动

下车,拉了下座位,拉不动

绕道车后方

扶住后方车斗用力往前推

回到车上坐下又使劲往前拉,车子依然不动

片段四

满满慢慢地把车子往后退,往右边看了看,抬起车头,又往左边走,走了两步,停下,嘴里喃喃了两句,调转车头,坚定地骑着车子往石墩右边绕了过去,继续往前进。妈妈高兴喊:

满满把车子往后退

往右边看看,抬起车头往左边走

停住喃喃两句,调转车头往右边走

绕过石墩,坐下来,往前进

"耶！成功了！"满满边骑车,边侧身露出满足的笑容。

露出满意的笑容

我发现了

生活处处充满学习的契机,在这次外出散步中,我看到了一个对周围世界充满好奇心和会探索发现的满满。

在散步中,满满一直观察周围,不停地提问,非常乐于主动了解自己不知道的东西,并乐于分享自己的发现,还非常友善地和小动物打招呼。满满是一个开朗的小宝宝。

在散步中,遇到障碍,满满善于观察。感觉自己会过不去时,第一时间知道向身边的爸爸和妈妈寻求帮助,也会主动尝试自己过障碍物。

在多次尝试失败后,还是会积极动脑筋想办法,观察周围的人。经过努力还是没有成功时,他也不急着哭、不放弃、积极想办法,动脑筋。最后选择调转车头,绕过石墩继续前进,非常有耐心,真的要为满满竖起大拇指。

下一步可以做什么

将满满成功通过障碍物的视频分享给哥哥,鼓励满满自己用简单的语言表达、展示自己。在语言快速发展期中,提高满满的语言表达能力,保持满满的好奇心,鼓励满满继续探索,做一个积极、主动、自信的学习者。

培养满满的空间感。判断物体能否到达,判断物体能否通过障碍物,都是孩子空间感的表现。空间感的建立也是帮助孩子在前后、上下、左右三个维度上做相应的运动。让孩子多进行运动很重要,运动不仅锻炼身体,还是培养空间感的绝佳方式,爸爸妈妈继续和满满一起游戏,秋千、滑梯、攀登、爬行等,让他体验在各种空间里的运动。

努力继续实现有效的亲子陪伴,在亲子陪伴中的适度等待和鼓励是非常重要的,满满在碰到困难向爸爸妈妈求助时,爸爸妈妈并没有不理会,也没有直接上前帮助,而是给予孩子鼓励的眼神和语言,给满满积极主动尝试的空间和机会,让他充分展示他的想法,积极动脑,去尝试、体验。爸爸妈妈要做的就是等待,静等花开。对于每一次的成功,爸爸妈妈要给积极的肯定和鼓励。

当然,爸爸妈妈也要努力尝试判断满满遇到困难时,是否能凭自己的能力去克服,充分体验。在困难超出满满能力范围时,当满满沮丧时,也要给予适时、适度的帮助,让满满努努力能自己克服,才能更好地保护满满的好奇心和探索欲。

温州市瓯海区潘桥汇宁儿园　孙雅妹

※一张点心桌带来的自我价值感

楷楷　2岁4个月

事件描述

片段一

楷楷与OK小朋友第一次相约在"宝宝俱乐部",楷楷对新环境充满好奇,对滑梯和各种玩具都很感兴趣,并不断地去探索。但是,最让他着迷的是点心区中的玻璃水壶和玻璃小水杯。在"宝宝俱乐部"里,他沉迷于把水壶里的水倒进小玻璃杯里,然后一杯又一杯喝下肚。他大概喝了三四杯水,以至于午饭没吃几口就跑了。

午睡后,妈妈递给楷楷吸管杯,让他喝水,楷楷说:"不是这个杯子。"我们问他:"你要哪个杯子?"他反复地说:"刚才那个,刚才那个。"妈妈换了几个水杯,楷楷都说"不是这个"。因为妈妈没有get到他的"哭点",楷楷的情绪有些失控,妈妈也有点烦躁和沮丧。被楷楷"哭懵"的妈妈灵光一闪:"你想要的是今天和OK一起喝的玻璃小杯子吗?"楷楷抱着妈妈说:"是!"妈妈回应:"因为你想用玻璃小水杯喝水,妈妈没听懂所以你哭了,妈妈给你买一个那样的玻璃杯好吗?"楷楷的情绪逐渐平稳。

事件分析

2岁以后,孩子进入情感发展阶段,他们的自我意识开始萌芽,具有独立做选择不愿意被干涉的冲动。孩子会坚持自己的想法,就是自我意识在支配孩子的思想和行为。正处于这个年龄段的楷楷对于想用什么杯子喝水,已经有主见,而这种自主意识对于他的健康发展及其重要,并且自主意识会贯穿整个童年时期,但是,其基础是在孩子出生后的第二年和第三年打下的。

这个年龄段的楷楷缺乏处理自己情感的能力,还没有掌握表达一系列如此复杂的想法和感受的词汇。楷楷的情绪崩溃,是因为妈妈没有get到他的"哭点",后来得到理解和认可,他的感觉就好一些,也更加愿意寻找解决的方法。

昨天、今天、明天这些概念对于2岁多的楷楷而言太过抽象,因为他还没有准确的时间概念,对于昨天或者很久之前的事,他都会说"刚才"。有效利用良好的作息规律、亲子阅读、生活游戏能帮助孩子逐步感知时间。

支持回应

生活中,孩子们在不断地递送着非语言信息,他们的面部表情、姿势和行为都为有洞察力的照料者提供线索。只要照料者们积极倾听,注意孩子的感受并用平静而明确的话语说出来,其实是在教孩子处理他的情感,帮助孩子在将来识别它们,并为处理眼前情形打开一扇大门。

楷楷对于想用什么杯子喝水,已经有主见,而这个想法也是正当的,那我们何不满足他这个小小的心愿?于是妈妈改变了家里的环境,在家中布置了一块专门的点心区,把"宝宝俱乐部"的点心桌复制到家里来,还购买了一个公道杯和两个小玻璃水杯。

事件描述

片段二

布置好家庭点心桌,楷楷特别兴奋,他不停地把水壶的水倒进杯子里喝掉,不让任何人帮忙。奶奶怕他摔坏杯子或把水洒出来,总想包办,但被楷楷拒绝了。"豪饮"带来的后果是又影响了正餐,于是妈妈在餐前半小时就会把水壶收起来。

另外,妈妈丰富了菜单,点心桌上不再只有水了! 妈妈会提供两种水果和饮品,给楷楷选择。想吃苹果还是火龙果,楷楷来决定! 想喝牛奶还是水,楷楷来决定!

在游戏过程中,楷楷会把牛奶和水洒到桌子上,妈妈问楷楷:"桌上有牛奶怎么办呢?"他回答:"擦一擦。"妈妈追问:"用什么擦呢?"楷楷说:"纸巾。"妈妈请他拿纸巾试着把桌子擦干净,楷楷擦了桌面还"噔噔噔"地跑去将纸巾扔进垃圾桶,就这样点心桌上多了纸巾,桌旁多了个小垃圾桶。

用纸巾擦桌子不环保,于是妈妈把纸巾改成了海绵,请楷楷试一试用海绵擦水,楷楷惊喜发现牛奶不见了。妈妈告诉楷楷:"这是海绵,海绵可以把桌上的牛奶吸进去。"

楷楷迫不及待地用海绵擦牛奶,擦完妈妈请他闻一闻沾了牛奶的海绵,楷楷说:"海绵也喝了牛奶啦。"与这个"新朋友"亲密接触后,妈妈问楷楷:"海绵一直沾着牛奶会怎么样呢?"楷楷认真地看着海绵,没发现海绵的变化,妈妈告诉他:"牛奶会变质,如果不把海绵洗干净,残留在海绵上的牛奶会让海绵变得臭臭的。"

妈妈的回答吸引了楷楷的注意,妈妈接着问:"你想不想洗一洗海绵?"楷楷开心地冲洗海绵,用海绵吸水、挤水、移水,玩得很投入。

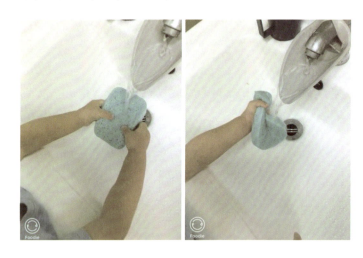

事件分析

楷楷处于自我意识萌芽的阶段,他的独立意识在点滴间逐步发展出来,他喜欢尝试自己做些事情,喜欢自己动手的感觉,所以楷楷拒绝大人帮忙,坚持自己倒水,这种自主性、独立性,是一种积极的表现,照料者一定要给予支持和鼓励。自主性发展的一个重要方面在于肌肉系统的成熟。楷楷在不断倒水的过程中,通过控制水杯里的水不外撒,锻炼了手眼协调能力,也促进了精细动作的发展和肌肉群的发展。

妈妈给楷楷提供自主选择水果和饮品的机会,所以楷楷特别乐意做出选择,拥有选择权能给楷楷一种力量感:自己有权利选择一种可能或另一种可能。而且妈妈提供的二选一的选择与楷楷的发展水平相符,并且所有的选择都是妈妈乐意接受的。

妈妈通过问题"桌上有牛奶怎么办""用什么擦"来鼓励楷楷自主去擦倒出来的牛奶。妈妈也会问超过楷楷能回答问题,如:"海绵一直沾着牛奶会怎么样呢"。这样的提问有助于发展楷楷的语言能力、思考能力以及自主意识。

探索海绵的楷楷,触摸海绵,闻海绵的气味,尝海绵的口感,感受海绵吸水的特性,并做生活的试验,其实是在学习。后来妈妈还和楷楷一起用海绵给家里的菜园浇水,用海绵把蝴蝶兰的叶子擦干净,对海绵的探索学习是一段充满热情和喜悦的动手经历。

支持回应

妈妈将"宝宝俱乐部"的点心桌复制到家里,通过不断优化与调整,让楷楷独立完成倒水、喝水、吃点心、擦桌上残留的牛奶、洗海绵,从这件事上我们看到了楷楷依靠自己的能力,独立完成任务,逐渐建立自我价值感。而这种自我价值感,需要的不只是温和的话语,它需要"能力体验"。当孩子拥有"能力体验"时,当他们学习技能并对完全靠自己完成一项事情的能力形成信心时,自我价值感就会生成。

相信孩子,永远不要替孩子做任何他自己能做的事情。

故事后续

楷楷非常喜欢他的点心桌,妈妈打算把"点心桌"过渡成"小餐桌",成为他进餐的专属位置。楷楷已经具备独立进食的能力。让楷楷尝试独立进餐,是让楷楷体验成就感、培养其独立性的开始。这不仅能培养孩子的独立生活能力,而且对早期的智力开发也大有好处。吃饭,需要用手操作,还需要脑神经的控制,使手眼能协调运动。这对于2岁的宝宝来说,可不是件简单的事情,是一项蛮费心思的"工程",对照料者也是极具挑战的过程,但是对于孩子来说,他能获得独立吃饭的"能力体验",从中获得自我价值感,这点挑战真的不算什么!

温州大学附属实验幼儿园　陈薪羽

附 录

亲子园体验课程活动参考方案

一、亲子园体验课程亲子游戏参考方案

13—18个月集体活动参考方案

主题活动:摇摇拉拉

摇摆小闹钟

重点关注	感知探索	健康发展	听说表达	艺术体验	社会情感	生活能力
		√	√		√	

活动价值	1.带养人全身心投入游戏,用亲切的语言向宝宝预告游戏开始,关注宝宝的游戏意愿和情绪。 2.宝宝感受身体高低落差和变化,充分刺激前庭,锻炼平衡能力。
活动准备	准备儿歌《摇摆小闹钟》图谱和1个大布娃娃。

活动内容	策略和支持
一、导语 1.带养人交流宝宝喜欢玩的亲子游戏,聊聊宝宝喜欢的理由。 2.介绍此活动的价值。	亲子关系是基石,亲子共同游戏能很好地增进亲子间的情感,感受亲情的快乐。
二、亲子游戏 1.听一听 　带养人怀抱宝宝盘腿坐好,随着儿歌的节奏带着宝宝轻微摆动自己的身体。 2.闹钟游戏 　带养人和宝宝面对面站好,双手从宝宝的腋下托住宝宝,边念儿歌边摆动宝宝的身体。听到"时间到,开始了",带养人把宝宝高高举起,然后抱在怀里,亲亲宝宝。 **三、交流分享和家庭迁移** 1.交流分享 　个别引导方法得当、有创意的带养人分享游戏中的引导方法。 2.家庭迁移 　带养人可根据宝宝对游戏的兴趣,在家与宝宝继续游戏,但要注意饱食后和睡前不宜进行这项游戏。	每次游戏开始前,向宝宝预告:"宝宝,我们一起玩游戏喽!" 带养人关注宝宝的游戏意愿,宝宝如不愿意参加,带养人不要强求宝宝,可先用语言、动作示范,慢慢引导宝宝尝试。 念第一段儿歌时,带养人托住宝宝的腋下前后晃。念第二段儿歌时,托住宝宝的腋下左右晃。 带养人应根据宝宝的适应程度,调节举高或晃动的幅度。

教材附件

小闹钟,摆起来,滴答、滴答,转一圈。

小闹钟,摆起来,滴答、滴答,一(二、三、四……)点啦!

小闹钟,摆起来,铃铃铃铃,时间到。

抽拉游戏

重点关注	感知探索	健康发展	听说表达	艺术体验	社会情感	生活能力
	√	√				

活动价值	1.带养人在游戏中观察宝宝双手交替使用的情况,尝试用慢速动作示范和语言讲解结合的方式进行引导。 2.宝宝自主选择喜欢的游戏材料进行抽拉探索,锻炼手部肌肉群,发展双手的协调性。
活动准备	准备长绳、蔬果模型、纸巾盒、纱巾、透明瓶罐、丝带、薯片罐、麻绳和彩色绒球。

活动内容	策略和支持
一、导语 1.带养人交流宝宝是否喜欢抽拉纸巾、开关抽屉等。 2.介绍此活动的价值。	这个月龄段的宝宝运用手的能力有了很大的进步,拇指能配合食指、中指抓握物体,不再是大把抓。
二、亲子游戏 1.拉绳找物 　引导宝宝用手拉长绳的方式找到藏起来的物品(把蔬果模型系在长绳上藏起来)。 2.抽拉游戏 　把不同类型的材料分区摆放,教师介绍材料,宝宝选择自己喜欢的材料区域并进行抽拉探索游戏,期间可以换区域游戏。 区域一:抽拉纱巾 　纸巾盒里装上若干根系在一起的纱巾,宝宝抽拉纱巾。 区域二:抽拉丝带 　在已钻有多孔的透明瓶罐里装进若干根彩色丝带,宝宝抽拉丝带。 区域三:拉"葡萄藤" 　在麻绳上缝彩色绒球,装饰成"葡萄藤",把薯片罐装饰成"山洞",把"葡萄藤"塞进"山洞",宝宝抽拉"葡萄藤"。	带养人鼓励宝宝尝试双手配合拉长绳。根据宝宝的实际情况,可以给予慢速示范并结合语言讲解进行引导。如果宝宝不愿意双手配合拉绳,则不用勉强,让宝宝用自己的方式拉绳。 带养人关注宝宝参与游戏的意愿,如宝宝不愿玩,要分析原因,尝试用激趣方法引导。 在游戏过程中,宝宝可能会随意抓摸,带养人应满足其自由探索的欲望。
三、交流分享和家庭迁移 1.交流分享 　带养人交流如何看待宝宝频繁换区域游戏。 2.家庭迁移 　带养人在家中也可适当为宝宝创造抽拉的机会,如拉扯尼龙绳卷、抽纸巾、拉卷窗等。也可以在柜子底层准备一两个抽屉,里面不定期更新玩具,供宝宝游戏,满足宝宝的好奇心和探索欲	

主题活动:美丽的颜色

红红的世界

重点关注	感知探索	健康发展	听说表达	艺术体验	社会情感	生活能力
	√		√			
活动价值	1.带养人用多种游戏方式让宝宝感知红色,给予宝宝试错、纠错的机会。 2.宝宝通过观察和操作,自主探索、反复尝试,逐步建立红色的概念。					
活动准备	1.准备各种红色物品(数量占比多)。 2.准备一些非红色的物品(数量占比少)。					

活动内容	策略和支持
一、导语 1.带养人交流宝宝对颜色的兴趣。 2.介绍此活动的价值。	这个月龄段的宝宝对颜色展现了极大的兴趣。其中,宝宝对红色最敏感。针对这一特点,带养人可以提供各种红色的物品让宝宝感知红色。
二、感知体验 1.红红的世界 　教师在教室里布置一个红红的世界。宝宝在红红的世界里自由探索。带养人看到宝宝拿起红色的物品,就说"红红的"或"红色"。 2.听指令,找红色 　带养人根据宝宝的游戏状态,尝试与宝宝进行指令游戏,让宝宝找一找红色的物品。"宝宝,红色的汽车在哪里?"当宝宝找到相应的物品时,及时给予鼓励。 3.红色找家 　在红红的世界里,放入小部分不是红色的物品。 　给宝宝一个红色的"家"(手提篮),宝宝将找到的红色物品放进红色"家"里。如果宝宝将非红色的物品放进"家"里,带养人提醒宝宝再次观察这个物品的颜色,给予宝宝试错、纠错的机会。	宝宝找到物品时,带养人根据宝宝的语言表达能力,可以尝试让宝宝说出"红色",或者由带养人说出"红色的某某",帮助宝宝巩固对红色物品的感知。 在宝宝听指令找红色的过程中,带养人应注意口令需简短明确,耐心等待宝宝寻找。若宝宝拿错物品,带养人可以用摇摇头、摆摆手等身体语言提示宝宝,并告诉宝宝这不是红色,让宝宝继续寻找。 带养人根据宝宝的游戏兴趣,陪伴宝宝游戏。即使宝宝只愿意玩活动中的一种游戏,也要顺应和支持宝宝游戏,不予干涉。
三、交流分享和家庭迁移 1.交流分享 　带养人交流如果宝宝找错了红色物品,应该怎么和宝宝交流。 2.家庭迁移 　在日常生活中,带养人可以根据宝宝拿到的物品,说出物品的颜色,也可以鼓励宝宝寻找生活中的红色物品。	

红红的朋友

重点关注	感知探索	健康发展	听说表达	艺术体验	社会情感	生活能力
	√		√			

活动价值	1.带养人根据宝宝的兴趣,自制《红红的……》,让宝宝体验自制书带来的不同的阅读感受。 2.让宝宝找一找、认一认书中的物品,激发其语言表达的兴趣。
活动准备	1.布置一个红红的教室,在其中投放很多红色的物品和带各种红色物品的图卡。 2.每人1本亲子园自制书《红红的书》。

活动内容	策略和支持
一、导语 1.带养人交流引导宝宝认识颜色的方法。 2.介绍此活动的价值。	宝宝对颜色的认知是在日常生活中不断渗透和自然发展的。
二、亲子阅读 1.《红红的书》 　带养人按照宝宝的兴趣翻阅亲子园自制书《红红的书》,并与宝宝一起认一认、说一说书中的内容。 2.认一认、说一说亲子自制书《红红的……》 　宝宝根据兴趣,寻找红色物品图卡,带养人将卡片用圆环串成一本自制书。带养人和宝宝一起认一认,说一说自制书中的内容。 3.红色物品对对碰 　带养人出示红色物品图卡,让宝宝在教室里找到相应的红色实物对对碰。	带养人在阅读中用手指物品同时,读出物品名称,更有利于宝宝模仿成人的语言,将物品和物品的名称进行联系。 带养人拿到一本书后,根据宝宝的兴趣选择相关的页面阅读,不一定要按顺序一页一页阅读。 在亲子游戏中,带养人可以鼓励宝宝说一说找到的物品的名称,宝宝说出名称后,给予及时的表扬,激发宝宝语言表达的兴趣。
三、交流分享和家庭迁移 1.交流分享 　带养人交流如何引导宝宝对图片和实物产生关联认知。 2.家庭迁移 　在家庭中进行亲子阅读时,要观察阅读的环境,环境中无关的物品尽量都收起来,减少干扰。亲子阅读时,尊重宝宝的阅读兴趣,让宝宝选择看哪本绘本。	

主题活动：好玩的水

魔法变色水

重点关注	感知探索	健康发展	听说表达	艺术体验	社会情感	生活能力
	√	√	√			
活动价值	1.带养人根据宝宝的撕、塞纸能力，给予其适当的辅助，并引导其观察颜色的变化。 2.宝宝尝试撕扯皱纸并将其塞入瓶中，感受水的颜色的变化，引发探索兴趣。					
活动准备	1.准备矿泉水小瓶若干，在瓶中装2/3的水。 2.准备深色皱纸若干(如红色、蓝色、绿色、金黄色等)。					

活动内容	策略和支持
一、导语 1.向带养人了解宝宝是否喜欢探索，用什么方式探索。 2.介绍此活动的价值。	宝宝有非常强的好奇心和探索欲，会通过观察、触摸、操作的方式进行探索。带养人可以提供安全、开放性的材料，满足宝宝的探索欲。
二、亲子游戏 1.撕一撕 　　教师引导带养人看清皱纸纹路，带养人握住大部分纸，根据宝宝的能力，露出一角或撕开一个口子，鼓励宝宝尝试撕纸。 2.塞一塞 　　带养人引导宝宝将撕好的皱纸条塞入矿泉水瓶中。 3.变一变 　　带养人拧紧瓶盖，示意宝宝摇晃瓶身，并用"瓶里有什么？摇一摇！""看，水变颜色喽！"等语言引导。 4.彩色的光线 　　将变色的水瓶放在白纸上，拿到阳光下，带养人引导宝宝观察和感受太阳光折射在白纸上的彩色光。若没有阳光，可以让带养人将手电筒的光照射在水瓶上。	带养人引导宝宝观察皱纸的纹路，边撕边说："红红的纸。"引导宝宝感受颜色。 带养人握住大部分皱纸，露出一部分，可帮助宝宝掌握运用指尖的技能。塞入矿泉水瓶的纸条不宜太长，长条纸会因晃动而难以对准瓶口。 带养人观察宝宝的游戏情况，尽量不干扰宝宝的探索，耐心等待。带养人根据宝宝的兴趣，让其撕其他颜色的皱纸并放入已变色的水瓶中摇晃，让瓶中水的颜色再次发生变化。
三、交流分享和家庭迁移 1.交流分享 　　带养人交流如何根据宝宝的能力，引导宝宝把纸塞进瓶中。 2.家庭迁移 　　在家里提供可水洗的颜料，让宝宝进行颜色探索。	

神奇水画

重点关注	感知探索	健康发展	听说表达	艺术体验	社会情感	生活能力
	√	√		√		

活动价值	1.带养人观察宝宝涂鸦的兴趣,用语言引导或动作示范让其关注涂鸦产生的痕迹。 2.宝宝通过把水反复涂抹在涂鸦布上,感知海绵刷、手的运动方向、痕迹之间的关系。
活动准备	每人1份水画布、海绵涂鸦刷、小碗、水。

活动内容	策略和支持
一、导语 1.向带养人了解宝宝在家的涂鸦情况,了解涂鸦工具的种类。 2.介绍此活动的价值。 **二、亲子体验** 1.神奇画笔 　先让宝宝玩一玩海绵涂鸦刷,并告诉宝宝这是海绵刷。 2.涂涂画画 　带养人引导宝宝蘸水作画,引导其感知海绵刷、手的运动方向、痕迹的关系。 **三、交流分享和家庭迁移** 1.交流分享 　带养人分享和宝宝交流涂鸦作品的方法。 2.家庭迁移 　带养人可以购置各种涂鸦工具、可水洗颜料等,让宝宝在家中开展大面积涂鸦活动(可以利用浴室、阳台的墙面)。	很多带养人关注到这个月龄段的宝宝特别喜欢涂涂画画。当宝宝发现笔、颜料可以在纸上或者其他地方制造出痕迹时,会感到好奇、新鲜与兴奋。 只要宝宝乐意自己探索、涂鸦,带养人尽量不干扰宝宝的涂鸦过程。 带养人引导宝宝关注海绵刷蘸了水在画布上涂抹留下的痕迹。在这个过程中,宝宝会不断地构建海绵刷、手的运动方向、痕迹之间的关系。

主题活动：青菜萝卜
一起拔萝卜

重点关注	感知探索	健康发展	听说表达	艺术体验	社会情感	生活能力
			√	√	√	

活动价值	1.带养人关注游戏中宝宝身体的安全性，以故事的方式带动宝宝参与拔萝卜游戏的兴趣。 2.宝宝跟随音乐与带养人互动游戏，感受音乐的节奏，体验亲子音乐游戏的快乐。
活动准备	准备音乐《拔萝卜》、图谱，并为每人准备1条纱巾。

活动内容	策略和支持
一、导语 1.带养人交流宝宝喜欢的音乐类型。 2.介绍此活动的价值。 **二、亲子游戏** 1.情境表演欣赏 　　主教当拔萝卜的人、助教将纱巾藏在手中攥紧当萝卜。跟随音乐前后晃动，"萝卜"一点点被拔出来，音乐最后出现歌词"萝卜拔出来了"时，完全拔出手中的"萝卜"。 　　带养人引导宝宝观察欣赏，带养人跟随音乐节奏用手轻轻拍打宝宝的身体，让宝宝感知节奏。 2.倾听音乐，进行互动游戏 　　教师出示图谱，带养人和宝宝倾听音乐，面对面互相拉手，前后轻微晃动身体玩拔萝卜游戏。 3.拔萝卜游戏体验 　　带养人和宝宝用纱巾当萝卜，跟随音乐自由游戏。 **三、交流分享和家庭迁移** 1.交流分享 　　带养人交流和宝宝互动游戏的方法。 2.家庭迁移 　　平时可以用创设情境的方式和宝宝游戏，鼓励家中成员一起参与拔萝卜游戏。	这个月龄段的宝宝的身体对于音乐的刺激反应增强，喜欢听一些重复性、活泼欢快的音乐，或跟随音乐做一些简单的动作等。 带养人观察宝宝观看音乐情境表演的表现，如听音乐的专注表情、是否摇晃身体或咿呀发声等。 带养人和宝宝进行拉手游戏时，注意身体前后晃动的幅度，如果宝宝晃动幅度太大，会有脱臼的风险，建议拉住宝宝的上手臂进行游戏。 带养人用故事、积极的状态和饱满的情绪激发宝宝玩拔萝卜游戏的兴趣。跟着音乐节奏，变换体位玩游戏。

青菜印画

重点关注	感知探索	健康发展	听说表达	艺术体验	社会情感	生活能力
	√	√		√		

活动价值	1.带养人用语言积极鼓励宝宝进行五感探索,不干扰宝宝专注的探索行为。 2.宝宝用五官感知青菜,并尝试用青菜茎进行印画,体验用不同工具进行涂鸦的乐趣。
活动准备	1.准备洗净的小青菜和切好的青菜茎,人手1份。 2.准备白纸、颜料(红、绿色)。

活动内容	策略和支持
一、导语 1.向带养人介绍印画的多种材料。 2.介绍此活动的价值。 **二、亲子游戏** 1.摸一摸 　　教师把青菜放在袋中,并示范引导摸的方法和引导话语。 　　教师分发装有青菜的袋子,带养人引导宝宝摸一摸、猜一猜袋中的物品。 2.认一认 　　教师示范用五感感知青菜。 　　带养人引导宝宝用五感感知青菜,并说:"菜、青菜、绿绿的。"宝宝想要自己动手摆弄青菜时,带养人应满足宝宝的需求。在让其自由摆弄后,再鼓励其掰开菜叶,感受菜茎和菜叶不同的触感。 3.印一印 　　教师将青菜叶切下来,留下青菜茎。宝宝观察手中青菜切面的图案。 　　教师示范用青菜茎印画。 　　宝宝印画,带养人引导宝宝观察印画留下的痕迹和颜色,并用语言和行动支持宝宝的印画过程。 **三、交流分享和家庭迁移** 1.交流分享 　　带养人交流分享宝宝在印画过程中的探索行为。 2.家庭迁移 　　带养人留意生活中适合印画的材料,如泡泡纸、瓶盖、瓶子等,和宝宝一起玩印画。带养人也可以带宝宝去超市、菜场看看,可以让其参与洗菜、撕菜叶等。宝宝参与了劳动,这对激发其食欲也有帮助。	生活中还有很多可以用来印画的材料,如浴球、积木等。带养人带着发现的眼睛,用生活中的材料,引导宝宝尝试印画。 带养人观察宝宝摸物的表现,可通过动作示范来激发宝宝摸物的兴趣,也可让宝宝观察露出来的绿色菜叶,激发宝宝主动探索。 带养人观察宝宝摆弄菜叶的方式。让宝宝有足够的时间充分摆弄菜,感受菜叶、菜茎在质地、触感等方面的不同,可引导其用指腹捻、摸来感知。 带养人用语言鼓励和激发宝宝的涂鸦兴趣,可根据宝宝的实际能力对其进行一定的帮助,但不能包办、代替。可先用语言提醒,如果宝宝还是掌握不了方法,再用动作示范。

主题活动:大大的苹果

苹果长在大树上

重点关注	感知探索	健康发展	听说表达	艺术体验	社会情感	生活能力
	√	√			√	

活动价值	1.带养人观察宝宝对游戏中高低落差的情绪和身体反应,根据宝宝的实际情况进行高低落差的调整。 2.宝宝体验游戏的高低落差快感,刺激前庭,感受游戏带来的愉悦感。
活动准备	准备仿真娃娃1个、苹果树和苹果图片各1张。

活动内容	策略和支持
一、导语 1.向带养人了解宝宝对高低落差的接受能力。 2.介绍此活动的价值。 **二、游戏体验** 1.小苹果树和大苹果树游戏 　教师出示苹果树和苹果图片。教师引导带养人和宝宝分别变成"苹果树"和"苹果"。教师讲述小苹果树长大变成大苹果树,苹果成熟掉下来的故事情境,带养人慢慢把宝宝举高,举过头顶,再将举高的宝宝从高处慢慢放到地上,让宝宝初步感受从低到高和从高到低的位置变化。 2.教师示范苹果长在大树上的游戏 　主教怀抱大布娃娃,边念儿歌边示范游戏。 3.亲子游戏:苹果长在大树上 　带养人和宝宝面对面,托住宝宝的腋下进行游戏。 **三、交流分享和家庭迁移** 1.交流分享 　带养人交流分享缓解宝宝惊慌情绪的策略。 2.家庭迁移 　可以经常在家中与宝宝玩这个游戏,考虑到游戏需要,建议爸爸带宝宝玩,更能让宝宝体验这种游戏的乐趣。	这个月龄段的宝宝很依恋带养人,喜欢和带养人共同游戏。这个游戏能让宝宝在游戏中体验高低落差的快感。 在游戏开始前,带养人先和宝宝预告:"等下爸爸(妈妈)将你举高高,我会保护好你的安全。""游戏开始啦,你准备好了吗?"让宝宝提前做好心理准备,他们更愿意参与游戏。 关注宝宝情绪,如宝宝不愿意参加,带养人不要强求,先让其观看同伴游戏,再用语言、动作示范,慢慢引导宝宝尝试。 游戏时,带养人要根据宝宝的适应程度,调节举高或晃动的幅度。游戏结束后亲亲宝宝,以鼓励宝宝的积极参与。

教材附件
苹果长在大树上,掉下来、掉下来。
苹果长在大树上,摇一摇、掉下来。
苹果长在大树上,转一圈、掉下来。

虫吃苹果

重点关注	感知探索	健康发展	听说表达	艺术体验	社会情感	生活能力
	√	√				

活动价值	1.带养人在活动中关注宝宝探索的过程,鼓励其坚持操作,不聚焦探索的结果。 2.宝宝通过小木棍穿洞洞的游戏,发展手部小肌肉群和手眼协调能力。
活动准备	准备画有苹果的塑封卡片(中间有孔)若干、绳子或木棍、有洞的苹果玩具、筐。

活动内容	策略和支持
一、导语 1.带养人交流家庭中哪些活动可以帮助宝宝锻炼手以及手指的协调性和灵活性。 2.介绍此活动的价值。	带养人关注精细动作与家务劳动的密切联系,比如,宝宝自己拿勺子吃饭、自己剥水果等,这都是宝宝精细动作发展到一定程度才会实现的动作。

二、游戏体验
1.吃苹果片游戏
    教师创设毛毛虫吃苹果的情境,用木棍或绳子当虫,引导宝宝用"虫"穿过带孔的苹果卡片。带养人在宝宝用"虫"穿"苹果片"的时候,说:"苹果真好吃,虫吃苹果"。
2.吃大苹果游戏
    教师提供木质有洞洞的"大苹果",宝宝用"虫"钻圆圆的"大苹果"。鼓励宝宝让"虫"多"吃""大苹果"。
	带养人用带情境的语言或示范性的动作吸引和鼓励宝宝玩吃苹果片和吃大苹果的游戏。
	
	带养人对宝宝进行探索的各种行为,不管其成功与否,都给予肯定,鼓励其坚持操作,不聚焦探索结果。
	
	带养人观察宝宝对两个游戏的兴趣,如果宝宝坚持进行其中一个游戏,不愿意换游戏,尊重宝宝的意愿,让其继续进行喜欢的游戏。

三、交流分享和家庭迁移
1.交流分享
    带养人分享宝宝探索的过程,尤其是宝宝的主动探索行为。
2.家庭迁移
    在日常生活中,多给宝宝提供自己剥橘子、拆糖果、用勺子吃饭等机会,发展宝宝精细动作的灵活性、协调性。	

主题活动:我的身体

认五官

重点关注	感知探索	健康发展	听说表达	艺术体验	社会情感	生活能力
			√	√	√	

活动价值	1.带养人用夸张的语言和动作描述指认五官,能根据宝宝指认五官的能力调整游戏的速度。 2.宝宝初步认识自己的五官,在互动游戏中体验指认五官的乐趣,促进宝宝自我意识的萌发。
活动准备	准备《五官歌》音乐,每人1面镜子、1张彩纸。

活动内容	策略和支持
一、导语 1.向带养人介绍此月龄段的宝宝对身体部位的探索兴趣。 2.介绍此活动的价值。 **二、亲子游戏** 1.看一看,认五官 　教师示范在镜子里认五官,带养人引导宝宝在镜子前认识自己的五官。 2.摸一摸,说五官 　带养人将彩色纸撕出一个洞,在洞洞中露出自己的五官,让宝宝摸一摸五官,说出五官的名称。 3.听一听,找一找 (1)教师念儿歌,宝宝和带养人跟随儿歌内容指认自己的五官。 (2)跟随歌曲内容,宝宝和带养人指认五官。 　·引导宝宝指认带养人的五官。 　·带养人和宝宝跟随歌曲内容互相指认对方的五官。 **三、交流分享和家庭迁移** 1.交流分享 　带养人分享调动宝宝积极参与活动的策略。 2.家庭迁移 　宝宝对名字的认识和自我发展紧密联系在一起,带养人在此阶段多叫宝宝的名字。待宝宝熟练指认自己和他人的五官后,还可延伸至认识身体其他部位,如头、手、肚子、脚等。	这个月龄段宝宝的自我意识进入萌芽阶段,开始可以区分自己和他人,对自己的五官和身体有了更多的探索欲望。 如果宝宝不愿意指认,带养人可以用手指着宝宝和自己的五官,进行语言描述和指认。例如,带养人指着宝宝的鼻子说:"宝宝的鼻子。"再指着自己的鼻子说:"妈妈的鼻子。" 带养人根据宝宝的反应随时调整唱歌或游戏的速度,让宝宝有充裕时间触碰指认五官。 如果宝宝不愿意指认自己的五官,带养人可积极参与游戏,给予榜样示范。

教材附件

说鼻子,点鼻子;说耳朵,拉耳朵;说眼睛,指眼睛;说嘴巴,笑哈哈。

小手画画

重点关注	感知探索	健康发展	听说表达	艺术体验	社会情感	生活能力
	√	√		√		

活动价值	1.带养人用榜样示范和积极语言带动宝宝用手涂鸦,感受亲子涂鸦的乐趣。 2.宝宝通过触觉和动作探索,感知手部运动和颜料轨迹产生的关系,感受不同的色彩,体验涂鸦的乐趣。
活动准备	准备大白纸、颜料(红、黄、蓝),每人1件防水罩衣。

活动内容	策略和支持
一、导语 1.带养人交流宝宝用手涂鸦的兴趣情况。 2.介绍此活动的价值。	一岁多的宝宝开始对涂鸦感兴趣,并对留下的痕迹感到惊奇。涂鸦可以让宝宝感受颜料的色彩、属性,丰富宝宝的视觉感受,提高其手部控制力。
二、亲子体验 1.点点、涂涂、压压 　　宝宝选择自己喜欢的颜料,用小手在纸上自由地点点、涂涂、压压。 2.感受、体验、欣赏 　　带养人鼓励宝宝自己用小手蘸取颜料进行自由涂鸦,感知通过手的不同运动,在纸上留下的轨迹的不同。在涂鸦过程中,欣赏颜料在纸上留下的色彩,以及颜料在纸上涂抹时滑滑的感觉。	带养人观察宝宝是否大胆用手涂鸦。如果宝宝抗拒用手涂鸦,带养人不予勉强,可以亲自示范涂抹,积极参与涂鸦活动,或是让宝宝先用手指涂鸦。 带养人用语言描述宝宝涂鸦的方式,如"小手小手点点点、小手小手涂涂涂、小手小手压压压",并以语言描述宝宝小手画下的痕迹、颜色等,激发宝宝观察痕迹的兴趣。
三、交流分享和家庭迁移 1.交流分享 　　带养人分享在宝宝涂鸦过程中的观察和发现,说说宝宝的积极表现。 2.家庭迁移 　　在生活中,带养人可以在浴室的墙上贴上纸,让宝宝进行大面积的涂鸦,在浴室涂鸦也便于清洗。	带养人时刻关注宝宝,防止其误将颜料放入嘴或眼睛里。

主题活动：认识自己

飞高飞低真快乐

重点关注	感知探索	健康发展	听说表达	艺术体验	社会情感	生活能力
		√		√	√	
活动价值	1.带养人观察宝宝在游戏中的情绪和状态,动态调整游戏方式和游戏中飞行的幅度。 2.宝宝通过"开飞机"游戏,感知空间,发展前庭系统,体验亲子游戏的快乐。					
活动准备	1.准备《开飞机》的音乐和歌词。 2.每人1个大波波球。					

活动内容	策略和支持
一、导语 1.和带养人交流,了解宝宝是否玩过促进前庭发育的亲子游戏,介绍前庭发育的重要性。 2.介绍此活动的价值。	前庭能够灵敏地感受身体位置的变动,调整肢体维持平衡。前庭系统在统合其他感觉和运动方面具有关键的作用。
二、亲子游戏 1.球上飞机 　　让宝宝俯卧在大球上,张开双臂当作飞机翅膀,带养人扶着宝宝和大球前后左右缓慢摇动,带养人也可以扶着宝宝坐在大球上颠动。 　　教师念《开飞机》歌词,带养人带着宝宝跟随儿歌节奏,在球上"开飞机"。 2.亲子飞机 　　带养人站着,双手扶住宝宝的腋下,跟着歌曲第一句,左右摇摆。接着,跟着歌曲第二句,托住宝宝的身体像开飞机一样转圈。 　　带养人根据宝宝的游戏兴趣和需求,调整飞行的高度。	宝宝趴在大球上时,带养人要扶紧宝宝背部摇晃,注意安全,避免宝宝不慎滑落。 如果宝宝害怕趴在球上,可以让宝宝坐在球上,带养人扶住宝宝的腋下晃动。 带养人观察宝宝在游戏时的情绪状态,若宝宝不愿意参加,带养人不要强迫宝宝,可亲自示范,趴或坐在球上摇晃,也可把宝宝抱起来,一起坐在大球上摇晃。 带养人在游戏中注意宝宝的情绪,动态调整游戏的速度和幅度。
三、交流分享和家庭迁移 1.交流分享 　　带养人交流分享如何观察宝宝在游戏中的情绪和状态,动态调整游戏的方式或速度等。 2.家庭迁移 　　带养人在家可以和宝宝玩摇毛巾毯游戏,宝宝躺到毛巾毯里,带养人拎起毛巾毯摇晃;也可以玩过山洞游戏,让宝宝爬过椅子做的山洞等,促进其前庭发育。	

教材附件
我是小小飞机"轰隆隆隆"响,小飞机小飞机我呀我爱你。
我是小小飞机"轰隆隆隆"响,请你快快上来,我把飞机开。

我和镜子

重点关注	感知探索	健康发展	听说表达	艺术体验	社会情感	生活能力
	√		√		√	

活动价值	1.带养人用语言或动作吸引宝宝对镜子的关注,及时用丰富的表情和夸张的声调调动宝宝照镜子的兴趣。 2.宝宝通过照镜子游戏形成对自我的认知,萌生对探索镜像的兴趣。
活动准备	1.准备墙面有大镜子的多功能厅或舞蹈室,每人1面亚克力高清镜子(大于40厘米×60厘米)。 2.准备口红若干。

活动内容	策略和支持
一、导语 1.带养人交流宝宝平时对镜子的兴趣情况。 2.介绍此活动的价值。	这个月龄段的宝宝特别注意镜子里的镜像与镜子外的东西的对应关系,对镜中镜像的动作与自己的动作一致的现象更是显得好奇。
二、亲子体验 1.自由照镜子 　　让宝宝站或坐在墙面大镜子前,观察宝宝会做些什么。 　　带养人和宝宝一起照大镜子。如果宝宝没有触碰镜子,带养人可轻轻拍打镜子,说:"看这儿,看这儿。"吸引宝宝对镜像的注意。带养人还可以对着镜子和宝宝交流,可以说:"妈妈在哪里?在那里!在这里!"还可以引导宝宝和镜中的自己打招呼,摸摸镜中自己的手等。	带养人观察宝宝在镜像前的反应。如果宝宝主动以自己的动作引起镜中自己的动作的改变,努力做出与镜中自己一致的动作,或是重复自己在镜子中的动作,说明宝宝已有了初步的自我认知。
2.戴帽子照镜子 　　带养人可以把宝宝带到镜子前面戴帽子,让他跟镜子里的自己一起戴帽子,让他明白"那就是我"。	带养人用语言或动作吸引宝宝对镜子的关注,及时用丰富的表情和夸张的声调调动宝宝对照镜子的兴趣。
3.谁的脸上有红点 　　带养人偷偷用口红或胭脂在宝宝的鼻子或额头上点个红点,然后将其带到镜子前面,让宝宝观察镜子中的自己。	观察宝宝摸镜中的鼻子还是摸自己真实的鼻子,或是能说出自己面部的变化。摸真实鼻子或说出面部变化,说明宝宝能清晰地认识自己的面部特征。
三、交流分享和家庭迁移 1.交流分享 　　带养人交流让宝宝和镜像互动的策略。 2.家庭迁移 　　在家可经常给宝宝照镜子,尤其是宝宝哭或笑的时候,可让宝宝观察自己的表情,让其感知自己不同心情时的表情。	

主题活动:我爱妈妈
抱抱

重点关注	感知探索	健康发展	听说表达	艺术体验	社会情感	生活能力
			√		√	

活动价值	1.带养人用语言引导宝宝观察动物们表达喜爱的动作,用行为示范帮助宝宝感受抱抱带来的温暖情感。 2.宝宝通过绘本和互动游戏,感受抱抱带来的温暖情感,尝试用抱抱动作和"抱抱"语言表达喜爱的情感。
活动准备	1.准备欢快的音乐。 2.每人1本《抱抱》绘本。

活动内容	策略和支持
一、导语 1.了解宝宝在家里用哪些方式表现出对成人的喜欢,宝宝会怎么做,怎么说。 2.介绍此活动的价值。	这个月龄段的宝宝,是其社会性发展重要的阶段。宝宝也开始对父母表达喜欢,主动亲爸爸、妈妈的脸颊,有了情感表达能力。
二、亲子体验 1.听绘本故事 　　教师出示绘本,让宝宝认识封面上的小猩猩,引导宝宝跟小猩猩打个招呼。 　　教师讲述绘本《抱抱》。 2.亲子阅读 　　带养人和宝宝一起阅读绘本,引导宝宝观察动物们表达喜爱的不同方式,模仿动物用各种动作表达喜爱,模仿说"抱抱"表达喜爱之情。最后,带养人可以抱抱宝宝,对宝宝说:"妈妈喜欢宝宝,我要抱抱你。" 3.爱的抱抱 　　带养人和宝宝围成一个圆圈听音乐指令玩爱的抱抱游戏。	带养人观察宝宝的倾听情况,及时引导宝宝安静倾听。 带养人用积极的情绪和热情的动作引起宝宝阅读的兴趣。 带养人可以和宝宝说说曾经对其做过的爱的表达方式,如"妈妈亲亲你""对你微笑""抚摸你""顶顶头""举高高"等。 当宝宝不愿意让带养人或小伙伴拥抱时,不宜强求。带养人可通过多种方式表达对他人的喜爱之情,以愉快的情绪感染宝宝。
三、交流分享和家庭迁移 1.交流分享 　　带养人分享陪伴宝宝阅读的小技巧。 2.家庭迁移 　　推荐有关情感主题的绘本《背背》《抱抱》等。在日常生活中,鼓励宝宝和家庭中的其他成员、小伙伴交往,亲一亲、抱一抱,增进宝宝的社会交往能力。	

爱妈妈

重点关注	感知探索	健康发展	听说表达	艺术体验	社会情感	生活能力
			√	√	√	

活动价值	1.带养人用愉悦的表情、亲亲抱抱的亲密动作、简单的表达爱的语言,鼓励宝宝模仿表达。 2.宝宝尝试用肢体动作、简单的语言来表达对妈妈的爱意。
活动准备	准备童谣《宝宝爱妈妈》和美食若干。

活动内容	策略和支持
一、导语 1.向带养人介绍每个宝宝因个性差异、成长节奏的不同,对于情感的表达有热情和内敛之分。 2.介绍此活动的价值。	每个宝宝都有自我成长的大纲,也有个体差异,对于情感的表达不予勉强,给予环境的渲染、榜样的示范和潜移默化的影响。
二、亲子游戏 1.听一听,做一做 　　教师唱童谣《宝宝爱妈妈》,跟着童谣做相应动作。带养人引导宝宝倾听。带养人和宝宝一起倾听童谣,互动做动作。 2.改编童谣,敲敲捶捶 　　教师引导带养人改编童谣《宝宝爱妈妈》,如"我爱妈妈,我爱妈妈,我帮你捶捶,我帮你敲敲,你是我的好妈妈,好妈妈!" 　　带养人根据童谣的节奏帮宝宝敲敲捶捶,激发宝宝模仿学习。 　　宝宝倾听改编的童谣,为妈妈敲敲捶捶。 3.分享美食 　　分发美食,带养人与宝宝互相分享美食,相互表达爱意。	当宝宝亲亲抱抱带养人时,带养人应及时回应,可以说"亲亲抱抱真开心,谢谢宝宝"。带养人用丰富的语言和表情激发宝宝进行情感表达。 带养人可以创造性地配上富有情感性、节奏感的语言,或跟着音乐进行亲子互动敲捶动作,体验互相关爱的快乐。
三、交流分享和家庭迁移 1.交流分享 　　带养人分享与宝宝进行互动的方式。 2.家庭迁移 　　在日常生活中,带养人以玩伴的身份和情境性的语言,激发宝宝模仿和学习,适时鼓励"谢谢宝宝帮奶奶(外婆)拿拖鞋"等。可引导宝宝向爸爸、爷爷表达爱的情感。	

教材附件

我爱妈妈,我爱妈妈;
我要抱抱你,我要亲亲你;
你是我的好妈妈,好妈妈!

19—24个月集体活动参考方案

主题活动:毛巾和夹子

小毛巾

重点关注	感知探索	健康发展	听说表达	艺术体验	社会情感	生活能力
	√	√		√		
活动价值						

活动价值	1.带养人了解契合宝宝生活经验的游戏材料,游戏前给予宝宝探索游戏材料的时间,适当放慢游戏速度让其熟悉游戏。 2.宝宝跟随音乐节奏,用毛巾触碰相对应的身体部位,在音乐互动中了解身体各个部位。
活动准备	1.准备《小毛巾》音乐。 2.准备毛巾,人手1条。

活动内容	策略和支持
一、导语 1.向带养人了解宝宝平时游戏玩耍的物品有哪些。 2.介绍此活动的价值。	引导带养人关注与宝宝生活经验和需求紧密相连的游戏道具。小毛巾在家庭中是常见的生活用品,也能成为音乐游戏的道具。
二、亲子游戏 1.听指令认五官 　带养人和宝宝一起相互玩指认五官游戏,带养人发出指令,宝宝指认。 2.听歌词做游戏 　教师出示小毛巾,慢速念歌词,带养人引导宝宝根据歌词内容做动作。 3.跟音乐做动作 　带养人和宝宝跟随音乐节奏,轻微摆动身体,感受节奏,并根据歌词内容,指认身体各部位。	如果宝宝不愿意指认五官,带养人可以边指着宝宝的五官,边说五官的名称,耐心引导宝宝进入游戏状态。 带养人引导宝宝玩一玩、摸一摸毛巾。让宝宝先自由探索,满足其探索欲。不要强迫宝宝,可用夸张的动作带动宝宝积极参与游戏。可以适当引导宝宝用毛巾碰触身体的各个部位,感受毛巾的柔软。
三、交流分享和家庭迁移 1.交流分享 　请个别带养人分享宝宝听歌词做游戏时如何示范和引导。 2.家庭迁移 　带养人在家可以继续和宝宝进行此游戏,尤其是在洗浴环节,让游戏与生活融为一体。待宝宝熟悉歌曲和身体部位后,还可以引导宝宝进行创编,如"亲亲手臂""亲亲大腿"等。	根据宝宝的能力,带养人适当调整念儿歌的速度,做动作,以便宝宝跟上节奏。注重宝宝对音乐的感受,不强求宝宝按老师的要求做统一的动作。

好玩的夹子

重点关注	感知探索	健康发展	听说表达	艺术体验	社会情感	生活能力
	√	√				√

活动价值	1.带养人了解可以利用生活中的材料丰富宝宝的游戏内容,尝试观察宝宝的操作能力,了解宝宝操作能力高低不一的原因。 2.宝宝通过玩夹子,发展手部精细动作。
活动准备	1.准备容易按压的塑料夹子、小毛巾若干。 2.准备衣、裤、袜塑封卡片若干。

活动内容	策略和支持
一、导语 1.向带养人了解宝宝是否有使用夹子的生活经验。 2.介绍此活动的价值。 **二、亲子游戏** 1.夹住了 　　教师拿出夹子,带养人引导宝宝观察、探索如何让夹子开"口"。 　　带养人观察宝宝的探索情况,适当引导宝宝张开夹子。也可以用儿歌引导示范如何用夹子,引导宝宝把夹子夹在带养人衣服、裤子上等。 2.拔夹子 　　带养人引导宝宝把夹在衣服上的夹子拔下来,带养人可以说"拔拔拔,拔夹子",鼓励宝宝把夹子拔下来。 　　带养人还可把夹子夹在宝宝的衣服上让宝宝拔。 3.挂一挂 　　教师出示小毛巾和衣、裤、袜塑封卡片,带养人引导宝宝一起把它们用夹子挂在教室里。 **三、交流分享和家庭迁移** 1.交流分享 　　带养人交流如何形象生动地引导宝宝按压打开夹子。 2.家庭迁移 　　日常收衣服的时候,可以让宝宝一起参与,用夹子夹衣服,或用夹子夹图片等,锻炼宝宝手部按压力量。	夹子和毛巾一样,贴合宝宝的生活经验,利用家中常见的夹子能让宝宝探索、发现夹子的功能,同时又能锻炼了宝宝手部精细动作,锻炼宝宝的手眼协调能力。 如果宝宝探索按开夹子有困难,带养人可配合儿歌动作缓慢示范,重复几次,让宝宝理解夹子"张嘴""闭嘴"和手指按压的因果关系。 带养人观察宝宝是用什么方法拔下夹子的(抓握、捏住),思考出现这些动作的原因,如宝宝的手指力量、理解能力、经验等。 带养人根据宝宝的能力水平,夹夹子的方位可以多一些变化,给宝宝一些挑战。例如,夹得深或浅、高或低、隐蔽或明显等。 带养人结合宝宝的兴趣和能力,给予适宜的挂毛巾活动。毛巾较厚较软,挂起来比塑封卡片难度大,带养人可以给予更多的帮助。

教材附件

夹夹夹、夹夹子,张开嘴巴,夹住它。

拔拔拔,拔夹子,宝宝的夹子拔下来。

主题活动：剥开尝尝

"啊呜"一口

重点关注	感知探索	健康发展	听说表达	艺术体验	社会情感	生活能力
	√		√			
活动价值						

活动价值	1.带养人在阅读中用生动的语言和夸张的动作激发宝宝兴趣,了解亲子阅读中过度干扰的弊端,在影子配对游戏中,引导宝宝感知物品轮廓。 2.宝宝观察和倾听绘本,发展对物品轮廓的观察力,萌生对绘本阅读的兴趣。
活动准备	1.准备大绘本1本。 2.准备绘本《好饿的小蛇》,人手1本;准备形状对应的图片(黑色影子),人手1套。

活动内容	策略和支持
一、导语 1.向带养人了解在亲子阅读过程中是否对宝宝提问,介绍阅读中经常提问对宝宝的干扰。 2.介绍此活动的价值。 **二、亲子体验** 1.认识图书 　教师出示图书,结合画面讲绘本,带养人引导宝宝观察。 2.亲子阅读 　带养人引导宝宝一起翻阅图书,注意语气要生动、有趣味,注重拟声词的应用。 3.趣玩形状 　故事里,小蛇都吃了些什么呢? 带养人引导宝宝找一找对应的影子图片。 **三、交流分享和家庭迁移** 1.交流分享 　带养人交流,如果宝宝反反复复只看一本书或只喜欢书中的某个环节是否正常,是否需要纠正。 2.家庭迁移 　平时在家,带养人可陪伴宝宝阅读,固定阅读时间。亲子阅读有助于培养宝宝的注意力,也利于宝宝模仿父母的阅读行为。	好的图书有着宝宝喜欢的简单句式且具有重复性的语言,带养人在陪伴宝宝阅读时不要出于对认知发展的重视而频繁地问这问那、自问自答,这样弊大于利。一方面,口语化的提问剥夺了宝宝对图书中原有的规范、重复、简洁的书面语言的感受与学习的机会;另一方面,干扰了宝宝对阅读顺序、情节逻辑、画面内容等的理解和想象。 带养人在阅读过程中可以关注宝宝对书本上图片的兴趣,讲述的时候可以在语气、神情、动作上表现得生动一些。 带养人引导宝宝看书时,可以适当地提问。注意语速放慢,给宝宝思考的空间。带养人可以说:"哇,宝宝,小蛇会碰见什么呢,让我们一起去书里面找一找吧!" 在影子配对游戏中,带养人引导宝宝对物品轮廓进行感知。

剥开尝尝

重点关注	感知探索	健康发展	听说表达	艺术体验	社会情感	生活能力
	√	√				√

活动价值	1.带养人了解让宝宝参与家务活动的意义,尝试用调动五感的方法让宝宝感知事物。 2.宝宝尝试探索剥豆,锻炼手部精细动作和手眼协调性,发展坚持的品质。
活动准备	准备若干熟毛豆,每人1份套有塑料袋的小碗和盘子。

活动内容	策略和支持
一、导语 1.向带养人了解宝宝在家是否参与家务活动。 2.介绍此活动的价值。 **二、亲子体验** 1.认一认 　教师出示材料——毛豆,引导带养人让宝宝用五感进行感知。 2.剥一剥 　教师引导带养人让宝宝自己尝试能否剥开毛豆,观察宝宝探索剥毛豆的情况。在遇到困难的时候,适时引导宝宝两手配合剥毛豆。鼓励和表扬宝宝反复探索剥豆、坚持不放弃的品质。 3.尝一尝 　带养人引导宝宝分享、品尝毛豆,根据宝宝的意愿进行分享,如果宝宝不愿意分享,不要勉强。 **三、交流分享和家庭迁移** 1.交流分享 　带养人分享宝宝在剥豆过程中的各种尝试探索,以及表扬宝宝探索和尝试的白描式的语言。 2.家庭迁移 　在家中经常给宝宝提供一些动手的机会,如香蕉、橘子等宝宝食物,不要都剥好送到他嘴边,而是和宝宝一起剥剥玩玩,发展其思维能力,锻炼宝宝手指的灵活度。	带养人支持宝宝参与家务活动,能让宝宝意识到他能帮助别人做事,还能发展其手眼协调性和手部肌肉群的发展。给宝宝提供较小的物品,还能锻炼宝宝对微小物体的注意能力。 带养人引导宝宝用看、摸、闻、听的方法感知毛豆的外表。 如果宝宝剥豆困难,带养人可在毛豆的壳上开个口,以便宝宝尝试剥开。如果宝宝尝试后,仍不能剥开,带养人再提示剥毛豆的方法:"宝宝,你看,毛豆宝宝穿了一件绿衣服,用拇指和食指捏住绿衣服,把衣服剥一点,再剥开一点……毛豆宝宝出来了。" 带养人注意,宝宝品尝时要提醒其细嚼慢咽,切勿囫囵吞咽,并鼓励宝宝一起整理毛豆壳,养成整理的好习惯。

主题活动:有趣比较

谁大谁小

重点关注	感知探索	健康发展	听说表达	艺术体验	社会情感	生活能力
	√	√	√			

活动价值	1.带养人用语调、声音的强弱,以及动作幅度的变化辅助宝宝感知大小的不同。 2.宝宝尝试用肢体动作表现大河马的大和小老鼠的小,增强对大、小概念的感知。
活动准备	准备大河马和小老鼠图片各1张。

活动内容	策略和支持
一、导语 1.带养人回顾在生活中是否引导宝宝观察大小不同的事物,交流通常以何种方法帮助宝宝分辨大和小。 2.介绍此活动的价值。 **二、亲子游戏** 1.大大的、小小的 　带养人引导宝宝观察图片,指一指河马大大的、老鼠小小的身体,并用身体动作来表现大大的河马和小小的老鼠的样子。 2.亲子表演 　带养人和宝宝边念儿歌边表演动作。 3.找大小、比大小 　引导宝宝找一找自己和带养人身上大大小小的部位,进行互动比较。 　在教室里找大大小小不同的物品,进行互动比较。 　带养人和宝宝用找到的大小不一样的身体部位或物品创编儿歌。 **三、交流分享和家庭迁移** 1.交流分享 　带养人分享如何帮助宝宝感知大小。 2.家庭迁移 　儿歌《谁大谁小》简短、简单,带养人可以进行各种创编,不仅对大和小进行儿歌创编,还可以对高和矮等进行创编。	生活中有很多大大小小的事物,可以引导宝宝进行观察和分辨。 在表现大和小时,带养人可以通过语调、声音的强弱,以及动作幅度的变化辅助宝宝感知大小的不同。 带养人观察宝宝参与互动的意愿,及时肯定宝宝的积极参与。如果宝宝不愿意互动,带养人做榜样示范、积极参与,也可以让宝宝观看同伴与他人的互动。

教材附件

大河马,大河马,大大大;
小老鼠,小老鼠,小小小。
大河马大,小老鼠小;
大大大,小小小。

玩套筒

重点关注	感知探索	健康发展	听说表达	艺术体验	社会情感	生活能力
	√	√				
活动价值	1.带养人用白描式的语言同步描述宝宝的探索,及时肯定宝宝的主动探索和发现。 2.宝宝通过打开、合拢套筒,初步区分大小。					
活动准备	1.为每人准备1份大、中、小颜色不同的套筒。 2.每人1份迷你玩偶和铃铛。					

活动内容	策略和支持
一、导语 1.带养人交流宝宝在玩玩具的过程中,是否探索、思考、学习。 2.介绍此活动的价值。 **二、亲子体验** 1.会发声的套筒 　教师摇套筒,让宝宝听一听其发出的声音。教师打开套筒,拿出迷你玩偶和铃铛。带养人引导宝宝注意观察套筒一个接一个拿出来的过程。 2.教师示范游戏玩法 　·大小套叠游戏 　教师把两个套筒摆成一排,引导宝宝观察大小。教师拿掉最大的套筒,加上一个最小的套筒,引导宝宝观察大小。教师将套筒按大小一个一个套叠。 　·叠高高游戏 　教师将套筒一个一个叠高高。 　·走楼梯游戏 　教师把3个套筒变成楼梯,拿迷你玩偶"走楼梯",边"走"边数"1、2、3"。 3.宝宝自由探索套筒玩法 　教师鼓励带养人让宝宝对套筒进行自由探索,根据宝宝的玩法进行同步白描式的语言描述。 **三、整理游戏** 　引导宝宝根据套筒的大小,将其分别放在对应的筐子里。 **四、交流分享和家庭迁移** 1.交流分享 　带养人分享用白描式语言描述的方法。 2.家庭迁移 　带养人在家中为宝宝提供大小差异明显的套杯、套筒、套碗、套塔等,发展宝宝的空间感,促进宝宝手眼协调能力的发展。带养人也可以让宝宝参与不同大小物品的整理,进一步感知大小。	宝宝在玩耍中也有学习。比如,玩套筒可以锻炼宝宝手部精细动作,培养他们的注意力、观察力和思维力。 拿到套筒后,先让宝宝自由地玩一玩,带养人引导宝宝摇一摇、听一听,原来套筒里藏有东西,激发宝宝打开套筒玩游戏的兴趣。 带养人先拿出两个不同大小的套筒供宝宝观察。根据宝宝的能力,判断是否要增加中等大小的套筒。 宝宝在玩的时候,带养人不要过多干扰,可以用语言表达宝宝做出的动作,可以说:"宝宝把小套筒藏在里面,大的套在外面",引导宝宝进一步感知大和小。

主题活动:绚烂的烟花

放烟花

重点关注	感知探索	健康发展	听说表达	艺术体验	社会情感	生活能力
		√	√			
活动价值	1.带养人用充满趣味性,带有情境的语言和积极饱满的情绪引导宝宝参与游戏互动。 2.宝宝在活动中双脚跳起参与游戏,锻炼跳跃能力。					
活动准备	准备儿歌图谱、放烟花的视频。					

活动内容	策略和支持
一、导语 1.向带养人介绍此月龄段的宝宝跳跃发展的特点。 2.介绍此活动的价值。	这个月龄段的宝宝的跳跃能力逐渐提高,在成人的扶持下能从末级楼梯跳下或和成人一起原地蹦跳。
二、亲子游戏 1.观看放烟花的视频 　带养人引导宝宝一起观看放烟花的视频,一起感受烟花的美丽。 2.介绍游戏玩法 　带养人在教师的引领下和宝宝一起玩放烟花游戏。带养人和宝宝跟着老师,双手并拢举高一起做双脚跳起的动作。 3.亲子自由放烟花 　带养人和宝宝一起游戏,可根据宝宝的反应,调整游戏的快慢,还可以根据宝宝的兴趣反复进行游戏。 4.集体放烟花 　教师引导所有带养人和宝宝围成大圈,一起玩放烟花游戏。	带养人引导宝宝进入游戏情境,如对宝宝说:"宝宝,我们变成一个大烟花了,点燃导火芯,嘶——咻——啪——烟花飞上天!"用形象生动的语言鼓励宝宝参与游戏。 带养人观察宝宝游戏时的情绪状态,宝宝不愿意参与游戏时,用语言引导宝宝调整好状态后再参与游戏。 宝宝如果不能做原地起跳动作,带养人给予鼓励和示范,也可扶住宝宝,帮助宝宝感受跳跃的动作。
三.交流分享和家庭迁移 1.交流分享 　带养人交流让宝宝双脚跳起的方法。 2.家庭迁移 　在家中,带养人也可创设兔子、袋鼠过河等情境,和宝宝一起双脚离地地跳跃过河等。	

教材附件
放烟花、放烟花,美丽夜空亮烟花。
一个烟花飞上天,咻——啪——
两个烟花飞上天,咻——啪——
三个烟花飞上天,咻——啪——
所有烟花飞上天,咻啪咻啪咻啪啪——
美丽夜空美成花!

绚烂烟花

重点关注	感知探索	健康发展	听说表达	艺术体验	社会情感	生活能力
	√	√		√		

活动价值	1.带养人了解涂鸦对于宝宝身心发展的意义,知道培养宝宝的涂鸦兴趣比让宝宝掌握涂鸦技巧更重要,允许宝宝有自己不一样的涂鸦方式。 2.宝宝在看、玩中观察吸管留下的痕迹美,感受创意作画的快乐。
活动准备	准备黑纸、吸管若干,红、黄、蓝颜料,以及颜料盘。

活动内容	策略和支持
一、导语 1.向带养人介绍涂鸦工具以及涂鸦的意义。 2.介绍此活动的价值。 **二、亲子体验** 1.教师示范 　　带养人引导宝宝观察教师的演示:"伸出大拇哥、二拇弟、三中指,捏住吸管,蘸蘸颜料印到黑纸上!五彩的烟花放好啦!"允许宝宝用自己喜欢的抓握方式作画。 2.宝宝作画 　　带养人引导宝宝用吸管蘸上自己喜欢的颜色,将吸管移至黑纸上印画。 3.集体赏烟花 　　教师将宝宝的作品集中在一起,带养人带宝宝一起欣赏作品。 **三、交流分享和家庭迁移** 1.交流分享 　　带养人分享正向反馈和鼓励的方法。 2.家庭迁移 　　涂鸦是伴随宝宝认知、语言、情感、动作共同发展的。在生活中,相关的活动也能促进宝宝涂鸦的发展。如多让宝宝参与劳动、做泥工、撕纸等。	涂鸦需要手、眼、脑协调配合,能增强脑、眼对手的指挥。对于婴幼儿来说,涂鸦是一种游戏,在其中获得快乐是最大的收获。 带养人拿到吸管材料后,满足宝宝探索的需求,引导宝宝观察吸管压下去后发生的形态变化(变成花状)。 带养人观察宝宝手握吸管的姿势,大拇指与食指捏配合,或三指配合抓握,跟着儿歌蘸一蘸、点点点重复游戏。如果宝宝做不到,允许宝宝用自己喜欢的抓握方式作画,了解培养涂鸦的兴趣比掌握涂鸦技巧更重要。 如果宝宝不乐意作画,带养人可以自己作画,给宝宝做示范,边做边用生动的语言描述。带养人也可引导宝宝观察同伴的烟花,善用宝宝爱模仿的特点,引起宝宝的参与兴趣。

主题活动:好玩的车

开火车

重点关注	感知探索	健康发展	听说表达	艺术体验	社会情感	生活能力
		√		√		

活动价值	1.带养人用多种方式让宝宝感受音乐节奏的快慢。 2.宝宝根据音乐节奏的快慢,玩开火车游戏,感受一个跟着一个的秩序。
活动准备	准备音乐《开火车》。

活动内容	策略和支持
一、导语 1.向带养人了解平时与宝宝进行音乐互动的方式。 2.介绍此活动的价值。	音乐可以创造轻松的氛围,让宝宝听着音乐自由律动,满足宝宝在音乐中的听觉享受。利用音乐进行游戏,满足宝宝爱游戏的天性。
二、亲子体验 1.游戏导入 　　教师跟随音乐演示并引导:"小火车马上就要出发啦,拉动汽笛,做开火车的动作。" 2.感受音乐 　　带养人引导宝宝用不同的动作,感受音乐节奏的快与慢。 3.火车开动了 　　带养人引导宝宝一个接着一个"坐火车"。根据音乐速度的快慢,带养人带着宝宝做明显的快慢动作,用夸张的变化引发宝宝的兴趣。	"开火车"的过程也是培养宝宝秩序感的过程,带养人带着宝宝一个跟着一个"开火车",潜移默化地培养秩序感,对宝宝的成长很有帮助。 宝宝对音乐节奏的变化非常感兴趣,可能陶醉在自己的律动中,只做自己喜欢的动作。带养人不用过多干涉,满足宝宝在音乐中的愉悦情绪。
三、交流分享和家庭迁移 1.交流分享 　　带养人交流这个月龄段的宝宝不能跟着音乐节奏做动作是否正常。 2.家庭迁移 　　在家庭教养中,可以选择适合宝宝的音乐或童谣进行亲子互动,宝宝在边听边看带养人示范的过程中也会边唱边做。	这个月龄段的宝宝只能在较短时间内做到动作与音乐协调一致,所以宝宝跟不上音乐节奏,是正常现象。

教材附件

小火车开得慢,慢慢地开,慢慢地开。小火车开得快,快快地开,快快地开。

车轮滚滚滚

重点关注	感知探索	健康发展	听说表达	艺术体验	社会情感	生活能力
	√	√		√		

活动价值	1.带养人引导宝宝欣赏滚画的美,并尝试引导宝宝发现车轮花纹和滚画纹路的关系。 2.宝宝尝试用汽车车轮大胆滚画,感知车轮滚画的线条、花纹、颜色的美。
活动准备	准备大小不同的小车若干,红、黄、蓝颜料若干,长卷轴画纸,每人1件防脏罩衣。

活动内容	策略和支持
一、导语 1.向带养人介绍生活中的物品都可以成为涂鸦的工具,可以用多样化的涂鸦方式,引起宝宝涂鸦的兴趣。 2.介绍此活动的价值。 **二、亲子体验** 1.示范和欣赏车轮痕迹画 　　教师示范车轮滚画,引导宝宝欣赏滚画的线条、花纹和色彩。 2.观察车轮纹路 　　教师和带养人引导宝宝观察小汽车,并将小车翻过来,让宝宝摸一摸车轮,发现车轮上的纹路,观察滚画的纹路和车轮纹路是否一致。 3.车轮自由滚画 　　鼓励宝宝将小汽车的车轮蘸上颜料,在长卷纸上自由滚画,教师启发宝宝可以朝不同方向开小车滚画。 **三、交流分享和家庭迁移** 1.交流分享 　　带养人交流宝宝在滚画中的探索行为。 2.家庭迁移 　　带养人在家中多给宝宝提供涂鸦的机会。生活中的许多物品都可以满足宝宝的涂鸦需要,如瓶盖印画、棉签点画等等。可以给宝宝准备涂鸦区域(比如浴室墙壁),让宝宝进行涂鸦创作。	宝宝拿到小车后,先满足宝宝的探索欲望,然后带养人有意识地引导宝宝观察不同车的车轮的大小、花纹,摸一摸车轮等。 宝宝进行车轮滚画时,带养人可以根据宝宝的动作用语言辅助:"小汽车,出发了,嘟嘟嘟,嘟嘟嘟。小汽车,开得快,嘟嘟嘟,嘟嘟嘟。" 带养人引导宝宝观察车轮的纹路和滚画的纹路。宝宝在用小车蘸颜料时,有可能出现颜料沾染不均匀的情况,带养人在活动中引导宝宝发现蘸料不均匀和滚画颜色不均匀的因果关系。

主题活动：青蛙"呱呱"

小青蛙

重点关注	感知探索	健康发展	听说表达	艺术体验	社会情感	生活能力
		√		√	√	

活动价值	1.带养人学习观察宝宝的动作和音乐的匹配程度,尝试用适宜宝宝做动作的歌唱速度,辅助宝宝将动作和音乐进行匹配。 2.宝宝跟着音乐做动作,发展节奏感。
活动准备	准备《小青蛙》音乐、1个小青蛙手偶、害虫小玩具若干。

活动内容	策略和支持
一、导语 1.向带养人介绍适合此月龄段宝宝的音乐,以及宝宝动作发展的特点。 2.介绍此活动的价值。	这个月龄段宝宝的动作与音乐旋律逐渐相配,但还只能在短时间内匹配。这时的宝宝开始能根随音乐节奏做动作,并喜欢模仿。
二、亲子体验 1.变成青蛙 　　教师用青蛙在荷叶上捉害虫的故事导入,引导宝宝和带养人变身小青蛙,在"巨大的荷叶上"倾听教师清唱,并摆动身体。 2.青蛙跳舞 　　带养人根据教师出示的图谱,放慢速度跟唱,引导宝宝随音乐做动作。 3.自由分角色,玩青蛙和害虫游戏 　　带养人根据宝宝的意愿,分配角色,一人当青蛙,一人当害虫。在宝宝愿意互换角色的情况下,可以互换角色进行游戏。如果宝宝不愿意互换角色,可按之前的角色重复进行游戏。 4.集体玩青蛙和害虫的游戏 　　带养人和宝宝变身青蛙,一起唱《小青蛙》,在最后一句唱完时,教师在地上撒上害虫小玩具,"青蛙们"在地上捉"害虫"。	在宝宝不熟悉音乐的情况下,带养人要放慢速度清唱,让宝宝慢慢熟悉旋律,再配上简单的动作,以便宝宝跟得上节奏。 音乐结束时,带养人可用夸张的语气和动作来引导宝宝模仿动作。带养人可以抓住宝宝身体不同的部位,刺激宝宝的游戏兴趣。 带养人应根据宝宝的兴趣和需求,动态调整互动方式和游戏的玩法,满足宝宝的游戏需求。
三、交流分享和家庭迁移 1.交流分享 　　带养人交流以宝宝的需求出发与宝宝亲子互动的情况。 2.家庭迁移 　　在家里,也可选择适合的音乐,和宝宝一起进行角色扮演的游戏。	

青蛙喝水

重点关注	感知探索	健康发展	听说表达	艺术体验	社会情感	生活能力
	√	√			√	

活动价值	1.带养人用"捏""放"等动词,"鼓肚子""扁肚子"等形容描述宝宝正在做的事情,帮助其感知语言和动作之间的关系。 2.宝宝在捏、放滴管的过程中探索滴水和吸水现象,感受滴水的乐趣,锻炼手指小肌肉。
活动准备	1.准备4个大盆,里面放上塑料青蛙。 2.准备滴管、小碗、小毛巾(或纸巾),人手1份。 3.准备彩色墨水或颜料水。 4.准备有下雨声的音乐。

活动内容	策略和支持
一、导语 1.向带养人了解平时引导宝宝游戏的方法。 2.介绍此活动的价值。	用故事情境贯穿游戏过程,符合宝宝的年龄特点。
二、亲子游戏 1.池塘干枯了 　　教师创设池塘水干枯了,青蛙们没水喝的故事情境,请宝宝帮忙"下雨",让青蛙们有水喝。 2.认识"下雨"工具——小滴管 　　教师出示小滴管:"宝宝们,今天来了一位新朋友,它叫滴管,它有一个大肚子,大肚子里还能装水呢!" 3.探索滴管 　　宝宝自由探索滴管。带养人引导宝宝重点观察捏、放滴管的动作,以及捏、放滴管的"肚子"和滴水、吸水的关系。 4.下雨游戏 　　引导宝宝让滴管吸水滴水,模拟下雨的情境,在大盆里下雨,让青蛙喝水。 三、交流分享和家庭迁移 1.交流分享 　　请个别带养人交流如何引导宝宝探索捏、放滴管和滴水、吸水的关系。 2.家庭迁移 　　宝宝在家时,带养人可以准备小药管或滴管,让宝宝继续玩滴管下雨的游戏。	带养人先让宝宝自己探索滴管,引导观察手指捏放滴管的大肚子前后的变化。 宝宝也许会用5个手指一把抓捏滴管,带养人可和宝宝一起来捏滴管,边捏边引导宝宝用大拇指和食指,或是大拇指、食指、中指一起来捏滴管。 带养人用故事性的语言引导幼儿进行游戏,如"宝宝,荷塘里的青蛙要喝水了,我们给他们下点雨吧"。 带养人用"捏""放"等动词描述宝宝正在做的动作,让宝宝逐渐熟悉动词,并将动词和动作进行匹配,帮助宝宝感知语言和事物变化之间的关系。

主题活动：能干的手

小手捉迷藏

重点关注	感知探索	健康发展	听说表达	艺术体验	社会情感	生活能力
		√	√		√	

活动价值	1.带养人及时肯定宝宝在互动中的表现,在宝宝寻找被藏起来的笑脸的时候,故意和宝宝推拉嬉戏,增加游戏的趣味性。 2.宝宝通过手部游戏理解儿歌内容,在亲子互动游戏中促进亲子间情感。
活动准备	1.教师在手掌上画笑脸。 2.准备儿歌PPT。 3.每人1支水彩笔。

活动内容	策略和支持
一、导语 1.带养人交流促进手部精细动作发展的方法。 2.介绍此活动的价值。	这个月龄段的宝宝的手指动作逐渐精细化,创设让宝宝动手探索的情境,能帮助宝宝发展手部控制能力和手眼协调性。
二、亲子游戏 1.看笑脸 　　引导宝宝看教师手上的笑脸,教师的手反复握紧、张开,让宝宝观察笑脸出现和消失,初步感受游戏的趣味性。 2.画笑脸(可水洗水彩笔画) 　　带养人在自己手上和宝宝手心上都画上笑脸,请宝宝伸小手给爸爸妈妈看一看。 3.找笑脸 　　带养人和宝宝边念儿歌,边做手的握紧、张开动作。理解儿歌中的"不见了"是指被遮住了或是藏起了。 **三、分享交流和家庭迁移** 1.交流分享 　　带养人分享交流宝宝在游戏中的参与情况和激发宝宝持续参与活动的方法。 2.家庭迁移 　　将笑脸替换成宝宝喜欢的水果、小动物等,在宝宝熟悉后不断变换游戏的内容,增加宝宝对游戏的持续兴趣。	带养人引导宝宝看教师手上的笑脸,并根据教师的动作说:"笑脸真好看,笑脸不见了……" 带养人和宝宝重复做手的握紧、张开的动作,带养人配合宝宝的动作说:"笑脸真好看,笑脸不见了……"如果宝宝不愿意做动作,带养人自己积极参与活动,给宝宝做示范。 带养人用夸张的语气和表情引导宝宝积极寻找笑脸,可以故意和宝宝推拉嬉戏,增加游戏的趣味性。 带养人对找到笑脸的宝宝说:"原来笑脸是被藏起来(或是说被遮住了),看不见了。"

教材附件

爸爸瞧、妈妈看,宝宝的小手真好看。

爸爸瞧、妈妈看,宝宝的小手看不见。

爸爸瞧、妈妈看,宝宝的小手又出现。

戳戳看

重点关注	感知探索	健康发展	听说表达	艺术体验	社会情感	生活能力
	√	√				

活动价值	1.带养人鼓励宝宝自由探索插棍的玩法,并肯定宝宝的探索行为。 2.宝宝通过探索插棍玩具的不同玩法,发展手眼协调能力,感受自由探索的快乐。
活动准备	每人1份桩板组合玩具。

活 动 内 容	策 略 和 支 持
一、导语 1.向带养人了解,除了固定玩法,是否会让宝宝探索玩具固定玩法之外的其他玩法。 2.介绍此活动的价值。 **二、亲子体验** 1.认识活动材料 　　教师出示桩板和彩色插柱,引导宝宝观察材料,并鼓励宝宝尝试将木栓插入底座的孔里。 2.自由探索材料 　　带养人鼓励宝宝对玩具进行探索,对宝宝探索出的新玩法,进行描述和表扬。 **三、交流分享和家庭迁移** 1.交流分享 　　带养人分享宝宝探索出的玩法,以及与宝宝互动的方法。 2.家庭迁移 　　带养人在家中可以让宝宝插钥匙、给储蓄罐投币,或是玩桩板组合玩具,如套柱玩具、平衡仙人球等。	带养人给宝宝充分的操作时间,观察宝宝探索出的不同玩法,及时肯定宝宝探索出的新玩法。 带养人可以根据宝宝的能力提供一些帮助,但不宜过多干涉,特别不要包办、代替。

主题活动：我爱爸爸

我爸爸和我

重点关注	感知探索	健康发展	听说表达	艺术体验	社会情感	生活能力
			√		√	

活动价值	1.带养人借助绘本、生活照和生活视频，用语言引导和描述，帮助宝宝感受父爱。 2.通过绘本重温甜蜜记忆，让宝宝感受父爱的温暖。
活动准备	准备绘本PPT、欢快的背景音乐、爸爸陪伴宝宝的照片或视频。

活动内容	策略和支持
一、导语 1.向带养人了解爸爸和宝宝的相处情况。 2.介绍此活动的价值。	这个月龄段是宝宝社会性发展的重要阶段。宝宝开始对父母表达爱意，会主动亲爸爸妈妈的脸颊，有了情感表达能力。
二、亲子体验 1.听绘本故事 　教师出示绘本，引导宝宝观察封面内容。教师讲述绘本《爸爸和我》。带养人根据画面的内容，和宝宝进行互动交流。 2.亲子阅读 　带养人引导宝宝一起阅读绘本，和宝宝聊一聊绘本中熊爸爸和小熊做了什么事情，如果有相类似的回忆，可以和宝宝一起回忆。 3.我和爸爸的快乐时光 　带养人和宝宝一起观看前期收集的父子（父女）玩乐的照片或小视频，带养人对照片内容或视频进行简短的讲述，一起感受亲子间的美好时光。	带养人专注倾听绘本，起榜样示范作用，带动宝宝专注倾听。 带养人用快乐的情绪、欢快的声音讲述绘本内容，向宝宝传递熊爸爸陪伴熊宝宝，熊宝宝感觉很快乐的情感。 带养人根据宝宝的阅读兴趣和语言表达能力，进行适宜的对话互动。 在观看视频或照片后，带养人用语言和动作向宝宝表达自己喜欢和宝宝在一起的时光，表达自己对宝宝的喜爱之情。
三、交流分享和家庭迁移 1.交流分享 　带养人交流陪宝宝阅读绘本时，如何结合宝宝的生活经验进行拓展交流。 2.家庭迁移 　建议爸爸要善于利用生活中的各种机会，和宝宝进行亲子游戏项目，增进亲子之间的感情。	

和爸爸一起游戏

重点关注	感知探索	健康发展	听说表达	艺术体验	社会情感	生活能力
		√	√		√	

活动价值	1.带养人通过和宝宝互动游戏,了解从安全性、趣味性、互动性、粗大动作发展等方面鉴别亲子游戏的适宜性。 2.通过亲子运动游戏,促进宝宝的粗大动作发展,促进亲子间的情感交流。
活动准备	1.带养人(爸爸)提前准备1个亲子游戏,自备运动小物件。 2.准备轻快的背景音乐。

活动内容	策略和支持
一、导语 1.向带养人介绍陪伴宝宝游戏的意义。 2.介绍此活动的价值。	爸爸陪伴宝宝进行亲子游戏有利于增进亲子之间的情感交流。力量型的亲子游戏能促进宝宝的动作发展。
二、亲子游戏 　　所有人围成圈,爸爸依次示范在家与宝宝一起玩的亲子游戏,带领其他带养人和宝宝一起互学互动。 　　教师观察带养人的示范游戏,从安全性、趣味性、互动性、粗大动作发展等方面进行引导并给出建议。	带养人积极参与游戏示范,给予宝宝榜样示范。 带养人观察宝宝的兴趣,根据宝宝的能力,增减活动的难度。
三、感谢爸爸的陪伴 　　引导宝宝用动作或语言表达对爸爸陪伴的感谢。 **四、交流分享和家庭迁移** 1.交流分享 　　爸爸分享陪伴宝宝游戏的感想。 2.家庭迁移 　　鼓励带养人们在班级群分享和推荐简单、方便、互动性强的亲子小游戏,形成积极的游戏氛围。	

25—30个月集体活动参考方案

主题活动:擦擦扫扫真开心

喝汤喽,擦一擦

重点关注	感知探索	健康发展	听说表达	艺术体验	社会情感	生活能力
		√	√			√

活动价值	1.带养人了解连接宝宝生活经验的绘本更容易激发宝宝的阅读的兴趣,要顺应和支持宝宝在阅读中表现出的意愿。 2.宝宝通过绘本阅读,重温生活经验,了解身体部位,萌生阅读兴趣。
活动准备	1.准备1本教师用大绘本、1筐毛巾。 2.每人1本小绘本和1个布娃娃。

活动内容	策略和支持
一、导语 1.带养人交流什么样的绘本能激发宝宝的共鸣。 2.介绍此活动的价值。	基于宝宝的生活经验创作的绘本更能激发宝宝的兴趣。这样的绘本能使宝宝重温其生活经验,丰富感知。
二、亲子体验 1.集体阅读大绘本 　教师出示绘本封面和扉页,带养人引导宝宝观察内容,并完整讲述绘本。 2.亲子阅读小绘本 　带养人和宝宝进行亲子阅读,并根据宝宝的阅读兴趣进行。 3.帮小娃娃擦一擦 　教师创设的情境:教室里有布娃娃把汤洒到身上了。带养人引导宝宝根据身体部位进行擦洗互动游戏。	集体阅读示范时,教师的语速要放慢一些,要有停留的时间,让宝宝观察和理解画面内容。 宝宝在阅读中可能会出现不愿意被提问或是随意翻页的现象,带养人应顺应和支持宝宝的意愿。 教师创设布娃娃把汤洒在身上的情境,带养人可以让宝宝在自己身上找出相应部位擦一擦。然后以书中小动物的角色回应"谢谢你帮我擦"。
三、交流分享和家庭迁移 1.交流分享 　带养人交流可以通过哪些活动增强宝宝对故事的理解。 2.家庭迁移 　根据宝宝的年龄特点,可以选择一些生活主题类绘本(如小熊宝宝绘本系列歪歪兔行为习惯系列互动图画书等),将绘本故事延伸到日常生活中,培养宝宝良好的阅读习惯。	

扫一扫

重点关注	感知探索	健康发展	听说表达	艺术体验	社会情感	生活能力
		√				√

活动价值	1.带养人观察宝宝双手协调使用工具的情况,用语言鼓励和肯定宝宝的劳动行为,激发宝宝参与劳动的兴趣。 2.宝宝尝试双手配合使用工具,锻炼手眼协调性,培养劳动的意识。
活动准备	1.每人1把小扫帚和1个小簸箕。 2.准备3个垃圾筐,把小纸板片、棋子、纸球分3个区域撒放。

活动内容	策略和支持
一、导语 1.向带养人了解宝宝在家独立做事的情况。 2.介绍此活动的价值。 **二、亲子游戏** 1.认识工具 　　教师介绍游戏材料:扫帚、簸箕、3个难度不同的清扫区域(纸球区、棋子区、小纸板片区)。带养人为宝宝分析清扫材料的难易程度。 2.扫一扫 　　带养人先观察宝宝是如何使用扫帚和簸箕的,根据宝宝的情况和需要进行示范,并选择区域进行清扫。 **三、交流分享和家庭迁移** 1.交流分享 　　带养人交流可以用哪些方式鼓励宝宝参与劳动。 2.家庭迁移 　　在家中可以准备迷你型的劳动工具,鼓励宝宝参与家务劳动。	这个月龄段的宝宝的独立意识增强,手部精细动作发展得越来越好,他们觉得自己能独立做一些事情。带养人可以放手让宝宝去做一些力所能及的事情。 宝宝如果不愿意使用扫帚,建议带养人先满足宝宝探索的兴趣,然后再用带情境的语言引导:"如小兔家的地上好脏啊,请你来帮忙扫一扫。" 如果宝宝不能两手配合打扫,带养人用动作示范和语言引导,边做边说:"一手拿扫帚,一手拿簸箕,簸箕不动,扫帚轻轻扫。" 带养人观察宝宝的游戏状态,在宝宝碰到困难快要放弃时,用语言鼓励和肯定宝宝的清扫行为,和宝宝一起扫物品,激发宝宝继续劳动的兴趣。

主题活动：美味的菜

炒菜

重点关注	感知探索	健康发展	听说表达	艺术体验	社会情感	生活能力
		√	√		√	
活动价值	1.带养人回忆、激发宝宝的生活经验,结合儿歌做互动动作,用激发兴趣的方式引起宝宝参与游戏的兴趣。 2.宝宝在观看视频和动作模仿中感受和理解语言,跟随语言指示做动作,体验亲子游戏的快乐。					
活动准备	准备切青菜、包饺子、煎鸡蛋视频,准备儿歌图谱(用PPT出示)。					

活动内容	策略和支持
一、导语 1.向带养人了解宝宝是否看过大人在厨房做事。 2.介绍此活动的价值。 **二、亲子体验** 1.观看视频,重温经验 　　宝宝和带养人观看切青菜、煎饺子、煎鸡蛋的视频。 2.创设情境,玩炒菜游戏 　　主教和助教分别模拟带养人和宝宝,边念儿歌边做动作玩炒菜游戏。 3.亲子自由玩炒菜游戏 　　带养人与宝宝一起边念儿歌边玩炒菜游戏。念到"嗤嗤嗤"和"全吃光"时,用各种激发兴趣的方式调动宝宝的情绪和参与的兴趣。 **三、交流分享和家庭迁移** 1.交流分享 　　带养人交流如何善用宝宝的模仿行为。 2.家庭迁移 　　生活中,带养人可以结合宝宝认识的蔬菜替换儿歌里面的内容,在餐前或餐后和宝宝互动。让宝宝练习一些简单的儿歌,感受儿歌的美妙旋律。结合日常生活,鼓励宝宝适当地参与厨房劳动,比如,洗菜、择菜等。	这个月龄段的宝宝喜欢模仿大人做事。根据宝宝爱模仿的特点,为宝宝创设各种机会,让宝宝在生活中自然地模仿。 宝宝可能会出现不愿意做动作的情况。带养人用语言鼓励宝宝,比如可以对宝宝说:"你炒的菜太香了,好想尝一尝呀。"也可以对宝宝说:"哇!宝宝包的饺子小猪佩奇一定喜欢吃!我都闻到鸡蛋香香的味道啦。"带动宝宝游戏的情绪。 带养人以一种投入、夸张的动作和情绪感染宝宝,吸引其参与游戏互动,用各种激发兴趣的方式,如挠腋下、挠肚子等,调动宝宝参与的积极性。

教材附件

切青菜,切青菜,切切切;包饺子,包饺子,捏捏捏;煎鸡蛋,煎鸡蛋,哧哧哧;小嘴巴,小嘴巴,啊啊啊。啊呜啊呜全吃光。

红烧鱼

重点关注	感知探索	健康发展	听说表达	艺术体验	社会情感	生活能力
	√	√		√		

活动价值	1.带养人引导宝宝将喜欢的蔬菜和相同颜色的纸条进行匹配,鼓励宝宝独立操作,给予适宜的语言上的支持。 2.宝宝在撕撕玩玩的做菜游戏中,建立颜色与常见食物之间的联系,锻炼手眼协调能力。
活动准备	1.每人1份自制锅形塑封卡片和鱼形塑封卡片。 2.准备各色彩纸、胶水、小刷子和小碗。

活动内容	策略和支持
一、导语 1.与带养人交流宝宝喜欢撕揉纸张的原因。 2.介绍此活动的价值。 **二、亲子游戏** 1.撕"蔬菜片" 　引导宝宝说一说自己喜欢吃的蔬菜。让宝宝回忆这些蔬菜的颜色,根据蔬菜颜色用相同颜色的彩纸撕出彩色"蔬菜条",再把"蔬菜条"撕成"蔬菜片"。 2.一起来烧"鱼" 　宝宝在"锅"里抹"油"(把胶水当油,用刷子涂抹),"鱼"下"锅",将撕好的"蔬菜片"当配菜下"锅"。 **三、交流分享和家庭迁移** 1.交流分享 　带养人分享在宝宝撕纸过程中,怎样趣味引导宝宝把纸撕得更细。 2.家庭迁移 　平常可以带宝宝去超市或菜场认识各种蔬菜。另外,带养人可以根据宝宝的能力,尝试增加纸的厚度给宝宝撕,或是引导宝宝将纸撕得更细小。	撕纸是锻炼手部肌肉动作及手眼协调能力的有效方法。 宝宝在撕纸时,带养人尽量不要过多干扰,鼓励宝宝独立操作。如果宝宝碰到困难,尽量先用语言指导。如果还无法解决,再用行动帮助宝宝。比如,给宝宝儿歌和动作示范,伸出大拇指和食指捏住纸的两边,一只手往前,一只手往后,撕一撕;或是在纸上撕开一个小口,让宝宝接着撕。 带养人根据宝宝的活动中的状态,适当用语言和宝宝互动,如"宝宝做了什么蔬菜""是什么颜色"等。

主题活动:有趣的点
点点点

重点关注	感知探索	健康发展	听说表达	艺术体验	社会情感	生活能力
		√	√			

活动价值	1.带养人体验互动式绘本的特点,和宝宝进行语言和动作上的互动,带领宝宝感受互动阅读的乐趣。 2.宝宝和绘本互动游戏,按照绘本中的提示做相应的动作,体验互动阅读带来的快乐。
活动准备	1.准备《点点点》大绘本1本。 2.每人1本小绘本。

活动内容	策略和支持
一、导语 1.向带养人了解宝宝看过哪些有创意的绘本。 2.介绍此活动的价值。	不同类型的绘本会给宝宝带来不一样的阅读体验。看互动性强的绘本就像在玩游戏,不仅有感官上的刺激,还能满足宝宝阅读的兴趣。
二、亲子体验 1.集体阅读 　　教师引导宝宝观察封面、扉页和部分绘本内容,根据绘本内容进行相应的互动。 2.亲子共读 　　带养人和宝宝一起阅读,在看书过程中,可根据宝宝的兴趣和绘本内容,进行讲述。	带养人观察宝宝是否认真倾听,宝宝如果不愿意坐下来耐心倾听,在有安全保障以及不影响他人阅读的前提下,带养人自己继续坐着读书,给宝宝做榜样示范。 在亲子阅读中,带养人鼓励宝宝自己翻书,并进行简单的互动,如果宝宝不愿意回答,带养人可以自问自答。
三、交流分享和家庭迁移 1.交流分享 　　带养人交流在生活中如何选择绘本。 2.家庭迁移 　　带养人可关注《点点点》的后续作品《变变变》,《变变变》延续互动游戏的特点,同时增加了颜色混合的认知,也适合与宝宝一起阅读。	带养人除了可以选择像《点点点》这种互动性强、游戏性强的绘本,还可以根据宝宝的月龄特点和宝宝的喜好来选择适合的绘本。

点点贴画

重点关注	感知探索	健康发展	听说表达	艺术体验	社会情感	生活能力
	√	√		√		

活动价值	1.带养人用少干预、多观察的方式陪伴宝宝,和宝宝一起体验艺术创作的快乐。 2.宝宝体验用不同的创作工具进行点的创作,感受不同形式的艺术表达。
活动准备	准备不同大小和不同颜色的贴纸若干,A4白纸、蜡笔若干,不同大小的圆形海绵刷若干,颜料盘、颜料若干。

活动内容	策略和支持
一、导语 1.了解宝宝在家是否经常拿着笔乱涂乱画。 2.介绍此活动的价值。	千万别小看了宝宝的涂鸦行为,乱涂乱画也是个很了不起的本领,能锻炼宝宝的视觉追踪、手部肌肉和手眼协调能力。
二、亲子创作点点画 1.贴点点画 (1)观察贴纸颜色和形状。 (2)宝宝用贴纸自由创作,并使用蜡笔在作品上自由添画。 2.海绵点印画 (1)观察海绵刷头的形状和颜料的颜色。 (2)用海绵刷蘸颜料在纸上自由创作。 3.作品展示 　　带养人和宝宝一起将画挂在展示区。带养人可以和宝宝聊一聊他最喜欢哪幅画,让宝宝说一说、指一指画哪里好看。	在创作中带养人尽量少干预,用语言鼓励宝宝坚持自由创作。可以适当协助宝宝,比如,将贴纸后面的纸撕开一点,便于宝宝撕贴。 宝宝如果不喜欢创作,带养人自己可以专注投入创作,做榜样示范,来吸引宝宝。或是在自己创作时,提出让宝宝帮忙涂鸦,激发宝宝的创作兴趣。 创作完成后引导宝宝说一说自己的作品。
三、交流分享和家庭迁移 1.交流分享 　　带养人交流如何为宝宝提供涂鸦工具,工具是不是越多越好。 2.家庭迁移 　　在家中可提供多样的涂鸦工具和材料(如叉子、牙刷等),诱发宝宝艺术创作兴趣,满足创作需求。	这个月龄段的宝宝开始尝试为作品命名,所以宝宝涂鸦之后,可以与宝宝一起说一说画的内容并给作品起名字。

主题活动:水果宝宝

咔嚓咔嚓

重点关注	感知探索	健康发展	听说表达	艺术体验	社会情感	生活能力
	√		√			

活动价值	1.带养人以有节奏的语言和有趣的语气、语调进行亲子阅读,加入适宜的动作并拓展语句。 2.宝宝在阅读中感知水果的局部以及整体特征,同时感受有节奏的阅读方式带来的乐趣。
活动准备	1.准备绘本《咔嚓咔嚓》的PPT。 2.每人1本绘本《咔嚓咔嚓》。

活动内容	策略和支持
一、导语 1.与带养人交流宝宝在家是否看认知类的绘本,以及认知类的绘本如何引导阅读。 2.介绍此活动的价值。	联系生活经验、使用有节奏的语言、适度拓展绘本中的语句,加入对话、肢体动作等,可以激发宝宝对阅读认知类绘本的兴趣。
二、亲子体验 1.集体阅读 　教师带领宝宝和带养人从封面开始逐页阅读,并提问:"这是什么?""它是什么形状的?""切开的时候发出什么声音?" 2.亲子阅读 　带养人和宝宝一起阅读,引导宝宝观察画面,用有节奏的语言讲述绘本,激发倾听的兴趣。鼓励宝宝跟着带养人有节奏地说出绘本内容。	在阅读中可加入肢体动作和拓展性语言激发宝宝的兴趣,如"大大的西瓜切开来,红色的果肉露出来。咔嚓咔嚓,黄黄的橙子切开来……圆圆的轮子转起来"等。 带养人进行绘本阅读时可放慢语速,用具有节奏感且有趣的语气、语调讲述,激发宝宝倾听的兴趣。
三、交流分享和家庭迁移 1.交流分享 　带养人交流,如果宝宝不逐页阅读,只按自己的意愿翻阅,是否需要指正。 2.家庭迁移 　在家庭生活中,可让宝宝观察蔬果的切面和整体有什么不同,引导宝宝讲述自己的发现。	

水果切切乐

重点关注	感知探索	健康发展	听说表达	艺术体验	社会情感	生活能力
	√	√				

活动价值	1.带养人用材料和语言辅助宝宝感知整体与部分的概念。 2.宝宝通过切水果游戏,感知整体与部分的概念,促进手眼协调发展。
活动准备	准备各种水果切切乐玩具,每人1把玩具小刀、1块玩具砧板、1只小碗、1把小叉子、1套与"水果"颜色相对应的小盘子。

活动内容	策略和支持
一、导语 1.了解带养人和宝宝在家是否玩与数学相关的游戏。 2.介绍此活动的价值。	用游戏的形式让宝宝动手操作,让宝宝在无形中感知数学。
二、亲子游戏 1.整体与部分 　教师放慢速度示范切"香蕉"的动作。教师再示范将切开的"香蕉"粘回去,又变成一根"香蕉"。 2.宝宝切"水果" 　带养人鼓励宝宝自己切、拼"水果",从而进一步理解整体与部分的概念。 3.装"水果" 　"水果"切好了,我们把它们装到盘子里吧!带养人引导宝宝观察盘子的颜色,找到和"水果"颜色一样的盘子,把它们装好。	宝宝的兴趣如果不在切水果上,不必勉强宝宝操作,先满足宝宝的探索欲后,带养人再用夸张的语调或带情境的语句亲自示范,吸引宝宝参与操作,如"咔嚓咔嚓,黄黄的香蕉切开来……宝宝,看!香蕉又变回一根了"。 带养人根据宝宝切和拼的情况,用语言"宝宝把一根香蕉切成了很多块"或是"宝宝把一块块的香蕉又变成了一根",让宝宝感知整体和部分的概念。
三、交流分享和家庭迁移 1.交流分享 　带养人分享积极和宝宝互动的方式。 2.家庭迁移 　在家庭生活中,可让宝宝参与或观察掰面包、切西瓜等,体验整体和部分之间的关系。	

主题活动:蔬菜宝宝

长得不一样的蔬菜

重点关注	感知探索	健康发展	听说表达	艺术体验	社会情感	生活能力
	√		√			

活动价值	1.带养人引导宝宝用五感感知、比较各种蔬菜的形状特征,引导宝宝根据蔬菜形状归类,激发宝宝观察的兴趣。 2.宝宝了解蔬菜的名称和外形特征,尝试按蔬菜的形状特征进行分类。
活动准备	准备实物蔬菜若干(如长长的胡萝卜,圆圆的卷心菜、洋葱等),蔬菜图片(或蔬菜模型)若干。

活动内容	策略和支持

一、导语
1.向带养人了解是否有用蔬菜和宝宝玩过游戏。
2.介绍此活动的价值。
 	
二、亲子体验
1.摸菜
  教师用布蒙住各种蔬菜,带养人引导宝宝摸一摸、说一说是什么感觉,并猜一猜蔬菜的名称。
2.选菜
  教师分别出示胡萝卜、卷心菜等不同形状的蔬菜,用拟人的口吻和宝宝对话,了解不同蔬菜的形状特点。
  宝宝选喜欢的蔬菜,告诉带养人选了"长长的菜"还是"圆圆的菜"。
3.分菜
  根据教师提供的蔬菜图片,带养人引导宝宝找"圆圆的菜"有哪些?"长长的菜"有哪些? 说一说并且分一分。
 	
三、交流分享和家庭迁移
1.交流分享
  带养人分享如何在生活中引导宝宝进行按物品特征属性的分类。
2.家庭迁移
  带养人在生活中也可以引导宝宝认识常见的蔬菜,说一说蔬菜的特点,让宝宝对蔬菜有更深入的了解,激发宝宝吃蔬菜的欲望。
	宝宝探索生活中的常见物品,让其充分感知,就是最好的学习方式。
	
	带养人引导宝宝观察蔬菜,用夸张的动作和语言表示"长长的菜""圆圆的菜"。
	
	分菜时,带养人在旁观察宝宝是否正确归类,给宝宝试错纠错的时间,如宝宝遇到困难再给予帮助。比如,可以先让宝宝看看图片说一说这是什么形状的蔬菜,用动作比画长和圆的不同等。
	
	在游戏中,给予宝宝及时的鼓励和回应。

择菜

重点关注	感知探索	健康发展	听说表达	艺术体验	社会情感	生活能力
	√	√				√
活动价值						
活动准备						

活动价值	1.带养人了解并利用蔬菜,锻炼宝宝的手指灵活性和协调性,激发宝宝参与劳动的兴趣。 2.宝宝尝试用摘和剪的方式择菜,锻炼手眼协调能力,体验参与劳动的乐趣。
活动准备	准备带叶子的芹菜,为每人准备1把剪刀、1个盘子,为每组准备1个筐。

活动内容	策略和支持
一、导语 1.向带养人了解宝宝参与家务劳动的情况。 2.介绍此活动的价值。 **二、亲子体验** 1.摘芹菜叶 　引导宝宝认识芹菜,拇指和食指配合摘芹菜叶子。 2.剪芹菜段 　教师示范使用剪刀,边剪边说:"小剪刀真神奇,张开大嘴咬一口,芹菜咬断了。"宝宝尝试使用剪刀剪芹菜茎,带养人用儿歌提示激发兴趣。 3.分类整理 　请宝宝将茎和叶分类整理到筐里。 **三、交流分享和家庭迁移** 1.交流分享 　带养人交流宝宝在家时是否让其使用剪刀。宝宝用剪刀时需注意什么。 2.家庭迁移 　带养人在家可以让宝宝多多参与择菜,不仅可以让宝宝体验帮助他人的乐趣,还能锻炼其手指灵活性。	家务劳动有助于宝宝手指小肌肉发展,还可以锻炼宝宝的眼协调能力,给予劳动中的宝宝及时的鼓励和具体的表扬,让宝宝有参与劳动的成就感。 带养人鼓励宝宝参与活动,观察宝宝摘的动作,提示宝宝用食指、拇指配合一起摘掉叶子。成功摘下叶子后,带养人给予及时的肯定。 如果宝宝不会使用剪刀,带养人夸张、缓慢地做出每一个动作,以便于宝宝观察和模仿。 宝宝拿到剪刀后,带养人在旁注意宝宝使用剪刀是否正确,避免其伤害到自己或者他人。

主题活动:好玩的水

大雨小雨

重点关注	感知探索	健康发展	听说表达	艺术体验	社会情感	生活能力
		√		√		

活动价值	1.带养人用不同幅度的身体动作、不同强弱的声音,帮助宝宝进一步感知音乐的强弱。 2.宝宝通过肢体动作和乐器的演奏,感受乐曲的强与弱。
活动准备	1.准备音乐《大雨小雨》、图谱。 2.每人1对沙锤。

活动内容	策略和支持
一、导语 1.介绍此月龄段宝宝对音乐的感知特点。 2.介绍此活动的价值。	宝宝对音乐最先的感知是力度,但是0—3岁婴幼儿对音乐力度的感知能力是非常有限的,必须通过外部渠道来刺激他们对音乐力度的敏感度。
二、亲子体验 1.下大雨、下小雨 　教师创设下雨情境,带养人引导宝宝模仿教师的动作。 2.自由游戏 　教师边唱儿歌《大雨小雨》边抖腿。当唱到"大雨"时,双腿抖动快一些,唱歌声音大一些;唱到"小雨"时,双腿抖动慢一些,唱歌声音轻一些。 3.乐器摇一摇 　教师引导宝宝倾听沙锤的声音,并让宝宝说一说这声音像什么。带养人引导宝宝跟着教师边摇晃沙锤边表演儿歌,唱到"大雨哗啦啦"时高举沙锤用力上下摇,唱到"小雨淅沥沥"在胸前轻晃沙锤。当唱最后一句时,左右摇摆沙锤。 4.小小演奏会 　教师带领宝宝和带养人跟随音乐,一起用沙锤进行演奏。 **三、交流分享和家庭迁移** 1.交流分享 　带养人交流是否要纠正宝宝不按音乐节奏摇晃沙锤的行为。 2.家庭迁移 　学会欣赏音乐、表现音乐,首先要对声音敏感,带养人创造机会,让宝宝感知大自然以及生活环境中丰富的声音,这也是对宝宝音乐的启蒙。	带养人可以单腿抖动,也可以双腿一起抖动。或者根据需要让宝宝坐在带养人腿上,这样宝宝对带养人双腿抖动幅度的感知会更明显。 宝宝刚拿到沙锤时,可以让他们先自由探索,满足宝宝对新事物的探索欲。 如果宝宝不会上下来回晃动沙锤,带养人可以放慢速度,示范上下左右来回摆动。 如果宝宝还不会,带养人可握着宝宝的手腕让宝宝感受上下来回晃动的动作,注意,动作幅度要根据歌词变化。

教材附件

大雨哗啦啦,哗啦啦;

小雨淅沥沥,淅沥沥。

大雨哗啦啦,小雨淅沥沥。

哗啦啦——淅沥沥——

大雨小雨快快下。

美丽的喷画

重点关注	感知探索	健康发展	听说表达	艺术体验	社会情感	生活能力
	√	√		√		

活动价值	1.带养人运用带情境的语言,激发宝宝喷画的兴趣。 2.宝宝尝试用喷壶进行涂鸦,感知喷画留下来的痕迹美和色彩美。
活动准备	1.每人1个颜料喷壶(喷壶大小、重量要适宜)、1张4开的白纸、擦手布、防护衣。 2.准备各种塑封卡片(实心的、镂空的等各种形状)、1张全开的白纸。

活动内容	策略和支持
一、导语 1.向带养人了解是否有引导宝宝欣赏各种美的事物。 2.介绍此活动的价值。 **二、亲子游戏** 1.示范喷画 　"宝宝,老师手里拿着的是什么?今天喷壶要为我们变魔术。"教师边念儿歌边示范:"小喷壶,手中拿,按一按,哇,美丽色彩喷出来。" 2.颜色喷画 　"宝宝们,你们也来试试吧,记得要把喷壶的小嘴对准白纸哦,魔术才能变出来。" 　带养人观察宝宝的喷画兴趣,鼓励宝宝和其他宝宝交换颜料喷壶,感受两种颜色互相融合时产生的颜色变化。 3.形状喷画 　带养人可根据需要加入图形喷画,宝宝将塑封卡片放在纸上进行喷画,带养人引导宝宝观察不同形状塑封卡片留下的痕迹。 **三、交流分享和家庭迁移** 1.交流分享 　带养人交流如何对待宝宝涂鸦时没有耐心的情况。 2.家庭迁移 　带养人在生活中可以提供不同的材质,如废弃的盒子、报纸、纸箱等,让宝宝自由想象涂鸦。	这个月龄段的宝宝喜欢用颜料涂鸦并喜欢把各种颜色混在一起,观察颜色变化。将颜料装进喷壶作画,既能激发宝宝进行涂鸦的兴趣,感知色彩和痕迹的美,观察两种颜色相融合时颜色的变化,还能锻炼宝宝的手部肌肉力量。 第一次喷画时,带养人不要急于询问宝宝是什么,像什么。让宝宝观察喷的动作,喷出了什么,帮助宝宝熟悉喷壶的特点。 喷画时,带养人一定要关注安全问题,注意喷壶朝向是否正确,避免喷到眼睛。 带养人用拟人化的语言,激发宝宝创作的兴趣:"喷壶宝宝说:'快来和我一起玩喷画,宝宝喜欢哪个颜色宝宝呢。'" 带养人可根据宝宝喷出来的颜色和形状一起进行想象。"哇,宝宝喷出来了,像什么呢?"一起说一说。

主题活动：身体动一动

身体动一动

重点关注	感知探索	健康发展	听说表达	艺术体验	社会情感	生活能力
		√		√	√	

活动价值	1.带养人用丰富的表情、夸张的动作参与律动，及时肯定宝宝的互动交流。 2.宝宝在游戏中感知音乐旋律，随音乐进行肢体动作表达。
活动准备	准备儿歌《一个拇指动一动》、图谱。

活动内容	策略和支持
一、导语 1.带养人交流在家是否创设音乐环境。 2.介绍此活动的价值。 **二、亲子游戏** 1.身体动一动 　　教师引导宝宝和带养人动一动大拇指，再请带养人引导宝宝尝试动一动身体各部位，并说一说哪些身体部位能动。 2.跟随歌词内容，身体动一动 　　教师有节奏地读歌词，宝宝和带养人一起跟随做动作。 3.跟随歌曲内容，身体动一动 　　教师引导宝宝和带养人跟随音乐做动作。 4.合作创编动作 　　带养人和宝宝找其他家庭一起创编动作。 **三、交流分享和家庭迁移** 1.交流分享 　　带养人交流让宝宝参与音乐游戏兴趣的策略。 2.家庭迁移 　　在平时，带养人可以播放适合宝宝的简单音乐，和宝宝一起跳一跳、唱一唱。	宝宝对音乐有着天生的感受力，创设音乐环境，让宝宝感受音乐，激发其对音乐的兴趣。 听到音乐时，带养人有意识地跟随音乐节奏在宝宝的身体各部位轻轻拍打，让宝宝感知音乐节奏。 如果宝宝只喜欢听、看，带养人不要勉强宝宝。可以尝试用动作示范和语言引导来激发宝宝的兴趣。 在宝宝愿意的情况下，带养人引导宝宝与同伴面对面地进行游戏，促进同伴之间的友谊。如果宝宝不愿意，带养人不要勉强。

有趣的小脚丫

重点关注	感知探索	健康发展	听说表达	艺术体验	社会情感	生活能力
	√		√		√	

活动价值	1.带养人激发宝宝感知脚的各个部位的兴趣,用语言描述辅助宝宝探索不同物体的触感。 2.宝宝通过看一看、说一说、摸一摸、玩一玩,认识自己的小脚丫。
活动准备	准备各种材质的小路(指压板、草皮、软垫、防震泡沫膜)。

活动内容	策略和支持
一、导语 1.向带养人了解宝宝对身体部分的认知情况。 2.介绍此活动的价值。 **二、亲子游戏** 1.脱一脱 　　教师用儿歌引导带养人和宝宝脱掉鞋、袜,鼓励宝宝自己脱鞋、袜,伸一伸小脚丫。 2.认一认 　　引导宝宝通过看、说、摸、比,感受自己的脚丫和带养人脚丫的相同和不同之处。认识并摸一摸自己和带养人的脚指头、前脚掌、后脚跟。 　　宝宝独立或与带养人共同玩弯弯脚趾头、碰碰前脚掌、碰碰后脚跟的游戏。还可以把这些动作编成儿歌,边做边玩,如,"弯弯脚趾头,碰碰前脚掌,碰碰后脚跟,脚丫碰脚丫,一对好朋友。" 　　带养人也可引导宝宝数一数脚趾头,或者摸宝宝脚的不同部位,让宝宝感受"痒"。 3.小脚踩踩 　　教师提供各种小路(指压板、草皮、软垫、防震泡沫膜),带养人引导宝宝试着走一走。鼓励宝宝走不同的小路,一边走一边问宝宝有什么感受,同时丰富宝宝对感知觉的表达。 **三、交流分享和家庭迁移** 1.交流分享 　　带养人分享根据宝宝的需求和兴趣做出具体支持的方法。 2.家庭迁移 　　在日常生活中,让宝宝锻炼一些基本的生活技能,比如摆放鞋子,整理玩具等。在家中洗脚时,可以鼓励宝宝动手做力所能及的事情,如自己拿毛巾,自己脱鞋袜等。	这个月龄段的宝宝自理能力加强了,带养人多创造让宝宝独立做事的机会。在自我服务中,引导宝宝认知自己的身体。 带养人观察宝宝是否具有自己脱鞋、袜的能力,可给予语言提示,如"宝宝,今天我们的小脚丫要出去旅游啦! 先来帮它们脱衣服吧",尽量鼓励宝宝自己动手。 带养人用情境引导宝宝参与游戏,如"我的脚丫找朋友""找个小脚丫朋友""朋友见面碰一碰"等。 带养人引导宝宝光着脚丫在铺好的各种路上踩一踩,并提示宝宝:"这个是软软的,那个是硬硬的。" 如果宝宝不愿意尝试,带养人可以自己先在小路上走一走,再鼓励宝宝共同参与。

教材附件

儿歌1:缩起小脖子,钻出小山洞,拉起长鼻子,脱掉小袜子。

儿歌2:弯弯脚趾头,碰碰前脚掌,碰碰后脚跟,脚丫碰脚丫,一对好朋友。

主题活动：一家人

一家人

重点关注	感知探索	健康发展	听说表达	艺术体验	社会情感	生活能力
	√		√		√	

活动价值	1.带养人跟随宝宝的翻页进行阅读，用适宜的提问方式帮助宝宝理解绘本内容。 2.宝宝尝试自己翻页阅读，在互动游戏中增进对"一家人"的认知。
活动准备	每人1本绘本《一家人》、1套图片（包含绘本中的鞋子、碗、鱼、熊、书、牙刷、小乐乐）。

活动内容	策略和支持
一、导语 1.向带养人了解宝宝是否喜欢阅读情感类的绘本。 2.介绍此活动的价值。	阅读绘本《一家人》，书中物品"家庭"以及反复的句式强调"家"的概念，让宝宝感受"家"的浓浓的情感，非常适合亲子阅读。
二、亲子体验 1.示范阅读 　　教师模仿绘本中小女孩的口吻，向宝宝自我介绍："大家好，我叫乐乐，我的家里有好多东西，它们都是一家人。"并用温情生动的语言讲述绘本内容。 2.亲子共读 　　带养人和宝宝共读绘本，引导宝宝自己翻阅，带养人跟随阅读，根据宝宝的兴趣，进行适当的提问。 3.送图片宝宝回家 　　宝宝手持自选卡片，带养人引导宝宝说一说图片上是什么，它的一家人在哪里。找一找，贴一贴。 4.介绍自己的家人 　　教师提问："你的家里有谁？快把你的家人介绍给大家。"宝宝每人1张全家福，和带养人一起说一说。	绘本角色出现时，带养人可以鼓励宝宝向出现的角色打招呼，激发宝宝的活动热情。如果宝宝不愿意打招呼，带养人可以亲自打招呼，做好榜样示范。 带养人在亲子阅读时，可以指着画面里的物品讲述，帮助宝宝以视听结合的方式，认识相同的物品是"一家人"。第一次阅读时，带养人以原文讲述为主。第二次阅读时，带养人可以适时地进行提问，如"这是什么""宝宝在哪里"等。 在送图片宝宝回家游戏中，带养人先给宝宝自己观察、判断的机会，可以问一问："图片上的宝宝和它是一家人吗？"
三、交流分享和家庭迁移 1.交流分享 　　带养人分享宝宝阅读中适宜的提问。 2.家庭迁移 　　家庭生活中，可以和宝宝找一找家庭成员的物品。找一找还有什么也是"一家人"，感受物品间的联系。	

我们一家

重点关注	感知探索	健康发展	听说表达	艺术体验	社会情感	生活能力
	√			√	√	

活动价值	1.带养人鼓励宝宝对相框自由地进行装饰,注重观察装饰过程中宝宝的探索和思考,创设愉悦的亲子创作氛围。 2.宝宝在涂一涂、印一印、贴一贴等多样的手工操作中,感受不同形式的装饰效果,体验亲子创作的美好。
活动准备	准备全家游玩的照片、熊宝宝玩偶、熊全家福照片、相框大小的白卡纸、固体胶、彩色印泥、贴纸、拓印工具、彩纸条、轻泥等。

活动内容	策略和支持
一、导语 1.带养人和宝宝一起回忆和分享以往快乐的时光。 2.介绍此活动的价值。	提供多样的材料,让宝宝在涂一涂、印一印、贴一贴等多样的探索中,感受不同形式的装饰效果,感知艺术的美。
二、亲子体验 1.小熊的全家福 　出示小熊一家的全家福照片,引导宝宝观察相框上的装饰。 2.制作宝宝的全家福 　教师介绍装饰材料的名称和材料的使用方法。宝宝与带养人找到自己家的全家福照片,根据自己的兴趣选择喜欢的材料(彩色纸片、拓印工具、贴纸、轻泥等)自由装饰。 3.欣赏相框 　带养人和宝宝一起欣赏别人制作的相框。	带养人允许宝宝对材料进行自由探索,认一认、摸一摸、玩一玩,感受不同的材质。 在装饰、涂鸦时,带养人以鼓励引导为主,不包办,不过多干扰。 根据宝宝的兴趣,带养人适宜地和宝宝说一说一家人都做过哪些幸福快乐的事情,让宝宝感受家人之间的爱。
三、交流分享和家庭迁移 1.交流分享 　带养人分享在活动中如何引导和支持宝宝自由探索和创造。 2.家庭迁移 　在家庭生活中,可以和宝宝一起欣赏游玩的照片,回忆温馨快乐的时光。节假日时,可以带宝宝去美术馆等可以培养艺术素养的场所。	

31—36个月集体活动参考方案

主题活动：多样美食

有趣的淀粉

重点关注	感知探索	健康发展	听说表达	艺术体验	社会情感	生活能力
	√	√		√		

活动价值	1.带养人鼓励宝宝用各种方式探索水淀粉的特性,鼓励宝宝尝试用语言描述他们的探索发现,体验亲子探索的快乐。 2.宝宝用手感受水淀粉光滑的触感,用工具探索其黏稠流动的特质,体验用融色水淀粉涂鸦创作的快乐。
活动准备	1.准备淀粉、水、过滤网、调羹、杯子、脸盆等。 2.准备红、黄、蓝3色颜料。 3.每人1份黑色卡纸。

活动内容	策略和支持
一、导语 1.向带养人了解宝宝对厨房是否好奇,带养人是否会让宝宝玩厨房里的物品。 2.介绍此活动的价值。	厨房里各种材料对这个月龄段的宝宝都有着强烈的吸引力,淀粉手感细腻光滑,遇水之后变黏稠,触感特别,是宝宝喜欢的一种游戏材料。
二、亲子体验 1.你好,淀粉 　　出示装有淀粉的大脸盆,引导宝宝摸一摸、看一看,鼓励、引导宝宝说一说水淀粉的颜色、摸起来的感觉,让宝宝初步感知淀粉。 2.你好,水淀粉 　　在淀粉中加水,引导宝宝用手和工具(漏网、勺子、杯子等)探索水淀粉黏稠、流动的特性。 3.水淀粉变魔术 　　加入有颜色颜料,让宝宝用手把颜料调开,感知水淀粉变色的过程。 　　请宝宝把有颜色的水淀粉滴在黑色卡纸上大胆进行创作。	引导宝宝摸一摸、闻一闻,带养人和宝宝一起说说对淀粉的感知,尝试用"滑滑的""白色"等词。 宝宝如果不敢用手直接触摸淀粉,带养人可以通过自身示范和丰富多样的语言引发其兴趣,比如,"淀粉像白白的雪花,我们来摸摸看,它像雪花一样冰冰的吗?" 带养人观察宝宝的探索,抓住宝宝探索中的行为,通过语言引导其发现。比如用"这杯子里的水淀粉能倒入另一个杯子里,这和我们平时把水倒来倒去的感觉一样吗"引导宝宝感知水的流动不同于水淀粉的流动,水淀粉因黏稠,流动比较慢。
三、交流分享和家庭迁移 1.交流分享 　　带养人交流如何引导宝宝专注探索材料,分享充分激发宝宝的探索欲的建议和策略。 2.家庭迁移 　　在家中,带养人可为宝宝提供多种厨房材料,如各种面粉、豆类、水果、厨房工具等低结构材料,鼓励宝宝动手摸一摸、玩一玩,满足宝宝探索的欲望。	带养人引导宝宝观察水淀粉中两种颜料融合中的变化,鼓励其说说自己的发现。 带养人肯定宝宝的作品,并鼓励宝宝说说作品的内容。

多样美食

重点关注	感知探索	健康发展	听说表达	艺术体验	社会情感	生活能力
		√		√		

活动价值	1.带养人引导宝宝观察和发现超轻黏土能变形的特点,鼓励其探索用不同的动作让超轻黏土的形态发生变化。 2.宝宝尝试用捏、搓、压等动作将超轻黏土做成食物的形状,锻炼双手小肌肉的力量,培养手工制作的兴趣。
活动准备	1.准备操作材料(内有橡皮泥、剪刀、泥工板等材料),人手1份。 2.准备小班孩子的超轻黏土作品实物或作品照片。

活动内容	策略和支持
一、导语 1.带养人交流宝宝喜欢的手工材料的投放。 2.介绍此活动的价值。	这个月龄的宝宝小手越来越灵活,手部力量增强,可以提供多种安全的、适宜的手工材料,满足宝宝的探索欲。
二、亲子体验 1.丰富的"美食" 　教师展示小班孩子制作好的作品"披萨""面条""甜甜圈""糖葫芦""汤圆"等,引导宝宝看一看,说一说。 2.超轻黏土变变变 　教师的手在超轻黏土上捏、揉、压、拉,引导宝宝观察老师手的动作对超轻黏土形态变化的作用。 3.宝宝做"美食" 　带养人引导宝宝回忆喜欢的美食,确定想做的美食,并鼓励其选取(颜色)相匹配的超轻黏土试一试。 4.互相欣赏"美食" 　带养人和宝宝欣赏同伴的"美食"作品,分享"美食"。	在观察环节中,留给宝宝足够的观察时间,看看小班孩子的作品,让宝宝说一说自己最喜欢的"美食"等。 拿到操作材料时,先满足宝宝自由探索的欲望,鼓励宝宝在自己的手上搓一搓、捏一捏超轻黏土,观察超轻黏土会发生什么变化,引发宝宝对超轻黏土形态变化的好奇。 尽量让宝宝独立操作,如有困难,带养人给予适宜的帮助,如分泥等;在操作中,带养人要提醒宝宝安全使用剪刀。
三、交流分享和家庭迁移 1.交流分享 　带养人交流自己在陪伴宝宝制作"美食"过程中的放手和不控制的好处。 2.家庭迁移 　宝宝喜欢模仿,喜欢玩"过家家"游戏。带养人在家可与宝宝互动,提供超轻黏土或面团供宝宝造型,结合布娃娃等玩偶进行互动游戏。	"食物"做完后,请宝宝与同伴相互"品尝"。带养人提醒宝宝可以通过"××,你好。我请你吃××"等语言交流。 如果宝宝不愿意将"食物"分享给同伴,可以引导宝宝将"食物"分享给带养人。

主题活动：有趣的球

彩球举高高

重点关注	感知探索	健康发展	听说表达	艺术体验	社会情感	生活能力
		√		√	√	

活动价值	1.带养人用眼神和动作引导宝宝听辨乐曲中的特定声音，能根据宝宝的情绪和对游戏的兴趣来动态调整支持策略。 2.宝宝听辨乐曲中的特定声音，跟随特定声音做相应动作，在感受音乐节奏的同时获得愉悦的情绪体验。
活动准备	每人1个彩球，准备口哨和音乐《彩球举高高》。

活动内容	策略和支持
一、导语 1.向带养人了解宝宝在家都听哪些类型的音乐。 2.介绍音乐对宝宝发展的意义和此活动的价值。 **二、亲子体验** 1.听一听、找一找 　　教师吹口哨，引发宝宝的好奇心，让宝宝了解这是口哨的声音。 　　教师带领带养人和宝宝一起倾听乐曲，找一找乐曲中的口哨声和"哟呵"声，提示口哨声的后面紧跟着"哟呵"声，了解口哨声有提示的作用。 2.做一做、玩一玩 　　听音乐节奏拍腿，听到"哟呵"声时，将双手举高表示高兴。 3.自由做一做 　　带养人和宝宝一起听音乐，可以自编简单的动作互动。带养人与宝宝互动时，需注意强调听到"哟呵"声，提示宝宝做相应动作。 4.彩球举高游戏 　　带养人与宝宝人手一个球跟随教师做动作，听到"哟呵"声提醒宝宝欢呼，小手举起彩球高喊"哟呵"。 5.圆圈举高游戏 　　带养人和宝宝围成一圈，可以跟随音乐绕圈走或跑，听到"哟呵"声带养人托举宝宝。 **三、交流分享和家庭迁移** 1.交流分享 　　带养人分享培养宝宝节奏感的策略。 2.家庭迁移 　　平时带养人可以与宝宝一起听一听不同国家的音乐，随宝宝的兴致做一做动作，让宝宝感知音乐的多元化。	音乐能促进宝宝的大脑发育并能让宝宝的情绪更加稳定、愉悦。引导带养人关注宝宝倾听的音乐类型，建议倾听不同国家、不同风格的音乐。 带养人在游戏过程中以自身为榜样，示范专注倾听音乐。 听到口哨声，用眼神提示宝宝准备好，听到"哟呵"声，做夸张的声音和动作，调动宝宝参与游戏的兴趣。 自编动作游戏时，带养人先观察宝宝的状态，如果宝宝能跟随音乐做动作，带养人可以跟学宝宝的动作。如果宝宝不主动跟随音乐做动作，带养人要自编动作给宝宝做示范。 如果宝宝不能及时跟随"哟呵"声举高彩球，带养人不要指责或强调宝宝做得不好，这是宝宝的年龄特点，给宝宝成长的时间，只要宝宝愿意参与游戏就给予鼓励和表扬。 带养人根据宝宝的情绪和对游戏的兴趣来调节动作的力度和幅度，注意动作不要过于生硬，要轻柔。用夸张的表情和"哟呵"声去感染宝宝的快乐情绪。

百变蓬蓬球

重点关注	感知探索	健康发展	听说表达	艺术体验	社会情感	生活能力
	√	√	√			

活动价值	1.带养人用趣味性的语言和游戏的方式,激发宝宝对搭积木的兴趣。 2.宝宝通过按、压、拉、揉蓬蓬球,在自由搭建中尝试用语言表达搭建的物品,发展空间感和想象力。
活动准备	准备蓬蓬球若干(建议每人200粒左右)和贴了各种颜色标记的筐。

活动内容	策略和支持
一、导语 1.向带养人了解宝宝在家搭积木的情况。介绍建构对宝宝成长的意义。 2.介绍此活动的价值。	宝宝通过建构感知空间。他们通过多种方式建构物品,在反复试错调整中搭建,还可以在有兴趣的时候给作品命名,宝宝的空间感和想象力得以发展。
二、亲子体验 1.初步感知蓬蓬球 　　教师出示蓬蓬球,可以变出很多不同的造型。带养人引导宝宝观察、探索蓬蓬球的分离和粘连,感知物品的整体和部分。 2.自主搭建蓬蓬球 　　宝宝自主搭建蓬蓬球,带养人鼓励宝宝尝试描述自己搭建的作品,并给予肯定与赞赏。	在感知整体与部分的游戏中,带养人可以有意识地引导宝宝进行拆分。带养人可以说:"宝宝,你看,这个蓬蓬球要变魔术了,这样一整个大蓬蓬球,分成了一个个小的蓬蓬球,这么多小蓬蓬球用小手按一按又重新变成一整个大的了,太神奇了。" 带养人观察宝宝对新建构材料——蓬蓬球的兴趣,并给予一定的探索时间让宝宝自由探索。
三、交流分享和家庭迁移 1.交流分享 　　带养人交流当宝宝的作品与其描述完全不同时是否需要纠正孩子的说法。 2.家庭迁移 　　在家里可以利用不同材料(奶罐、干净瓶子、包装盒等)进行组合搭建,带养人可以观察并参与宝宝的搭建活动,鼓励宝宝对自己的作品进行描述。	在搭建过程中,带养人观察宝宝是否做出按、揉、压、拉的动作。如果宝宝不感兴趣,带养人可以用带情境的语言引导宝宝,比如"这个绿色蓬蓬球说要和红色蓬蓬球抱一抱,你来想办法把让它们抱抱"等。 在宝宝完成作品后,可以问问他搭了什么,训练宝宝的想象力和语言表达能力。

主题活动:毛巾用处大
毛巾擦一擦

重点关注	感知探索	健康发展	听说表达	艺术体验	社会情感	生活能力
		√	√			√

活动价值	1.带养人能及时回应宝宝在叠毛巾中的求助,调整其情绪,并给予及时的肯定与鼓励,提升宝宝自我服务的兴趣。 2.宝宝初步了解小毛巾的多种用途,尝试用毛巾擦嘴巴和叠毛巾,培养自我服务意识。
活动准备	录制幼儿园孩子洗手后擦手、饭前叠毛巾、饭后擦嘴的视频。宝宝和带养人每人1条毛巾和1个玩偶。

活动内容	策略和支持
一、导语 1.我们的宝宝很快要上小班了,向带养人介绍小班的宝宝需要具备哪些自我服务的能力。 2.介绍此活动的价值。 **二、亲子体验** 1.认识小毛巾 　教师出示小毛巾并提问:"这是什么? 这有什么用?" 　带养人引导宝宝想一想、说一说。 2.能干的小毛巾 　播放幼儿园孩子洗手后擦手、饭前叠毛巾、饭后擦嘴的视频。 　带养人引导宝宝回忆视频中幼儿园的哥哥姐姐用毛巾干什么。 3.能干的宝宝 　叠毛巾:教师边念儿歌边示范叠毛巾的方法,带养人和宝宝面对面,边念儿歌边叠毛巾。 　为玩偶擦嘴:教师示范用毛巾擦嘴,带养人引导宝宝用已经折叠好的毛巾为玩偶擦嘴巴。 **三、交流分享和家庭迁移** 1.交流分享 　带养人交流为宝宝创设规律生活的具体方法和策略。 2.家庭迁移 　在家中,带养人为宝宝提供毛巾,引导其尝试用毛巾洗脸并拧干毛巾,锻炼其生活自理能力。	这个月龄段的宝宝接下来要上幼儿园,大人要做好和幼儿园衔接的准备,如培养宝宝自己洗脸、洗手、擦嘴、擦手、叠毛巾等。带养人帮助宝宝建立有章可循的、有规律的生活作息。比如,让宝宝在家里根据幼儿园的作息时间起床、午睡、进餐等,如此宝宝今后能更容易适应幼儿园的生活。 教师示范时,带养人引导宝宝认真观看,鼓励宝宝举手回答问题,如果宝宝不愿意举手,不予以勉强和责怪。 宝宝第一次叠毛巾,带养人不要干扰,也不要提要求,先观察宝宝叠的情况,以鼓励为主,不打击宝宝的信心。宝宝第二次、第三次叠毛巾时,带养人可以提出边与边对齐或铺平等要求,依然要以鼓励为主。 根据宝宝的兴趣,带养人可以和宝宝同时叠毛巾;也可以带养人念儿歌,宝宝叠毛巾;或是宝宝和带养人一人念一句,轮流做叠毛巾的动作。带养人可以根据宝宝的兴趣和能力,加入一些指令,如"宝宝,给小玩偶擦眼睛、鼻子、耳朵"等。

教材附件

小毛巾,铺铺平,边对边、角对角,边对边,角对角,整整齐齐叠叠好。

好玩的毛巾

重点关注	感知探索	健康发展	听说表达	艺术体验	社会情感	生活能力
	√	√			√	

活动价值	1.带养人用语言鼓励和引导宝宝探索毛巾的玩法,及时肯定宝宝的主动参与和创意玩法。 2.宝宝探索毛巾的多种玩法,能锻炼宝宝的手部肌肉力量和身体协调能力。
活动准备	每人1条长毛巾、1条方毛巾,准备好欢快的音乐。

活动内容	策略和支持
一、导语 1.向带养人了解亲子陪伴游戏的情况。 2.介绍此活动的价值。	鼓励带养人积极观察适宜游戏的生活化材料,善用生活中简便的材料与宝宝进行亲子互动游戏。
二、亲子游戏 1.自由玩长毛巾 　带养人和宝宝一起自由探索长毛巾的各种玩法,并进行交流分享。 2.毛巾玩法互学 　带养人和宝宝可以学习其他家庭玩毛巾的方法,也可以用老师介绍的玩法。带养人根据宝宝兴趣自由选择游戏玩法。 　教师推荐玩法如下: 　卷毛巾:引导宝宝两手配合将毛巾卷起来。 　毛巾摇船:带养人和宝宝面对面坐,一人拉毛巾的一端,毛巾上放个小娃娃,结合儿歌前后摇晃进行摇船游戏。 　旋转风车:带养人和宝宝面对面站好,两人分别拉住长毛巾不同边的两个角,朝一个方向旋转。 　顶毛巾:带养人头顶折叠后的长毛巾,宝宝头顶方毛巾,跟随音乐扭一扭、走一走,看谁头上的毛巾先掉下来。	带养人可以鼓励宝宝自由探索长毛巾,适宜适时地给予支持和互动。 在毛巾玩法互学环节,带养人引导宝宝一起看其他带养人和宝宝的玩法,学一学,玩一玩。 如果宝宝对某一个游戏不感兴趣,可以换游戏玩。如果宝宝对某一游戏很感兴趣,可以增加玩这个游戏的次数。
三、交流分享和家庭迁移 1.交流分享 　带养人分享宝宝自由探索时与宝宝互动的适宜时机。 2.家庭迁移 　在家中给宝宝更多自由探索的时间,比如,可以给宝宝闲置的长围巾、方围巾、三角巾等,让宝宝继续自由探索。	

教材附件

摇啊摇,摇啊摇,摇到外婆桥,外婆夸我好宝宝,糖一包,果一包,还有饼儿还有糕。

主题活动:可爱的毛毛虫

好饿的毛毛虫

重点关注	感知探索	健康发展	听说表达	艺术体验	社会情感	生活能力
	√		√			

活动价值	1.带养人通过互动游戏和宝宝共同阅读,培养宝宝的阅读兴趣。 2.宝宝尝试分页阅读,根据画面内容与带养人进行简单的语言交流,培养语言表达能力。
活动准备	准备毛毛虫蜕变蝴蝶的视频,自制水果图片(1个苹果、2个梨子和3个李子),每人1本绘本《好饿的毛毛虫》、1份自制毛毛虫和蝴蝶。

活动内容	策略和支持
一、导语 1.教师向带养人了解宝宝在家中的阅读情况:家中有哪几种类型的绘本,宝宝喜欢哪种类型的绘本。 2.介绍此活动的价值。	教师引导带养人留意观察宝宝喜欢的绘本类型。在亲子阅读中,带养人可以通过多种形式的游戏,激发宝宝对阅读的兴趣。亲子阅读可以让宝宝感受亲子间的情感交流,体会亲情和爱。
二、亲子游戏 1.观看真实毛毛虫破茧而出的动画 　引导宝宝仔细观看动画,帮助宝宝初步感知毛毛虫的蜕变过程。 2.教师讲述绘本 　引导宝宝尝试随着分页画面一起阅读绘本,并提示带养人和宝宝根据绘本画面内容进行亲子互动交流。 3.亲子共读绘本 　带养人引导宝宝一起从封面开始阅读,用积极的情绪、慢速的语调、夸张的语气,和宝宝一起享受阅读过程。也可以结合教具对绘本内容进行进一步感知和体验。	带养人观察宝宝对毛毛虫蜕变过程中的兴趣点,进行进一步的讲解。 带养人引导宝宝随着画面进行阅读,根据画面和宝宝进行简单的互动。引导宝宝一起说一说,不完整也没关系,只要宝宝愿意去表达,就及时给予表扬。 在阅读过程中,如果宝宝对书中的细节感兴趣,带养人请不要加以干扰。让宝宝慢慢观察;结合教具,让宝宝拿着自己的"毛毛虫"一个个地钻过好吃的美食,增加其阅读兴趣。
三、交流分享和家庭迁移 1.交流分享 　如何引导宝宝观察绘本画面,引导宝宝说一说看到的画面内容。 2.家庭迁移 　在家中给宝宝提供自然主题的绘本。带养人可以经常带宝宝去户外、公园走一走、看一看,寻找各种昆虫,欣赏各种漂亮的蝴蝶等,激发宝宝亲近自然的情感。	

彩色毛毛虫

重点关注	感知探索	健康发展	听说表达	艺术体验	社会情感	生活能力
	√	√			√	

活动价值	1.带养人观察宝宝在操作中的困难点,用适宜的方式引导和鼓励其克服困难。 2.宝宝使用工具夹物,并根据颜色进行匹配,发展手部精细动作和手眼协调能力。
活动准备	准备自制毛毛虫(用一大一小2个白色瓶盖自制大小不同的2种白色毛毛虫,用一大一小2个彩色瓶盖自制大小不同的2种彩色毛毛虫),每人1份蒙氏教具夹子、彩色毛绒球(大和小2种)。

活动内容	策略和支持
一、导语 1.向带养人了解是否在家中为宝宝创设发展精细动作的环境并提供材料。 2.介绍此活动的价值。	在居家环境中提供适宜宝宝精细动作发展和探索的环境和材料,激发宝宝的好奇心和探索欲,在与环境和材料的互动中,促进其主动性、创造性和精细动作的发展。
二、亲子游戏 1.给白色毛毛虫"喂食" 　　出示白色瓶盖毛毛虫、夹子、毛绒球,鼓励宝宝使用夹子将"食物"——毛绒球夹进"毛毛虫肚子里"。 　　根据宝宝的能力,选择"大毛毛虫"或是"小毛毛虫",再选择大块"食物"或是小块"食物"给毛毛虫"喂食"。 2.给彩色毛毛虫"喂食" 　　出示彩色瓶盖毛毛虫,引导宝宝看一看、说一说彩色毛毛虫身上的颜色,让其将"食物"——毛绒球夹进"毛毛虫肚子里"。 　　根据宝宝的能力,选择大小适宜的"食物"给毛毛虫"喂食"。	带养人观察宝宝使用夹子的困难点,给予引导或示范,鼓励其坚持,增强其克服困难的信心;或用情境性的语言引导宝宝操作,增加趣味性。 对于夹子的使用比较熟练、手眼协调性好的宝宝,可以给他选择"小毛毛虫",让他夹小块"食物"进行"喂食"。 带养人引导宝宝说一说彩色毛毛虫身上的瓶盖颜色,还可以引导宝宝根据毛绒球的颜色想象成各种食物,给毛毛虫"喂食"。比如可以对宝宝说:"'啊呜'抓起红红的大苹果,放进毛毛虫的肚子里。"
三、交流分享和家庭迁移 1.交流分享 　　带养人分享如何观察宝宝的困难点,以及鼓励和支持策略。 2.家庭迁移 　　带养人在家也可以给宝宝创设一些喂食的情境,比如,根据宝宝的能力,提供大小不一的开口容器、夹子、勺子等工具,供宝宝自主选择。	当宝宝把"美食"送到"毛毛虫肚子里"的时候,带养人要变成毛毛虫的角色对宝宝说:"谢谢!我还想吃……"用这种方式引导宝宝继续投入游戏。

主题活动：花花草草
彩虹色的花

重点关注	感知探索	健康发展	听说表达	艺术体验	社会情感	生活能力
			√		√	

活动价值	1.带养人引导宝宝观察画面上的内容，鼓励其用语言表达自己的观察发现。 2.宝宝能基本理解故事内容，感受故事中"彩虹色的花"的乐于助人。
活动准备	1.准备绘本《彩虹色的花》的PPT。 2.准备与绘本匹配的花瓣图片，人手1本绘本。

活动内容	策略和支持
一、导语 1.向带养人了解宝宝喜欢的绘本类型和阅读方式。 2.介绍此活动的价值。	这个月龄段的宝宝自我意识和社会性水平发展到一定程度，出现帮助他人的亲社会行为，会因为帮助别人而感到高兴。
二、亲子体验 1.教师讲述故事 　教师边播放PPT边讲述故事，带养人引导宝宝观察画面，仔细聆听故事。教师引导宝宝说出花瓣的颜色，花瓣变成了什么，帮助了谁。 2.乐于助人的花瓣 　请宝宝说一说自己喜欢的花瓣颜色，并出示相应的花瓣，让宝宝回忆花瓣变成了什么，帮助了谁。让宝宝初步感知助人为乐的愉悦感。 3.亲子共读 　带养人引导宝宝完整阅读绘本，在亲子互动中感知助人的快乐，感受朋友间互帮互助的友谊。	在倾听故事的过程中，当宝宝注意力分散时，带养人根据画面轻声引导宝宝继续倾听故事。 在互动提问部分，让宝宝回忆花瓣帮助了谁，可结合宝宝自身的情况进行调整，如果宝宝只愿意倾听，不愿意回答，带养人予以引导和鼓励，把答案告诉宝宝即可。 在亲子阅读绘本的过程中，如果宝宝不愿意倾听，可以尝试让宝宝帮助翻页，带养人可以故意示弱，比如，对宝宝说："这里小老鼠在干什么呀，我怎么忘记了，想不起来了，谁能告诉我？"带养人也可带领宝宝一起演一演绘本中的内容。
三、交流分享和经验迁移 1.交流分享 　带养人交流帮助宝宝安静阅读、专注倾听的策略。 2.家庭迁移 　在日常生活中，多为宝宝创造帮助别人的机会，比如，帮爸爸拿包、帮奶奶拿拖鞋、帮妈妈拿杯子等简单的、可以完成的小任务，并对完成任务的宝宝表示感谢，让宝宝感受帮助别人的快乐。	带养人应多表扬宝宝做得好的地方，弱化宝宝没做到的地方，让宝宝在强化优点中慢慢建立自信。

美丽的花园

重点关注	感知探索	健康发展	听说表达	艺术体验	社会情感	生活能力
		√		√		

活动价值	1.带养人尊重宝宝对材料的选择和创作方式,尽量少干扰,支持宝宝对春天花园的大胆想象和创作。 2.宝宝能够自主选择材料进行粘贴、涂鸦等活动,用多样的形式表达对春天美的感受。
活动准备	以3—4个家庭为一组,每组1幅半成品大花园背景图、彩纸、皱纸、报纸等,以及颜料、油画棒、固体胶、双面胶、剪刀等工具。

活动内容	策略和支持

一、导语
1.向带养人介绍此年龄段宝宝对材料的感知特点。
2.介绍此活动的价值。
 	
二、亲子游戏
1.感受春天的美
  观看春天的实景照片,感受春天的美。
2.介绍主题和材料
  教师提议在教室里建"大花园",并出示背景图,画有大树、草地的轮廓,教师用拟人的口吻邀请宝宝一起装扮春天的大花园。
  教师介绍材料以及撕、剪、涂鸦、粘贴的方式。
3.装扮"大花园"
  带养人引导宝宝自主选择不同的材料与小朋友合作,并尝试用粘贴、涂鸦、撕、剪等不同的形式,用不同的材料创作花儿、小草、大树等来装扮大花园。
4.互赏"大花园"
  带养人引导宝宝聊聊"大花园"里你最喜欢什么。(如喜欢哪朵花,喜欢什么颜色等)
 	
三、交流分享和家庭迁移
1.交流分享
  带养人交流宝宝喜欢用什么方式进行创作,怎么支持宝宝的兴趣和创作。
2.家庭迁移
  在家中,带养人可以分时间段提供不同的材料,供宝宝自由粘贴;也可以提供一些橡皮泥或面团类材料,供宝宝练习剪。
	2—3岁的时期被称为"临界区",是宝宝各种感觉器官对外界刺激最敏感的时期。在这一时期,宝宝对不同材料的感觉处理、感受能力有较大发展,当宝宝发现通过手的动作可以改变纸的形状,或听到撕纸声音时,他们会感到欣喜。
	
	带养人关注宝宝对活动的兴趣,引导宝宝说一说春天到了,花儿们都盛开了,宝宝看到哪些漂亮的场景等。
	
	带养人可以观察宝宝是否专心制作,如果宝宝出现注意力分散,想要放弃时,带养人可引导说:"花园里花朵和树叶还很少,还不够美,我们一起让花园和大树变得更美吧。"只要宝宝愿意参与制作,带养人都要给予鼓励和支持。
	
	带养人鼓励宝宝自由选择喜欢的材料,不干预。宝宝拼花时,不必强求宝宝拼得很规整,只要宝宝有自己的想法,并能大胆拼贴,就予以肯定。宝宝在制作过程中,碰到困难,带养人予以适当的帮助,但不要大包大揽。

主题活动:蔬果宝宝

蔬菜宝宝

重点关注	感知探索	健康发展	听说表达	艺术体验	社会情感	生活能力
	√		√			

活动价值	1.带养人用一问一答的方式陪伴宝宝阅读,引导宝宝关注绘本中的内容。 2.宝宝尝试分页阅读,与带养人互动,练习"咚咚咚,请问你是谁""我是……"句式,培养语言表达能力。
活动准备	1.准备有洞的纸箱,1篮蔬果(土豆、地瓜、洋葱、胡萝卜、白萝卜、芋头、大蒜各1个),制作含绘本封面、环衬及部分绘本内容的PPT。 2.每人1本绘本。

活动内容	策略和支持
一、导语 1.带养人交流选择绘本的心得。 2.介绍此活动的价值。	绘本中色彩鲜艳的画面会吸引宝宝的注意力,重复简单的语句,能让宝宝产生学习的兴趣。
二、亲子游戏 1.问一问,说一说,认识蔬菜 　教师出示装有蔬菜的纸箱,敲敲纸箱说:"咚咚咚,请问你是谁?"每次露出蔬菜的一部分,带养人引导宝宝观察,说一说蔬菜的名称,认识蔬菜。	在阅读过程中,带养人用积极的情绪、夸张的语气引导对话。如果宝宝不愿意回答,带养人可以自问自答,给宝宝做示范。
2.示范讲述绘本片段,对话互动 　教师根据绘本中的部分内容,与宝宝进行阅读互动。 　"找到一个蔬菜宝宝啦!让我们一起来把它请出来好吗?"请宝宝用"咚咚咚,请问你是谁"的句式,问一问,猜一猜。教师呈现蔬菜并说:"嗨,我是×色的××(蔬菜名)……" 3.亲子自由阅读、互动 　带养人和宝宝一起阅读绘本,根据宝宝的兴趣提问互动。	如果宝宝不专心,带养人可以用互动方式,比如,对宝宝说:"小蜗牛、小蝴蝶都来和我们一起找蔬菜,我们赶快来看一看。" 如果宝宝的问询语句不完整,不要急于纠正,先给予正面的鼓励,如用"宝宝能提问了,很好哦"等语句,然后再进行正确的语句示范。不要苛求宝宝表达完整,只要宝宝愿意模仿就可以。
三、交流分享和家庭迁移 1.交流分享 　带养人交流让宝宝专注阅读的策略。 2.家庭迁移 　带养人有意识地带宝宝去蔬菜、水果摊或超市,认识各种蔬菜和水果,也可以购买相关主题的绘本,如《我的水果宝宝》等,建立宝宝和蔬果之间的多元链接。	

好吃的水果沙拉

重点关注	感知探索	健康发展	听说表达	艺术体验	社会情感	生活能力
	√	√				√

活动价值	1.带养人用充满趣味的语言引导宝宝用多种感官感知水果,对于宝宝的尝试及时给予鼓励和肯定。 2.宝宝尝试剥、切、搅拌水果,体验美食制作过程中的乐趣,激发吃水果的兴趣。
活动准备	准备香蕉、苹果、橘子、小番茄等水果,以及小刀、小碗、小叉子等工具。

活动内容	策略和支持
一、导语 1.向带养人了解宝宝是否对食物的来源好奇,寻问带养人是否带宝宝去了解食物及其制作过程。 2.介绍此活动的价值。 **二、亲子体验** 1.认认水果宝宝 　　出示各种不同的水果,引导宝宝摸一摸、闻一闻、看一看,鼓励宝宝说一说水果的名称、颜色、触感、形状等。 2.观察剥、切水果 　　引导宝宝观察剥、切水果的过程,看一看、说一说水果的截面,摸一摸被剥离的果皮,感受其正反面的不同,感知水果被剥、切后的变化。 3.做做水果沙拉 　　挤一挤、看一看、闻一闻沙拉酱,感知沙拉酱的性状。引导宝宝尝试将沙拉酱挤在水果上,用小勺子将沙拉酱和水果搅拌在一起。 4.分享水果沙拉 　　请宝宝品尝水果沙拉,引导宝宝说说味道,向宝宝介绍水果对身体的好处,鼓励宝宝与同伴分享品尝。 **三、交流分享和家庭迁移** 1.交流分享 　　带养人交流让宝宝参与制作、激发兴趣以及引导观察的具体方法。 2.家庭迁移 　　在日常生活中,带养人鼓励宝宝多做一些厨房劳动,比如切吐司,洗水果、剥毛豆等。	美食对于宝宝来说是无法抗拒的,但是宝宝缺乏对食物的了解。食物的里面和外面一样吗?美食是怎么制作出来的?对于这些问题宝宝会很好奇。让宝宝通过直接感知、亲身体验、动手操作去感知各种水果,体验制作乐趣的同时初步认知食材与美食之间的关联。 带养人鼓励宝宝摸一摸、看一看、说一说各种水果,还可以引导宝宝说一说"苹果苹果红红的、圆圆的;香蕉香蕉黄黄的、弯弯的"等语句。 在剥水果的环节中,带养人可以先剥开一个口子,再引导宝宝自己去剥香蕉、橘子等。在切的过程中,宝宝力度不够,带养人可以适当帮忙。 带养人用充满趣味的语言引导宝宝剥、切水果,比如用"水果宝宝要请你帮它脱去棉大衣""水果宝宝要去小人国,小人国的门小小的,水果宝宝要变得短短的、小小的,请你切一切"等语言。 在挤压沙拉酱的时候,带养人鼓励宝宝自己去尝试挤压,体验和探索多种挤压的方式。 带养人肯定宝宝的劳动付出,向宝宝介绍吃水果对身体的好处,以期养成宝宝吃水果的习惯。

主题活动：身体碰一碰

身体碰一碰

重点关注	感知探索	健康发展	听说表达	艺术体验	社会情感	生活能力
		√		√	√	

活动价值	1.带养人以玩伴的身份参与游戏,给予宝宝辨认身体各部位的反应时间和纠错时间,用语言引导其思考、改错。 2.宝宝根据音乐指令进行指认身体各部分的互动游戏,感知身体各部位,体验交往的快乐。
活动准备	准备音乐《碰一碰》和歌词PPT。

活动内容	策略和支持
一、导语 1.与带养人交流,了解宝宝与同伴的交往情况。 2.介绍此活动的价值。	带养人关注宝宝日常的交往和游戏情况。这个月龄段的宝宝想要交往,也爱重复听音乐,享受跟随音乐做动作的过程。
二、亲子游戏 1.听指令——指一指 　教师说出身体各部位的名称,让宝宝在自己身上指认。 2.念歌词——碰一碰 　教师念歌词,边念歌词边拍手,当念到"小手碰小手"时,带养人和宝宝伸出手,互相碰一碰。 3.听音乐——做一做 　带养人和宝宝随着音乐节奏摇晃身体,根据音乐中的指令,找到身体相应的部位,碰一碰。 4.自由玩——碰一碰 　亲子自由玩"碰一碰"游戏,根据宝宝的兴趣,拓展宝宝的思维。想一想身体还有哪些地方可以碰一碰,替换歌词继续游戏。 5.听音乐,和好朋友玩"碰一碰"游戏 　宝宝自主找朋友,跟随音乐进行游戏,听到指令,宝宝与好朋友一起找到身体的相应部位,碰一碰。	与宝宝触碰身体部位时,带养人可以比宝宝慢一步触碰相应的身体部位,先观察宝宝是否知道要触碰的部位。 如果宝宝在游戏中碰错身体部位,带养人用语言进行提示,给予宝宝思考、改错的时间。带养人可以用语言引导,比如,"哦,你的鼻子和我额头碰,是这样吗? 要碰哪里?" 带养人观察宝宝是否会主动找朋友进行游戏,如果宝宝不愿意找朋友,可让宝宝先观察其他宝宝游戏,再找合适的时机鼓励宝宝加入游戏。 带养人鼓励宝宝对一起游戏的朋友说"谢谢",谢谢他们陪伴自己游戏。如果宝宝害羞,不愿意表达感谢,带养人可先做示范。
三、交流分享和家庭迁移 1.交流分享 　带养人分享交流宝宝在活动中与同伴的互动情况,分享支持策略。 2.家庭迁移 　带养人主动亲近和关心宝宝,经常与宝宝一起游戏,让宝宝感受到与成人交往的快乐,建立亲密的亲子关系。鼓励宝宝与同伴互动交往,可邀请小朋友到家里玩,多给宝宝创设与同伴交往、游戏的机会。	

印印画画

重点关注	感知探索	健康发展	听说表达	艺术体验	社会情感	生活能力
		√	√	√		

活动价值	1.带养人鼓励宝宝对印画进行大胆想象,赏识宝宝的作品,并根据宝宝的想象适当辅助添画。 2.宝宝在印画活动中进行想象和创作,发展想象力和创造力,体验不同形式的艺术活动带来的快乐。
活动准备	准备红、黄、蓝、绿4种颜料,大小不一的圆形涂鸦材料(如圆形果冻、圆形积木、圆形杯子、圆形瓶子等),每人1支黑色蜡笔、1件罩衣、1份湿巾或纸巾。

活动内容	策略和支持
一、导语 1.与带养人交流,了解宝宝是否对涂鸦、手工作品充满想象,是否可以用语言表达。 2.介绍此活动的价值。	带养人在生活中鼓励宝宝对作品大胆地想象和表达。
二、亲子游戏 1.不一样的圆 　　教师出示各种圆形的材料,引导宝宝看一看,摸一摸、说一说,感受圆形。 2.圆形宝宝变魔术 　　教师说:"老师有一个神奇的魔法,可以用圆形的材料变出各种图案,我们一起来变变这个魔法吧!" 　　带养人引导宝宝伸出小手跟着教师学一学魔法咒语:"蘸一蘸,刮一刮,按一按,变一变。"引导宝宝观察和想象圆形材料印出的痕迹像什么。 3.宝宝变魔术 　　宝宝自由印画,引导宝宝说一说自己印的图形是什么,鼓励宝宝进行想象表达。带养人根据宝宝的想象适当地辅助添画。	带养人鼓励宝宝印印画画。在活动过程中,带养人鼓励宝宝进行想象表达,引导宝宝说一说印出的是什么。带养人可根据宝宝的想象辅助添画。 如果宝宝不愿意参与印画,带养人可以用示范加游戏的口吻,激发宝宝对画作的兴趣,也可以让宝宝先观察同伴,然后慢慢引导、鼓励宝宝。 带养人关注宝宝参与活动的情绪,观察宝宝是否愉悦,创作时是否专注,要注重过程,不要在意作品好看与否,要用赏识的眼光和心态肯定宝宝的作品。
三、交流分享和家庭迁移 1.交流分享 　　带养人交流引导宝宝对作品进行想象和语言表达的策略。 2.家庭迁移 　　带养人在家里可以用积木或各种有轮廓的物品引导宝宝进行印画活动。	

主题活动:找朋友

找朋友对对碰

重点关注	感知探索	健康发展	听说表达	艺术体验	社会情感	生活能力
	√		√			

活动价值	1.带养人尝试引导宝宝感知不同形状的区别,给予其试错、思考的时间,给予在游戏中遇到困难的宝宝适宜的支持和帮助。 2.让宝宝在游戏中区别圆形、方形和三角形,根据形状寻找配对,体验和同伴一起游戏的快乐。
活动准备	1.准备各种三角形、圆形、方形物品,准备黑色的圆形、方形、三角形的大卡纸。 2.准备可以挂在脖子上的圆形、三角形、方形卡片若干。

活动内容	策略和支持
一、导语 1.与带养人交流让宝宝认识形状的方法和策略。 2.介绍此活动的价值。	随着宝宝的观察力和分辨力的增长,对图形有了更好的分辨能力。
二、亲子游戏 1.找一找、认一认、说一说 　　在场地内找一找圆形、方形、三角形的物品。 　　找到物品后,宝宝与带养人说一说自己找到的物品是什么形状。 2.影子找朋友 　　请宝宝观察地上影子的形状,为各种形状的物品找到影子朋友。 3.找朋友、碰碰对 　　在教师带领下一起念儿歌《找朋友》,儿歌结束后带养人引导宝宝根据自己身上挂的卡片形状,找到有相同形状卡片的朋友拉拉手,抱一抱。 　　第二次游戏前,为宝宝重新选择不同形状的卡片挂在身上,在音乐中根据指令找到挂着相同形状卡片的朋友拉手、拥抱。 　　游戏可反复进行。	如果宝宝说不出图形的名称,带养人可以举实例引导,比如对宝宝说:"这个物品和皮球一样,都是圆圆的。"再引导宝宝摸摸这个物品的边缘,感知圆形。 如果宝宝的物品形状和影子形状不匹配,带养人引导宝宝再次仔细观察形状的特征,让宝宝有思考的时间,不要急于告知正确答案。 游戏中,带养人鼓励宝宝勇敢去寻找有相同形状卡片的同伴抱抱,如果宝宝不愿意抱抱,可视情况改为握握手,带养人也可以代替宝宝和同伴握手或抱抱,给予示范。
三、交流分享和家庭迁移 1.交流分享 　　带养人交流如何看待宝宝在活动中的试错行为,怎么引导和支持宝宝纠错。 2.家庭迁移 　　带养人在家也可以投放4—8块的拼图,和宝宝一起拼,或让宝宝找出缺漏部分,发展宝宝的观察和分辨能力。	变换指令,游戏开始的时候可以慢一点,待宝宝熟悉后再加快节奏,提高宝宝的反应能力。

教材附件

找呀找呀找朋友,找到我的好朋友,碰碰对碰碰对,我们都是好朋友。

朋友一起玩

重点关注	感知探索	健康发展	听说表达	艺术体验	社会情感	生活能力
			√	√	√	

活动价值	1.带养人用多种方式鼓励宝宝与同伴互动游戏,并与其他带养人互动游戏,给宝宝做示范。 2.宝宝与同伴一起游戏,体验集体或小组游戏的乐趣。
活动准备	准备《朋友,你好》《一起来跳舞》的音乐。

活动内容	策略和支持
一、导语 1.与带养人交流宝宝在集体环境和居家环境中的社交表现,交流出现表现不一的原因。 2.介绍此活动的价值。	宝宝已开始与同年龄段的伙伴交往,他们渐渐适应集体环境,在集体游戏中会出现一些互动和交流。
二、亲子游戏 1.有朋友真好 　围坐成圈谈话。观看宝宝们和朋友玩耍的照片,并提问:"你们有朋友吗? 他是谁? 你们和朋友们在一起玩耍是什么心情?" 2.朋友一起玩 　带养人和宝宝一起跟着歌曲《朋友,你好》找到自己的朋友拉手、抱抱。跟着《一起来跳舞》的音乐往前、往后走走,转圈圈等。 3.集体游戏:一起玩泡泡 　大家一起手拉手围成一个圈,一起念儿歌:"吹吹吹泡泡,吹成一个大泡泡……吹吹吹泡泡,吹成一个小泡泡……"根据儿歌内容张开或放下双手,将围成的"泡泡"变大或变小。	在游戏过程中,带养人积极引导宝宝参加集体游戏,如果宝宝不愿意和其他宝宝拉手,带养人不要勉强,带着宝宝在一旁观看,或与宝宝牵手一起做游戏。带养人鼓励宝宝和舞伴手拉手,抱一抱,增加其与同伴的亲密和好感度。 当宝宝主动尝试与同伴一起做游戏的时候,带养人及时肯定宝宝的行为和表现。 宝宝参与集体游戏后,带养人和教师感谢宝宝的参与,让宝宝感知和朋友一起游戏的快乐。
三、交流分享和家庭迁移 1.交流分享 　带养人交流应对宝宝不愿与同伴拉手游戏的解决策略。 2.家庭迁移 　在日常生活中,带养人可以多给宝宝创设与同伴交往的机会,比如,邀请同伴来家中或走出去,和同伴游戏,创设有趣的游戏情景,助推宝宝的游戏兴趣。	

二、亲子园体验课程区域活动参考方案

娃娃家

区域名称	娃娃家	月龄段	19—24个月
活动价值	1.带养人根据宝宝在活动中的行为,给予语言引导,并结合宝宝的活动状态,调整互动的频率。 2.宝宝通过和材料互动,尝试进行想象和角色模仿,模拟生活中的情景进行简单游戏,初步体验角色扮演和模拟生活的乐趣。		
活动准备	**一、材料准备** 1.主材料:厨房玩具、卧室玩具、客厅玩具、餐桌玩具、家庭生活照片展板。 2.其他材料:纸张、纸团、布料、手提篮、小推车等。 **二、活动场地和材料投放** 家庭生活照片　　厨房和其他材料 客厅(沙发、柜子)　　餐桌和餐椅 卧室(床、娃娃)、其他材料　　手提篮、小推车等		

活动内容	策略和支持
一、导语 　　随着宝宝的长大,永久性记忆逐渐发展,他们会模仿和再现生活中观察到的事情。宝宝对家中的事情最熟悉,所以今天为宝宝们布置家的场景,宝宝们会将平时对生活的观察进行模仿和再现,体验模拟生活和角色扮演的乐趣。 1.介绍场地布局和材料 　　今天的娃娃家布置得十分温馨,还原了宝宝日常生活的家庭环境,如厨房、餐桌、客厅沙发、卧室等,还提供各类玩具和一些辅助材料,我们先看看场地上有什么。(介绍场地中的材料和物品,说明活动范围)	带养人观察宝宝在游戏过程中的生活经验再现,比如,宝宝喜欢抱着娃娃,给娃娃喂饭等。带养人也可以以玩伴的角色参与游戏,帮助宝宝回忆生活经验,进行经验的迁移和再现。

233

续表

活动内容	策略和支持
2.活动要点介绍 　　带养人可以观察宝宝玩了什么,怎么玩;观察宝宝是否进行角色模仿(如模仿父母做饭、喂饭、哄小宝宝吃饭等),是否进行想象(如将纸团想象成面包等)。 **二、宝宝自主活动** 1.带养人 (1)根据"哇"时刻记录表中的观察要点,观察宝宝的"哇"时刻,用拍照或拍短视频的方式进行记录。 (2)请带养人结合宝宝的活动状态,调整互动的频率。如果宝宝活动兴致高,积极主动参与活动,带养人就做宝宝的互动"配合者",根据宝宝的需求做出回应和陪伴;如果宝宝没有参与活动的兴趣,带养人就积极投入活动中,带领宝宝一起玩。 2.教师 　　主教观察带养人的语言、行为和状态,捕捉带养人和宝宝互动中的亮点。主教可以在适宜的时候与个别带养人交流宝宝行为背后的原因和下一步支持策略。 　　助教辅助拍照,捕捉宝宝们喜欢的材料和玩法,捕捉宝宝们的"哇"时刻。 **三、整理** 　　带养人和宝宝一起整理材料,教师引导宝宝进行分类整理,养成整理的习惯。 **四、"哇"时刻分享和交流** 　　半日活动结束后及时开展线上分享。教师和带养人在班级群里分享活动中宝宝的"哇"时刻。 　　教师将在活动中观察到的带养人与宝宝或宝宝与宝宝之间互动的"哇"时刻,进行正向的反馈。	游戏中,由于缺少生活经验和观察,宝宝的模仿和生活中的实际情况可能有很大的差别,带养人不应予以批评或评判,可以适当引导,比如,烧菜前不洗菜,或是把菜放在盘子或碗里烧,带养人可以提醒道:"买过来的菜上面有灰尘,先洗洗再烧更卫生。" 游戏中,宝宝可能会乱放玩具,或者忽视掉在地上的游戏材料,带养人要及时提醒宝宝,爱护玩具,掉在地上的玩具要及时捡起来。 游戏中,宝宝出现经验迁移、想象、象征行为等,给予及时肯定和鼓励。

家庭迁移

　　在生活中,让宝宝多观察成人做事的过程,尽量让宝宝参与进来,帮助做一些力所能及的事情,丰富宝宝的生活经验。

区域名称	娃娃家		月龄段	31—36个月
活动价值	1.带养人征得宝宝同意后,和宝宝隔开一段距离观察其情绪、活动状态、和他人的互动情况以及活动中的角色意识,观察宝宝的独立性。 2.宝宝尝试没有亲人陪伴下的玩耍,用服装和辅助材料,进行角色扮演和象征游戏,发展独立能力和想象能力。			
活动准备	**一、材料准备** 1.主材料:角色扮演材料(假发、项链、领带、包等)、超市玩具、家庭生活材料。 2.其他材料:小石头、落叶、树枝等。 **二、活动场地和材料投放** 超市区 卧室区　　餐厅区 盥洗区			

活动内容	策略和支持
一、导语 　　今天我们创设了娃娃家,还结合宝宝的生活经验,创设了超市。随着宝宝参与娃娃家的次数增多,生活经验逐渐丰富,他们开始用角色扮演的服装和辅助材料,进行相应的生活经验迁移,借由角色游戏,宝宝们之间也会产生一些简单的互动和社交,激发宝宝和同伴交往、游戏的兴趣。 1.介绍场地布局和材料 　　今天的娃娃家很特别,除了我们生活的家还增设了超市这个有意思的地方,还提供了好看的衣服给宝宝,我们一起来看看吧。(介绍场地中的材料和物品,说明活动范围) 2.活动要点介绍 (1)活动的时候,带养人可以观察宝宝扮演了什么角色,玩了什么,怎么玩,是否进行角色模仿(如模仿超市采购、买单等),是否能和同伴玩简单的过家家游戏,是否和同伴分享玩具共同游戏,是否可以把一个物体想象为另一个物体(如把纸片想象成面条等)。 (2)因31—36个月龄的宝宝接下来要向小班生活进行过渡,带养人可以在征求宝宝同意的情况下,与宝宝保持一定距离观察宝宝活动,给予宝宝和同伴更多的互动交流机会。	通过班级群预告,让带养人提前了解活动内容,鼓励带养人带领宝宝提前去超市进行观察,为活动做好相应准备。 活动中宝宝自主选择感兴趣的角色服装进行扮演,带养人不进行干预。根据宝宝的游戏情况,可以适时提问,帮助宝宝回忆该角色的语言、行为,鼓励宝宝将该角色的实际情景迁移到游戏中来。

续表

活动内容	策略和支持
二、宝宝自主活动 1.带养人 　　根据"哇"时刻记录表中的观察要点,观察宝宝的"哇"时刻,并进行记录。 2.教师 　　主教观察带养人的语言、行为和状态,捕捉其和宝宝互动的亮点。主教观察宝宝喜欢扮演什么角色,哪些材料宝宝们最喜欢,以及同伴间的互动交往情况。还可以观察宝宝们的玩法,在适宜的时候和个别带养人交流宝宝行为背后的原因和下一步支持策略。 　　助教辅助拍照,捕捉宝宝们喜欢的材料和玩法,捕捉宝宝们的"哇"时刻。 **三、带养人进行"哇"时刻分享,宝宝们继续自主游戏** 1."哇"时刻分享准备 　　由助教负责宝宝活动中的安全,带养人聚在一起,与主教进行交流,如果分离后宝宝的情绪状态不佳,允许带养人进行适当介入。 2."哇"时刻分享 　　请2—3位带养人简单分享在活动中看到的宝宝的"哇"时刻。 　　教师将在活动中观察到的带养人与宝宝互动的"哇"时刻进行正向的反馈。 **四、整理** 　　带养人和宝宝一起整理材料,引导宝宝进行分类整理,表扬宝宝的参与。	当宝宝愿意与同伴分享玩具,共同开展扮演游戏时,带养人可以退出一段距离,在宝宝的可视范围内认真观察宝宝与材料、与同伴之间的多样互动,记录下宝宝的"哇"时刻。 带养人在进行"哇"时刻分享时,聚焦一个积极正向的点,比如,与同伴的互动、模仿再现、想象、品质等方面。

家庭迁移

1.利用周末或空余时间陪同宝宝实地参访,引导宝宝观察不同社会场合工作人员的工作情况。

2.收集一定的材料支持宝宝在家玩一玩自己喜欢的扮演游戏。

美工区

区域名称	美工区	月龄段	13—18个月
活动价值	1.带养人尊重和支持宝宝的自主创作,观察其使用材料的方法,注重宝宝的创作过程,尝试用儿童的眼光欣赏宝宝的作品。 2.宝宝尝试用材料进行自由探索、自主创作,体验自主艺术行为的快乐。		

活动准备	**一、材料准备** 1.主材料:红色颜料、A3大小的黑色纸和白色纸、黑白小纸片、面团、不同大小的画框、透明的有盖的瓶子、圆形海绵拓印、画笔。 2.其他材料:各种红色的物品(瓶盖、积木、毛毛球、冰棍棒、布等)。 3.每人1件防水罩衣。 **二、活动场地和材料投放**

涂鸦材料(红色颜料、A3大小的黑色纸和白色纸、圆形海绵拓印、黑白小纸片)	面团、各种红色的物品(瓶盖、积木、毛毛球、冰棍棒、布等)、木刀
防水罩衣取放处	装饰画(空画框、黑白棋子、羽毛、积木、瓶盖、毛毛球、冰棍等红色小物品)

活动过程	策略和支持
一、导语 　　今天我们去美工区,可以用很多不同的材料进行探索和创作。这个月龄段宝宝的探索和创作,可不像成人眼中画家、雕塑家那样的创作。宝宝有兴趣去感受手指画,听纸张开裂、摩擦时发出的声响,挤压橡皮泥或面团并观察它们被揉压的过程,观察颜料的混合,用糨糊把自己的手指黏在一起,用刷子划过纸张。这些探索行为对于宝宝来说比结果更加重要。 1.介绍场地中的材料和物品,说明活动范围和安全事宜 　　这个年龄段的宝宝对红色最为敏感,最容易感知红色。今天提供了大量不同材质的红色物品、小部分的黑色和白色的物品,让宝宝在探索和创作中感知红色的多样性,并在红色与黑色、白色的对比中感知到色彩的不同。 　　今天提供的物品有点小,有部分宝宝还处在口欲期,所以在操作中需要注意安全,避免宝宝将小物品塞入口鼻中。 2.活动要点介绍 　　活动的时候,带养人可以观察宝宝探索了什么材料,是怎么玩的,在探索和创作的时候是否专注,是否有反复探索某一材料的行为。 　　请带养人在确定宝宝安全的情况下,让宝宝自由玩耍,尽量少干扰。 3.宝宝换上反穿衣,进入活动场地	带养人做宝宝的玩伴,鼓励宝宝主动参与创作,比如,鼓励宝宝用自己的手掌和手指直接用颜料涂鸦,体验颜料划过纸面的感觉,引导宝宝观察自己的行为和产生的轨迹之间的因果关系。 带养人用拟人化的语言,激发宝宝创作的兴趣。比如用"面粉宝宝说:'快来和我一起做游戏,帮我捏捏身体吧。'""小手想和颜料宝宝做朋友,亲一亲"等语言。 带养人根据宝宝的探索和创作,用白描式的语句描述宝宝做的事情,比如用"宝宝把面团压扁了""宝宝把红色毛毛球放在了画框里"等语句。 带养人根据宝宝的兴趣和意愿,和宝宝一起聊一聊作品中的颜色,了解宝宝喜欢什么颜色。

续表

活动过程	策略和支持
二、宝宝自主活动 1.带养人 　　根据"哇"时刻记录表中的观察要点,观察宝宝的"哇"时刻,用拍照片或拍短视频的方式进行记录。 2.教师 　　主教观察带养人的语言、行为和状态,捕捉带养人和宝宝互动的亮点。 　　助教用拍照或拍视频的方式捕捉带养人和宝宝互动中的"哇"时刻,捕捉宝宝们喜欢的材料和玩法。 **三、整理** 　　带养人和宝宝一起整理材料,教师引导宝宝进行分类整理,表扬宝宝的参与。 **四、"哇"时刻交流分享** 1.教师分享:教师将捕捉到的带养人与宝宝互动中的"哇"时刻照片或视频发送至群组中分享。 2.带养人分享:带养人在班级群组中分享观察到的宝宝在活动中的"哇"时刻。	观察宝宝看到自己完成的作品时是否高兴。带养人和宝宝一起欣赏作品,欣赏作品的颜色、造型等。

家庭迁移
　　带养人带宝宝去观察和欣赏生活中美的事物,可以是餐厅中美的餐盘、餐布,可以是美丽的建筑物,还可以是大自然中色彩丰富的落叶和花朵。和宝宝一起用发现的眼睛去发现生活中的艺术,感受美无处不在,艺术就在身边。

区域名称	美工区		月龄段	25—30个月
活动价值	1.带养人尊重宝宝在创作中的想法,鼓励其进行积极的探索和创作,引导宝宝用语言表达自己对作品的感受和想法。 2.宝宝在探索不同材料的组合或融合中感受艺术创作的快乐。			
活动准备	**一、材料准备** 1.主材料:颜料、调色盘、橡皮泥、画笔。 2.其他材料:矿泉水瓶、短绳、牙刷、浴球、小石头、豆子、木片、羽毛、树叶、树枝、塑料小刀、迷你擀面杖、皱纸、密封袋、小粉笔、托盘。 3.每人1件防水罩衣。 **二、活动场地和材料投放** 玩痕迹和轨迹游戏的材料:瓶盖上有洞的矿泉水瓶、可吸水的短绳、牙刷、小浴球、颜料(红、黄、蓝)、A3纸、调色盘、小片硬纸板等 自然材料:橡皮泥、小石头、豆子、木片、羽毛、树叶、树枝等 辅助材料:塑料小刀、迷你擀面杖 防水罩衣取放处 玩颜色游戏的材料:小矿泉水瓶、皱纸(红、黄、蓝)、颜料(红、黄、蓝)、滴管、白色托盘、自封袋、水粉笔等			

活动内容	策略和支持
一、导语 　　今天我们在美工区活动,宝宝通过使用工具,探索不同材料的组合或融合,拓展自己的想法,激发在创作中感受和表达美的意愿。活动中宝宝自由选择材料,自己决定玩什么,怎么玩。 1.出示材料照片介绍场地布局和材料 2.分发观察表,向带养人介绍活动要点 　　每位带养人手里有一张观察表,上面记录了活动中要观察的重点。带养人就当一个观察员。有目的地观察才能让我们更好地去了解宝宝,支持和陪伴宝宝的成长。 　　带养人鼓励宝宝持续不断地探索材料的属性,并以不同的方式进行组合。最初宝宝可能是无意组合,在无数次探索之后,宝宝会发现其中的规律和奥秘,就会有意地进行材料组合、涂鸦或手工。 3.宝宝和带养人进入活动场地,宝宝换上防水罩衣 **二、宝宝自主活动** 1.带养人 　　根据"哇"时刻记录表中的观察要点,观察宝宝的"哇"时刻,进行记录。	鼓励带养人放手让宝宝自己去操作,在宝宝碰到困难或快要失去兴趣时,给予适时的鼓励和相应的支持、帮助。 带养人观察宝宝的游戏情况,比如,活动中宝宝的情绪是怎样的,对哪些材料感兴趣,怎么玩,有没有将不同的材料进行组合或融合使用,愿不愿意说出自己对作品的想法,在自主创作中是否自信等。 带养人不评价宝宝的作品,而是要表现出对宝宝作品有极大的兴趣,关注宝宝对作品的语言表达和想法。

续表

活动内容	策略和支持
2.教师 　　主教观察带养人的语言、行为和状态,捕捉带养人和宝宝互动的亮点。观察哪些材料宝宝们最喜欢,以及大多数的宝宝会进行的玩法。教师观察宝宝们的玩法,可以在适宜的时候和个别带养人交流宝宝探索创作的意义。 　　助教辅助拍照,捕捉宝宝们喜欢的材料和玩法,捕捉宝宝们的"哇"时刻。 **三、"哇"时刻交流分享** 1."哇"时刻分享准备 　　助教负责宝宝活动中的安全,带养人聚在场地中和主教进行交流。 2."哇"时刻分享 　　请2—3位带养人简单分享在活动中看到的宝宝的"哇"时刻。 　　教师将在活动中观察到的带养人与宝宝互动的"哇"时刻,进行正向的反馈。 **四、整理** 　　带养人和宝宝一起分类整理材料,并清洗使用过的用品。	

家庭迁移

　　带养人在家中可以为宝宝提供面团、小段的吸管、安全的剪刀和小刀等,让宝宝玩耍;也可以在浴室里提供颜料,让宝宝在浴室里涂鸦,这样清理起来也方便。

建构区

区域名称	建构区	月龄段	19—24个月
活动价值		1.带养人鼓励和支持宝宝自主搭建,肯定其在搭建过程中的探索和反复试错,赏识其专注、坚持的品质。 2.宝宝通过和材料的互动,了解各种材料的组合方式,并按照自己的理解搭出生活中见过的实物,体验自主自由建构的乐趣。	

活动准备

一、材料准备

1.主材料:大型泡沫积木、纸砖、瓶罐、塑料碗、塑料杯、塑料盘、木片、木条等建构材料。

2.其他材料:仿真小动物、人物塑像、小车、储物筐等。

二、活动场地和材料投放

```
┌──────────────────────────────────────────┐
│  仿真小动物、自然材料(木片、木条、木      │
│  桩、树叶、松果等)、绿色垫子                 │
└──────────────────────────────────────────┘

  ┌────┐    ┌──────────┐      ┌────────┐
  │大型│    │手提篮若干 │      │可移动  │
  │泡沫│    └──────────┘      │储物筐  │
  │积木│    ┌──────────┐      └────────┘
  │    │    │单手能掌控的小汽│
  └────┘    │车、能装小人或小│
  ┌────┐    │动物的自卸车、推土车、│  ┌──────┐
  │可移动│  │小人            │  │纸砖  │
  │储物筐│  └──────────┘      │      │
  └────┘    ┌──────────┐      └──────┘
            │手提篮若干 │
            └──────────┘
  ┌────────────────────────────────┐
  │大小不一的塑料碗、塑料杯、塑料盘、瓶罐│
  └────────────────────────────────┘
```

活动过程	策略和支持
一、导语 　　建构是一种需要专注力和持久力的游戏。通过自选材料、自主搭建,可以引发宝宝对自己作品的想象和表达,激发其对参与建构活动的持续兴趣。宝宝玩建构区会先研究材料,学习如何掌控、叠放、拼搭、搬运它们。 1.介绍场地中的材料和物品,告知活动范围和安全事宜 2.介绍活动要点 　　向带养人介绍观察记录表,讲解记录表中的观察要点。 　　请带养人在确定宝宝安全的情况下,让宝宝专注玩耍,尽量少干扰。每个宝宝的个性和特质不一样,要根据每个宝宝的兴趣和性格特点,灵活调整参与的方式和互动频次。 **二、宝宝自主活动** 1.带养人 　　根据"哇"时刻记录表中的观察要点,观察宝宝的"哇"时刻,用照片或短视频的方式进行记录。	在宝宝游戏时,在安全范围内尽量不去干预宝宝的游戏行为,尊重宝宝的想法,真正地让宝宝成为游戏的主人。 场地上提供的篮子、储物筐是给宝宝搬运、装填用的,宝宝可能会把材料随意摆放,在安全的情况下,都不要干涉宝宝的行为。 根据宝宝自身的互动需求,给予宝宝及时的互动回应和支持。比如,有些宝宝需要与带养人一起玩耍互动,带养人作为玩伴进行参与活动;有些宝宝在活动中,需要带养人及时给予回应和鼓励,带养人要给予适宜的支持和回应。

续表

2.教师 　　主教观察带养人的语言、行为和状态,捕捉带养人和宝宝互动的亮点。 　　助教用拍照或拍视频的方式捕捉带养人和宝宝互动中的"哇"时刻,捕捉宝宝们喜欢的材料和玩法。	在整理过程中,带养人示范分类摆放,给宝宝做榜样。如果宝宝不愿意参与整理,可以用充满趣味的语言调动其兴趣,比如,带养人可以说:"积木说要去旅游,我们当旅游大巴车,带着积木去旅游点喽!"

三、整理

　　带养人和宝宝一起整理材料,教师引导宝宝进行分类整理,培养宝宝整理和分类的习惯。

四、"哇"时刻交流分享

1.教师分享:教师将捕捉到的带养人与宝宝互动中的"哇"时刻照片或视频发送至组群分享。

2.带养人分享:带养人在班级组群分享观察到的宝宝在活动中的"哇"时刻。

家庭迁移

　　在家中开辟一个宝宝建构的空间,将生活材料、自然材料、建构积木、玩偶放在一起让宝宝进行自由、自主地玩耍。生活材料可以是瓶、罐、塑料杯子、纸盒、鞋盒等,自然材料可以是木片、木条、石头、树叶等。

区域名称	建构区	月龄段	31—36个月
活动价值	1.带养人观察宝宝的建构情况,结合宝宝的表达意愿,引导宝宝对自己建构的作品进行想象和语言表达。 2.宝宝通过自主搭建,建构对空间关系的理解,产生对自己作品的想象和表达。		

活动准备	**一、材料准备** 1.主材料:纸砖、木头、泡沫、插塑、磁力片等材质的积木,大小不一的纸质盒子、瓶、罐等建构材料。 2.其他材料:房子、车子、桥、马路等真实环境的图片,绳子,布,小动物,人像,小车,筐子,手提篮,移动箱子等。 **二、活动场地和材料投放** 木头积木　　移动箱子 纸砖、泡沫积木　　绳子、布、小动物、人物塑像、小车、筐、手提篮　　插塑积木、磁力片 手提篮、筐　　移动箱子　纸质盒子、瓶、罐　　手提篮、筐

活动过程	策略和支持
一、导语 　　今天我们玩的是建构区,这里除了提供建构的主要材料,如积木等,还有很多的辅助材料,这些辅助材料,更容易激发宝宝有情境性地建构。 　　宝宝通过自主搭建,建构对空间关系的理解,引发其对自己作品的想象和表达,激发其对参与建构活动的持续兴趣。 1.介绍场地布局和材料 　　今天的建构区域提供各类的积木和其他一些材料,我们先看看场地上有什么?(介绍场地中的材料和物品,说明活动范围) 2.活动要点介绍 　　活动的时候,带养人可以观察宝宝玩了什么,怎么玩的,有没有和其他同伴互动,是否会给建构的造型命名,是否能简单表达自己建构的场景等。 　　请带养人在确保宝宝安全的情况下,让宝宝自由玩耍,尽量少干扰。当宝宝在建构中没有感到评判和束缚时,他们更加愿意迎接挑战和进行更复杂的建构行为。	带养人不干扰宝宝的自主玩耍,给宝宝足够的自主和自由。如果宝宝对活动不感兴趣,带养人可以参与搭建,给宝宝做示范,或是让宝宝观察其他同伴在玩什么。 　　如果宝宝在活动中与同伴产生互动,带养人可以用愉悦的情绪、描述性的语言,描述宝宝的互动行为。如果产生的是有冲突的互动,带养人要及时关注冲突的进展情况,但不必马上介入,给予宝宝解决冲突的机会,在观察到孩子情绪很不稳定或有肢体冲突时,带养人适时介入。 　　带养人在宝宝搭建完造型后,可以提问:"你搭了什么? 这些看起来很有趣。"如果宝宝对你的提问感兴趣,可以继续交流搭建的细节。

续表

活动过程	策略和支持
二、宝宝自主建构活动 1.带养人 　　根据"哇"时刻记录表中的观察要点,观察宝宝的"哇"时刻,进行记录。 2.教师 　　主教观察带养人的语言、行为和状态,捕捉带养人和宝宝互动的亮点。观察宝宝们最喜欢的材料,以及大多数的宝宝会进行的玩法。 　　助教辅助拍照,捕捉宝宝们喜欢的材料和玩法,捕捉宝宝们的"哇"时刻。 **三、带养人进行"哇"时刻分享,宝宝们继续自主建构** 1."哇"时刻分享准备 　　助教负责宝宝在活动中的安全,带养人聚在场地上,和主教进行交流。 2."哇"时刻分享 　　请2—3位带养人简单分享今天在活动中看到的宝宝的"哇"时刻。 　　教师将在活动中观察到的带养人与宝宝互动的"哇"时刻,进行正向的反馈。 **四、整理** 　　带养人和宝宝一起整理材料,教师引导宝宝进行分类整理,表扬宝宝的参与。	提示带养人在进行"哇"时刻分享时,结合"哇"时刻观察记录表中的观察要点,聚焦一个积极正向的点进行分享。

家庭迁移

在家中将多样化材料放在一个区域中,如玩偶、汽车、积木、绳子、布等,让宝宝进行多种组合建构。提供可以搬运的篮子、箱子等,供宝宝玩装满、倾倒等游戏。

玩沙区

区域名称	玩沙区	月龄段	13—18个月
活动价值	1.带养人以玩伴的身份,陪伴宝宝进行玩耍,关注宝宝的安全、尊重宝宝的玩法,对宝宝自主自创的玩法给予鼓励和支持。 2.宝宝通过手和工具的操作,感知各种物体的特性,体验探索不同质感物品的乐趣。		

活动准备	**一、材料准备** 1.主材料:大盆若干,大盆里分别装干扁豆、干玉米粒、小米、3种材料混合。 2.其他材料:铲子、勺子、小矿泉水瓶、塑料杯、盆、碗、奶粉罐、漏斗等。 **二、活动场地和材料投放**

干白扁豆　　　　干白扁豆
其他材料　　　　其他材料

干玉米粒　　　　干玉米粒
其他材料　　　　其他材料

小米　　　　　　小米
其他材料　　　　其他材料

干白扁豆　　　　干白扁豆
干玉米粒　　　　干玉米粒
小米混合　　　　小米混合
其他材料　　　　其他材料

活动内容	策略和支持
一、导语 　　触觉是宝宝最早发展的能力之一,今天场地上提供了玉米、白扁豆、小米等不同质地的颗粒可以给到宝宝不同的触感,发展宝宝的感知觉。这个月龄段的宝宝,还处在口欲期,我们提供安全、卫生、可食用的颗粒进行活动,更适合宝宝进行探索和操作。 1.介绍场地中的材料和物品,说明活动范围和安全事宜 　　今天场地上有一些工具,我们来看看是什么?	带养人在活动中应注意宝宝的安全,特别要留意宝宝有没有把小物品塞入口、鼻、耳中。 　让宝宝自由选择、自主玩耍,在宝宝需要陪伴玩耍或是兴趣不高的时候,带养人以玩伴的身份和宝宝一起玩耍。

续表

活动内容	策略和支持
活动中颗粒物可能会被宝宝们撒在地上,我们要提醒宝宝不要乱撒。踩在颗粒物上容易滑倒,要注意宝宝的安全。 2.介绍活动要点 　宝宝可能只用手或是固定使用一种工具进行探索,我们尊重宝宝自己的探索意愿,在保证安全的情况下,不限制宝宝的玩法,给予宝宝更多的支持。 **二、宝宝自主游戏** 1.带养人 　带养人根据"哇"时刻记录表中的观察要点,观察宝宝的"哇"时刻,用拍照或拍短视频的方式进行记录。 2.教师 　主教观察带养人的语言、行为和状态,捕捉带养人和宝宝互动的亮点。观察宝宝们最喜欢的材料,以及大多数的宝宝会进行的玩法。 　助教辅助拍照,捕捉宝宝们喜欢的材料和玩法,捕捉宝宝们的"哇"时刻,将观察到的信息反馈给主教。 **三、"哇"时刻交流分享** 1.主教与带养人交流分享"哇"时刻 　主教分享个别带养人和宝宝的互动中的"哇"时刻,给予积极正向的反馈。 2.带养人之间交流分享"哇"时刻 　半日活动离园后,由主教在班级群组里发起"'哇'时刻交流分享时刻",请带养人在线分享文字、照片或视频。 **四、整理** 　带养人和宝宝一起整理材料,教师引导宝宝分类整理工具,表扬宝宝的参与。	带养人互看互学适宜的陪伴和支持方法。 如果宝宝全程只玩一种材料,只要宝宝是专注地玩,带养人都不予以打扰,这是培养、引导宝宝专注力的好机会。 陪伴中,带养人可以用白描式的语言描述宝宝正在做的事情。如果宝宝在活动中与同伴产生互动,带养人可以用愉悦的情绪、描述性的语言,描述宝宝的互动行为,发展宝宝对语言的理解力和对交往的兴趣。

家庭迁移

　在家中也为宝宝提供一些可食用、颗粒大小不同的五谷杂粮让宝宝探索,如戳一戳、摸一摸、倒一倒、放瓶子里摇一摇;可在家务劳动时邀请宝宝参与,例如请宝宝帮助一起洗米、剥豆豆、剥玉米粒等,让宝宝在锻炼手部精细动作中感受物体的形状、颜色和质地等;也可以让宝宝在大人的陪伴下去沙滩、土地等区域触摸,感受不同质地的颗粒物,发展其感知觉。

区域名称	玩沙区	月龄段	31—36个月
活动价值	1.带养人征得宝宝同意后,在沙池一旁观察宝宝在沙水游戏中的情况,对宝宝在活动中的"哇"时刻进行记录,对宝宝的行为进行正面积极的反馈。 2.宝宝通过操作和探索,感知干沙和湿沙的特性和区别,自主用干沙和湿沙进行玩耍,体验玩沙的乐趣。		

| 活动准备 | **一、材料准备**
1.主材料:沙子、装有水的水桶若干。
2.其他材料:铲子、勺子、矿泉水瓶、漏斗、筛子、纸杯、桶、奶粉罐、水壶、模型、小车、漏勺、竹筒、PVC管、各种小物品(作为寻宝材料由老师提前埋藏在挖宝区)、小篮子等。
3.每人1份沙水服或雨鞋。
二、活动场地和材料投放 |

活动内容	策略和支持
一、导语 　　玩沙可以促进宝宝感知觉的发展。在玩沙的过程中,宝宝会接触到不同触感的沙子,如湿沙、干沙、颗粒粗细不同的沙子等。宝宝在操作工具、探索干沙湿沙的过程中,会发现湿沙易塑形,干沙会流动的特性区别。宝宝自由地探索玩沙,可以拥有更多空间来尽情挥洒自己的想象力和创造力。 1.介绍场地中的材料和物品,说明活动范围和安全事宜 (1)宝宝穿好玩沙服,带养人穿好鞋套。 (2)介绍场地安排和辅助材料。 　　场地分成了两边,一边场地里埋了一些东西,宝宝可以去挖宝藏。另一边场地边上有装水的桶,宝宝们去舀水时,带养人请注意,不要让宝宝打湿自己的衣服。让宝宝试试把水倒到沙子里,看看会发生什么。 (3)提醒安全卫生事宜。 　　在玩沙活动中,我们要时刻注意宝宝的行动。蹲下来玩沙,手放低,避免让沙子入眼。游戏后清理身上的沙粒,洗手。	带养人引导宝宝观察场地里的材料,了解取放要求。在保障宝宝安全的前提下,尽量让宝宝自由选择、自主玩耍。 如果宝宝在活动中缺少带养人的陪伴,情绪不佳或对活动失去兴趣,带养人可以参与进来,与宝宝一起挖沙、铲沙,给宝宝做示范,或是创设情境,如"我们来烧饭吧(做生日蛋糕吧)。"带养人也可以把材料埋起来,请宝宝来"挖宝"。 带养人观察宝宝是否与同伴互动,是否观察别人,碰到困难如何寻求帮助。

续表

活动内容	策略和支持
2.介绍活动要点 　　带养人在活动中关注宝宝是否碰到困难,遇到困难时如何解决问题,是不断试错还是询问或是观察他人。带养人也可以提出问题,帮助宝宝进行更深入的思考。 　　与宝宝互动时,带养人注意不能主导活动,否则可能会导致宝宝对活动兴趣的消退。带养人要建立宝宝为主的原则。 **二、宝宝自主游戏** **1.带养人** (1)观察宝宝的安全感:带养人征得宝宝同意后,和宝宝保持一定距离,在沙池一旁观察其情绪和游戏的状态。 (2)根据"哇"时刻记录表中的观察要点,观察和记录宝宝的"哇"时刻。 **2.教师** 　　主教观察带养人的语言、行为和状态,捕捉带养人和宝宝互动的亮点。观察宝宝们最喜欢的材料,以及大多数宝宝会进行的玩法。 　　助教辅助拍照,捕捉宝宝们喜欢的材料和玩法,捕捉宝宝们的"哇"时刻。 **三、"哇"时刻交流分享** **1."哇"时刻分享准备** 　　助教负责宝宝活动中的安全,带养人们聚在场地中与主教进行交流。 **2."哇"时刻分享** 　　请2—3位带养人简单分享今天在活动中看到的孩子的"哇"时刻。 　　教师将在活动中观察到的带养人与宝宝互动的"哇"时刻,进行正向的反馈。 **四、结束整理** 　　带养人和宝宝一起整理材料,教师引导宝宝分类整理玩沙工具,鼓励其自主脱沙水服。	

家庭迁移

　　带养人可以利用周末和假期带宝宝去海滩,陪孩子一起堆沙堡、挖沙洞、挖河沟;也可以引导宝宝以物代物,例如,设置情境,将沙子视为食物,引导宝宝进行假想的"扮家家"游戏,结合建构类游戏与角色游戏让宝宝在情境中发展动手能力与语言表达能力。

玩水区

区域名称	玩水区	月龄段	19—24个月
活动价值	\multicolumn{3}{l}{1.带养人观察宝宝在玩水时的探索和发现,鼓励和肯定其探索行为,不进行过多的干涉和玩法上的控制。 2.宝宝使用工具探索水,感知水会流动的特性。}		

活动准备	**一、材料准备** 1.主材料:装有水的大脸盆、大浴盆若干。 2.其他材料:水下动植物塑料玩具、桶、PVC管、碗、不同颜色的透明杯子、矿泉水瓶、铲子、筛子、水瓢、漏勺等。 3.每人1件玩水服。 **二、活动场地和材料投放**

碗、调羹、锅铲、筛子、水瓢、漏勺等

矿泉水瓶、不同颜色的透明杯、PVC管、塑料容器

大脸盆、大浴盆(数量符合班级婴幼儿人数,在不同的容器里装上水,水量适宜,足够婴幼儿进行游戏)

塑料玩具、水桶等

水源补助站(准备一定的水量以便需要时加到大脸盆、浴盆中,也可以水龙头边上备好水管)

玩水服(人手1件)

备注:由于此月龄段的宝宝年龄尚小,再加上天气等不确定因素,因此我们考虑在室内用大脸盆和大浴盆创设一个更符合该月龄段宝宝特点的玩水区。

活动内容	策略和支持
一、导语 　　水是生活中最常见的,而玩水可以说是宝宝最喜爱的一种活动。宝宝的小手触摸到凉的或温的水可以给宝宝带来丰富的触感体验。今天宝宝来玩水,可以自主选择玩水工具,并使用工具自主探索水,感知水会流动的特性。活动可以培养宝宝对探索的兴趣。 1.介绍场地中的材料和物品,说明活动范围和安全事宜 　　今天玩水区的材料有三大类,宝宝可以根据自己的兴趣选择喜欢的材料在任意一个水盆里进行游戏。活动中宝宝可能会把水洒得到处都是,我们要提醒宝宝不洒水。水洒在地上容易滑倒,带养人要注意宝宝的安全。	带养人在活动中要引导宝宝不故意到处洒水,并能引导宝宝在有水的地面安全通过或绕开通过。 带养人在保证宝宝安全的情况下,让宝宝自由玩耍,尽量少干扰。 如果宝宝对于游戏的兴趣不高,带养人以玩伴的形式参与到游戏中来,和宝宝一起游戏,提高宝宝的游戏兴趣。

续表

活动内容	策略和支持
2.活动要点介绍 　　游戏的时候,带养人可以观察宝宝玩了什么,怎么玩。根据宝宝的操作情况,带养人可以提出适宜的问题,如"水怎么从漏勺里流下去了呢?""怎么水在不同颜色的杯子里,颜色也变了呢?"让宝宝在操作中感受因果关系,激发其持续探索的兴趣。 **二、宝宝自主玩水** 1.带养人 　　根据"哇"时刻记录表中的观察要点,把看到的宝宝的"哇"时刻,用拍照或拍短视频的方式进行记录。 2.教师 　　主教观察带养人的语言、行为和状态,捕捉带养人和宝宝互动的亮点。观察宝宝们最喜欢的材料以及大多数的宝宝会进行的玩法。观察宝宝们的玩法,可以在适宜的时候和个别带养人交流宝宝的探索创作的意义。 　　助教辅助拍照,捕捉宝宝们喜欢的材料和玩法,捕捉宝宝们的"哇"时刻。 **三、"哇"时刻交流分享** 1.主教与带养人交流分享"哇"时刻 　　主教和个别带养人分享其与宝宝的互动中的"哇"时刻,给予积极正向的反馈。 2.带养人之间交流分享"哇"时刻 　　半日活动离园后,由主教在班级组群里发起"'哇'时刻交流分享时刻",请带养人们在线分享文字、照片或视频。 **四、整理** 　　带养人和宝宝一起整理材料,教师引导宝宝进行分类整理,表扬宝宝的参与。	该月龄段的宝宝还是以平行游戏为主,如果能和身边的同伴进行简单的互动,带养人应该用语言鼓励宝宝的行为;若宝宝因为与同伴争抢材料而引发矛盾,可先适时观察宝宝是否能自己解决,在其不能解决时再进行引导。

家庭迁移

　　带养人在家中可以用生活用品或一些合适的玩具,与宝宝继续探索水的特性;在每天洗澡时,和宝宝一起愉快地玩水,感受水的流动。

<table>
<tr><td>区域名称</td><td>玩水区</td><td>月龄段</td><td>25—30个月</td></tr>
<tr><td>活动价值</td><td colspan="3">1.带养人关注宝宝探索水和各种物品关系的各种尝试，用语言描述宝宝的探索行为，鼓励和支持宝宝进行持续的探索。
2.宝宝尝试用多种方法探索各种物品和水的关系，在自主解决问题中发展心智。</td></tr>
<tr><td>活动准备</td><td colspan="3">一、材料准备
1.主材料：水。
2.其他材料：沉或浮的物品、海绵、小水桶、PVC管、碗、杯子、矿泉水瓶、铲子、筛子、水瓢、漏斗、漏勺、勺子、海洋球、钓鱼工具等。
3.每人1件玩水服。
二、活动场地和材料投放
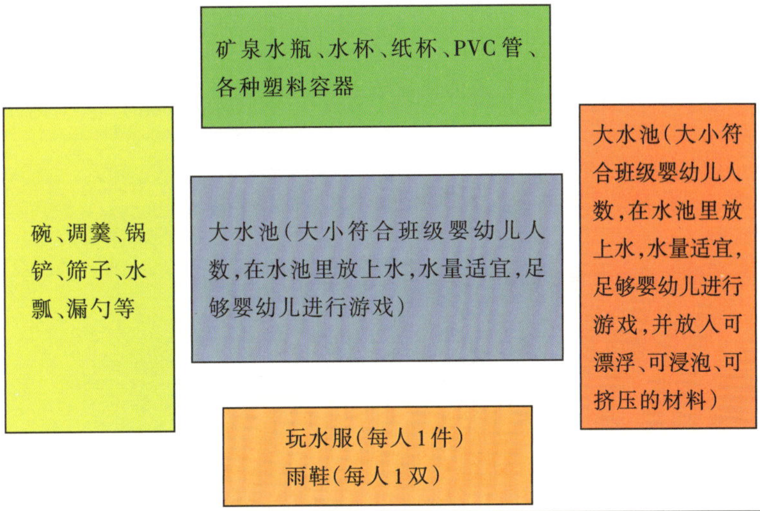
矿泉水瓶、水杯、纸杯、PVC管、各种塑料容器
碗、调羹、锅铲、筛子、水瓢、漏勺等
大水池（大小符合班级婴幼儿人数，在水池里放上水，水量适宜，足够婴幼儿进行游戏）
大水池（大小符合班级婴幼儿人数，在水池里放上水，水量适宜，足够婴幼儿进行游戏，并放入可漂浮、可浸泡、可挤压的材料）
玩水服（每人1件）
雨鞋（每人1双）</td></tr>
</table>

<table>
<tr><th>活动内容</th><th>策略和支持</th></tr>
<tr><td>一、导语
夏日玩水是宝宝们最喜欢的活动，这个月龄的宝宝喜欢探索水和各种物品关系。宝宝自主解决探索中碰到的问题，可以培养其专注探索的品质。
1.介绍场地和材料，说明活动范围和安全事宜
我们今天在水池里进行游戏，在水池的周围摆放着各类材料，宝宝可以根据自己的兴趣选择喜欢的材料进行游戏。带养人请在游戏中时刻关注宝宝的安全，不要让他们在水池里跑动，以免滑倒。
2.活动要点介绍
游戏的时候，带养人可以观察宝宝使用了哪些材料进行探索，碰到困难是否坚持克服，有没有和同伴互动，是否愿意将自己的探索发现跟带养人分享。

二、宝宝自主游戏
1.带养人
根据“哇”时刻记录表中的观察要点，观察宝宝的“哇”时刻，用拍照或短视频的方式进行记录。</td><td>宝宝进入水池后，带养人要关注幼儿安全，避免宝宝在水池滑倒。

带养人在一旁关注宝宝的游戏情绪，尽量放手让其去探索，在宝宝碰到困难或快要失去兴趣时，给予适时的鼓励和相应的支持。

带养人可以根据宝宝的探索情况和交流意愿，在适宜的时候问询：“你刚才在玩什么？”如果宝宝回答的兴趣高，可以和宝宝进一步交流探索的细节，帮助其了解物品和水之间的关系。

在游戏中关注宝宝是否和同伴互动交流，如有较好的互动，带养人可以肯定宝宝们的良好互动行为。</td></tr>
</table>

续表

活动内容	策略和支持
2.教师 主教观察带养人的语言、行为和状态,捕捉带养人和宝宝互动的亮点。观察宝宝们最喜欢的材料以及大多数的宝宝会进行的玩法。教师观察宝宝们的玩法,可以在适宜的时候和个别带养人交流宝宝的探索的意义。 助教辅助拍照,捕捉宝宝们喜欢的材料和玩法,捕捉宝宝们的"哇"时刻。 **三、"哇"时刻交流分享** 1."哇"时刻分享(餐点时间) 助教负责宝宝进餐,带养人们聚在场中,和主教进行交流。 2."哇"时刻分享 请2—3位带养人简单分享今天在活动中看到的孩子的"哇"时刻。 教师将在活动中观察到的带养人与宝宝互动的"哇"时刻,进行正向的反馈。 **四、整理** 带养人和宝宝一起整理材料,教师引导宝宝进行分类整理,表扬宝宝的参与。	带养人也可以在活动后和宝宝聊聊其在活动中的"哇"时刻,增进亲子间的情感。

家庭迁移

带养人在家中可以利用生活用品或一些合适的玩具,与宝宝继续探索水和其他物品的关系;也可利用周末假期带宝宝一起去海滩,引导宝宝感受沙与水混合的变化。

区域活动方案由温州市瓯海区第二幼儿园 吴谢谢、卢墨绵、季笑思、邱诗依提供

后 记

追随孩子是我们始终要坚守的初心。那么0—3岁的宝宝,他们的生活、游戏又该是怎样一番模样呢? 其实,孩子们就在那里自我自主的游戏着,烂漫地生长着,与这个世界热烈地互动着。对于宝宝来说,家是成长的港湾,父母是最好的玩伴,陪伴与支持便是助力成长最好的礼物。对于成长中的父母来说,如何抓住生命早期的关键时光,做宝贝最好的玩伴,助力支持生长是父母的永恒课题。作为区域早教指导机构,我们调研当下婴幼儿父母的养育需求和困惑,基于教师的储备优势和家长的成长觉悟,以助力、支持婴幼儿与父母的成长为己任,思考践行从解决亲子园课程内容的设置到关注早期家庭养育支持视角的转变。只要我们的目光始终追随,与家庭联结,那么他们的生活、游戏就是我们课程建设的最好依据。

回望这一段旅程,每每有迷茫、困顿时,幸有专家的引领和提点。感谢华东师范大学左志宏教授的鼎力支持、一路引领;感谢上海市早期教育指导服务中心茅红美主任、温州大学宋占美教授、温州市学前教育指导中心陈苗主任、温州市教育教学研究院陈素平老师、温州市瓯海区教育研究院张林勇副院长等专家,给予我们的鼓励和专业上的指导;特别感谢瓯海区教育行政部门给予高度重视和政策扶持;感谢瓯海区各幼儿园园长以及亲子园早教团队为课程的实践和落地提供有力支持和保障,携手共拓早教课程的深化与研究。

课程历经几轮论证,多次调整优化,从中心区的4所试点园到13个街镇22所公办亲子园的全面实施和推广,从理念先行、课程建设到实施跟进,我们不断深化研究,提升课程实施水平,瓯海早教整体办学质量不断实现新突破新跨越。作为不断前行的研究者,我们在实践中积累了一些经验以及素材,以文字的方式记录和反思我们的实践和探索,希望借此书的出版和早教同行们共同探讨婴幼儿早期教养课程的发展和方向。由于时间仓促及编者专业储备有限,书中难免有挂一漏万之处,恳请专家、同仁及广大读者不吝赐教。

实践永无止境,我们的亲子共长课程还在继续深化和拓展的路上,我们将秉持初心,坚定步履,继续行走在助力支持婴幼儿早期养育的探索之路上。

温州市瓯海区早教指导中心
2023 年 4 月